La inspiradora historia de un milagro llamado...

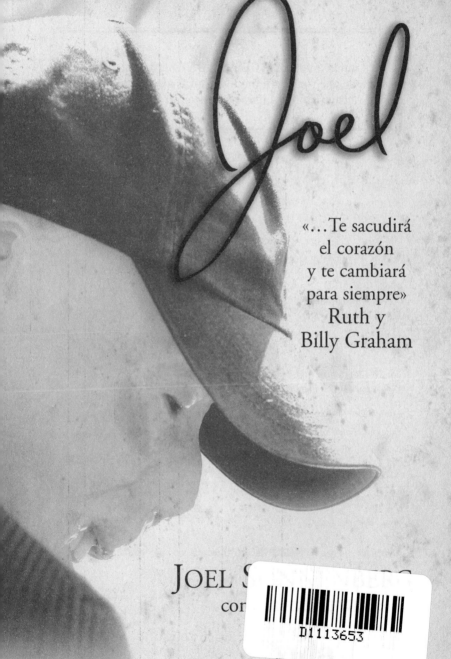

Joel

«...Te sacudirá
el corazón
y te cambiará
para siempre»
Ruth y
Billy Graham

JOEL S

con

JOEL
©2006 Editorial Vida
Miami, Florida

Publicado en inglés con el título:
Joel
por The Zondervan Corporation
©2004 por Joel. Sonnenberg

Traducción: *Marcela Robaina*

Edición: *Madeline Díaz*

Diseño interior: *Yolanda Bravo*

Adaptación de cubierta: *Pablo Snyder*

Reservados todos los derechos

ISBN: 0-8297-4595-5

Categoría: / Inspiración / Motivación / Biografía y autobiografía

Impreso en Estados Unidos de América
Printed in the United States of America

07 08 09 10 ❖ 9 8 7 6 5

A las personas únicas que hay en todas partes,
y a aquellas que son muy especiales para mí...
mis padres y mi familia

Reconocimientos

Quisiera agradecer a todas aquellas personas e instituciones que contribuyeron de modo significativo para que hoy sea quien soy. Los siguientes nombres están en orden cronológico:

Mi Señor y Salvador, Jesucristo
Papá, mamá, Sommer, Kyle,
    Jami y Jonathan
Abuelo y abuela Schneider
Abuelo y abuela Wilkinson
Tíos, tías, primos y primas
B. J. Schnepp
El resto de mi familia
Michael Saraceni
Hospital de Niños de Boston
Hospitales de Niños Shriners,
    unidades de Boston y Cincinnati
Dr. Matt Donelan
Dr. Glen Warden
Betty Dew
Nancy y Alex MacKenzie
Carol Marin
Don Moseley
CAMP-of-the-WOODS
Gordon Purdy
Don y Joanne Purdy
Escuela Elemental Upper Nyack,
administrativos y maestros
Los amigos de la infancia:
    Matt, Seth, Griff, Jane Anne
    y Peter, y sus familias

Dr. Sally McGuffey
Leigh Schurholz
Iglesia Bautista Conservadora
    Gracia, Nanuet, Nueva York
Dr. Leslie Flynn
La familia de Roger Bosma
La familia de Dick Norwood
    Ted y Sue Wood
    Bob y Gail Hallyburton
La familia del Dr. James Jerele
La familia del Dr. John
    Van Wicklin
Escuela Elemental Gallimore,
    administrativos y maestros
Joyce Darren
Dr. Norma Foster
Darryl Peters
Gerard Damiami
Distrito Escolar Owen (Carolina
    del Norte), profesores,
    administrativos y personal
    Ryan Councill
Michael y Judy Councill y
    familia
Iglesia Presbiteriana de Montreat
Dr. Calvin Thielman, fallecido

Mike y Mickie Krzyzewski
Barrett McFatter
Dr. John Akers
Tarjeta Discover,
departamento administrativo
    y de comercialización
Maury Povich
Rev. Richard y Porsche White
Jordan Berner
Fletcher BMW
Shawn Stewart
Patrulla 52 de los niños
    exploradores
Universidad Taylor,
    administrativos, profesores y
    personal

Dr. Jay Kesler
Gene Rupp
Walt Campbell
Dr. Dale Jackson
John Aoun
Jeremy Block
Todos los compañeros del
    Primero de Berg
Bob y Shirley Raese
Michael y Elena Pole y familia
Kathy Tarnetzer
Scout Gamel
Jim Flaharty
Jason Martinson
Gregg Lewis
Al equipo de Zondervan

Visita el sitio de Joel:
www.joelsonnenberg.com

Capítulo 1

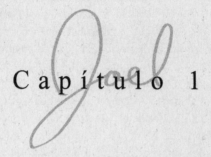

¿Qué fue lo que le pasó? Esto es lo primero que viene a nuestra mente cuando vemos a una persona con una escayola. Si no lo preguntamos, al menos lo pensamos. Siento como si hubiera pasado toda mi vida cubierto con una enorme y permanente escayola plagada de firmas. Toda persona que me conoce por primera vez, cualquiera que me vea, se pregunta: ¿Qué fue lo que le pasó?

Es difícil que pase un día sin que no oiga esa pregunta. Algunos días reiteradas veces.

Las personas que no lo averiguan directamente, igual se preguntan. Puedo ver la interrogación esbozada en sus ojos y en sus reacciones: en su incomodidad, en su silencio, en sus repetidos vistazos o en su mirada fija. Cuando me presentan a la gente y esta no se pregunta qué fue lo que pasó y cuál es mi historia, soy yo el que se preocupa por ellas. Si bien no me ofendo si me miran extrañados, de seguro los miro extrañado cuando no lo hacen.

No puedo ocultar el hecho de que soy diferente. Por eso suelo presentarme a las personas respondiendo a la pregunta: ¿Qué fue lo que pasó? He aprendido que esto puede ser positivo o negativo … según el giro que le dé a la historia. Y esta es la razón por la que comencé a hablar en público.

A algunas personas les sorprende que no me ponga nervioso cuando debo pararme frente a mucha gente. En parte es porque sé que en cualquier situación pública, todos estarán mirándome de cualquier modo: ya se trate de una fiesta con solo veinte invitados, un auditorio con cinco mil personas, o un programa de televisión de mucha audiencia donde millones de espectadores me verán. Solo puedo controlar la manera en que la gente me mirará o lo que pensarán de mí cuando tengo la oportunidad de tomar un micrófono para hablar o de subir a un escenario para describir mi experiencia. Por eso es que, en realidad, me siento mejor frente a un público, porque eso me da la posibilidad de presentarme. Suele ser mi mejor oportunidad —a veces la única oportunidad— de aliviar la tensión, de ayudar a la gente a ver más allá de las apariencias para que puedan comprenderme, o al menos aceptarme, por lo que soy.

A diferencia del jugador de baloncesto Michael Jordan o del jugador de golf Tiger Woods, no fui dotado de un increíble talento atlético. No soy ningún prodigio musical que haya dominado un instrumento a la edad de seis años. Tampoco soy un genio intelectual que aprendió cálculo matemático antes de entrar a la escuela o se recibió de médico a los dieciséis años. De ningún modo tengo la imaginación ni la creatividad de individuos como el fundador de Microsoft, Bill Gates, o el director de cine George Lucas.

No me caracterizo por nada sobrehumano. Soy una persona común y corriente, con una historia inusual que de una manera u otra ha repercutido en todas las interacciones de mi vida. Según la forma en que decida responder, el impacto será positivo o negativo.

Hay mañanas en las que preferiría seguir durmiendo en vez de levantarme y lidiar con otro día. Hay momentos en que me canso de observar y envidiar a las personas a mi alrededor que siguen con sus cómodas rutinas diarias, porque debido a lo que me sucedió, mi vida diaria es cualquier cosa menos rutinaria. Me he visto obligado tantas veces a esperar lo inesperado que para mí las sorpresas ya no tienen nada de extraordinario. Vivo todos los días con inventiva e imaginación, procurando, de forma deliberada, cambiar los paradigmas en todas mis interacciones con las otras personas con el fin de probar que las cosas no siempre son como parecen. Las ideas preconcebidas y las falsas expectativas son invariablemente mi campo de batalla.

Hay ocasiones en que lo que me sucedió se convierte en una barrera que me separa de los demás, pero hay también ocasiones en que tiene un impacto positivo en mis relaciones.

Como muchas personas al verme reaccionan al principio con incomodidad y falta de seguridad, suelo verme obligado a explicar en detalle mi historia para responder a las preguntas que callan, y hacer que la gente se sienta a gusto. También he aprendido a tomar la iniciativa en la amistad y a ser el primero en hablar cuando conozco a alguien por primera vez. Eso me ha obligado a ser más sociable.

Saber lo que sucedió a menudo les da a las personas un sentido inusual de intimidad conmigo. A mí me hace aparecer con menos reservas y por lo tanto más accesible. No deja de conmoverme lo sincera, confiada y aun vulnerable que se vuelve la gente cuando conversa conmigo. Hay muchas personas lastimadas que parecen identificarse conmigo por lo que me sucedió.

Todos sabemos que nuestras palabras, nuestras actitudes y nuestras acciones influyen en los demás. Yo, en cambio, lo tengo siempre presente cuando alguien se me acerca y me dice: «Joel, nunca me he olvidado de lo que me dijiste aquella vez que almorzamos juntos en McDonald's. Fue algo tremendo para mí». Sin embargo, no tengo el más mínimo recuerdo de lo que hablan. Para ellos fue una conversación vital en su vida; yo estaba simplemente comiendo una hamburguesa.

Este tipo de cosa me sucede todo el tiempo. Me hace recordar que lo que me sucedió hace años me convierte en un ejemplo para otros.

Además de verme obligado a contar mi historia todos los días, las personas relacionadas conmigo también están obligadas a contarla. ¿Por qué? Porque la gente les pregunta: «¿Qué le pasó a Joel?» En consecuencia, de un modo extraño, mi historia se convierte en la historia de quienes me rodean. Por esto ha sido contada muchas veces, al menos en parte.

He visto fragmentos de mi vida representados en televisión. He leído otras partes en diarios y revistas. En el curso de los años, he contado cositas de aquí y de allá de mi historia personal a muchos conocidos. He estado frente a las cámaras de televisión y delante del público en vivo para hablar acerca de mi experiencia. Pero este libro es especial porque por primera vez referiré, desde mi perspectiva, toda la historia de lo que sucedió. Y estoy entusiasmado por la oportunidad, ya que espero que tanto los nuevos amigos, los desconocidos, así como la gente que me conoce desde hace años, incluida mi familia, comprendan mejor ... no solo mi historia sino mi persona y mi vida.

Capítulo 2

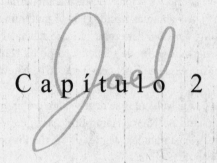

15 de septiembre de 1979.

Mi vida cambió para siempre ese día. Y en apenas unos segundos.

Como en aquel entonces solo tenía veintidós meses, no tengo recuerdos conscientes de lo que ocurrió aquella tarde fatídica. Considero esto una bendición porque no sé cómo habría hecho para lidiar con las memorias inquietantes y las imágenes vívidas e imborrables que otros miembros de mi familia han sufrido. En mi caso, las consecuencias duraderas de aquel sábado de otoño han sido lo suficiente considerables. Tendré que vivir con ellas por el resto de mi vida.

Estoy agradecido de que no pueda recordar los acontecimientos de ese día. En cambio, llegué a enterarme de lo sucedido de la misma manera que he estudiado Historia Universal. Al igual que los maestros, mis padres y otros me han referido innumerables veces en el transcurso de los años lo que sucedió ese día. He hablado con las personas que estuvieron allí. He leído muchos artículos de prensa. He visto las fotografías. He observado incluso reconstrucciones del hecho en la televisión.

He resumido y referido una y otra vez esta parte de mi historia en las más diversas circunstancias. Conozco tan bien los detalles que, mientras ahora relato lo que sucedió el 15 de septiembre de 1979, todo me parece tan real como si yo mismo lo recordara.

****

11

Aunque ni siquiera tenía dos años, el estado creciente de entusiasmo mientras mis padres cargaban el auto era palpable. No nos habíamos tomado unas verdaderas vacaciones desde que mi hermana mayor de cuatro años, Jami, y yo habíamos nacido. Por lo tanto, mis padres, Janet y Mike Sonnenberg, parecían darle mucha importancia al hecho de que al fin estaríamos viajando el fin de semana con mi tía Kathy y el tío Doug Rupp desde nuestra casa en Nyack, en el estado de Nueva York, a la costa de Maine.

La caravana de dos vehículos se detuvo para tomar un descanso cerca del límite del estado de Nueva Hampshire para que todos pudiéramos estirar las piernas unos minutos. Jami y yo corríamos por el césped para descargar un poco de energía.

Nuestros padres nos habían prometido que veríamos el océano y que construiríamos castillos de arena en la playa, pero hasta ese momento lo único que habíamos hecho había sido pasarnos cuatro horas quietos dentro de un automóvil, mirando por la ventanilla cómo pasaba el tráfico y se sucedían los árboles. Parecía que nunca llegaríamos a nuestro destino.

Para romper la monotonía, papá sugirió: «Cambiemos de auto».

Colocó mi asiento, conmigo dentro, entre él y tío Doug en el asiento delantero de nuestro Chevy Impala verde, viejo y amplio. Mamá, Jami y tía Kathy, apiñadas en el Mercury de Rupp, nos seguirían. Los hombres irían en un auto, las mujeres en el otro. Retomamos la ruta Interestatal 95 en dirección norte, hacia Maine.

Apenas habíamos llegado a la velocidad permisible en la ruta cuando el tráfico comenzó a aminorar la marcha porque se acercaba al peaje de Hampton. Papá acababa de sacar su billetera del bolsillo, así que él y tío Doug estaban buscando frenéticamente en el asiento delantero para conseguir cambio suficiente.

Tía Kathy se colocó con lentitud detrás de nuestro auto mientras papá bajaba la ventanilla, sosteniendo un billete de cinco dólares en su mano izquierda y estirando el brazo para pagar el peaje. Eso fue lo último que recordó por varios minutos.

En ese instante, tío Doug escuchó un ruido fuerte detrás de nosotros. Cuando se volvió para mirar qué había pasado, lo único que pudo ver por la ventanilla trasera fue la parte frontal del camión pesado que estaba por embestirnos.

****

Lo que nadie supo hasta después, fue que un camión remolque cargado con más de cuarenta mil kilos de cebollas estaba estrellándose contra todos los coches en nuestra senda. Mamá instintivamente se volvió y miró hacia el lugar de donde venía el ruido, justo a tiempo para ver el enorme camión atropellando y aplastando los coches que estaban detrás de ella. Los otros vehículos no alcanzaron a disminuir la velocidad de la mole de cuarenta toneladas antes que el impacto hiciera estallar todas las ventanas y el Mercury de tío Rupp chocara y se detuviera sobre la parte trasera de nuestro Chevy, para quedar atravesado encima de la barrera de hormigón que protegía la cabina del peaje.

A mamá le llevó unos segundos pensar con claridad. El camión había embestido al Mercury con tanta fuerza que sentía como si su cráneo se hubiera golpeado contra una pared de cemento armado, y no contra el respaldo de su mullido asiento. Pero cuando vio las llamas asomándose sobre el parachoques y el maletero, se despejó por completo. Casi por instinto, exclamó: «¡Jami!» Cuando se dio cuenta de que su hija, en el asiento trasero, lloraba pero no estaba lastimada, agarró a Jami y comenzó a gritarle a mi tía que todavía estaba aturdida: «¡Kathy! ¡De prisa! ¡Sal afuera! ¡Lo más rápido que puedas!»

El impacto había retorcido la carrocería del auto y al principio no era posible abrir ninguna de las dos puertas delanteras. El lado de mi madre, además, estaba contra la cabina del peaje; así que todas tuvieron que salir por el lado de Kathy. Estaban dispuestas a salir por la ventanilla cuando Kathy al fin pudo forzar la puerta y lograr que se abriera lo suficiente para que pudieran deslizarse una a la vez, mientras mamá gritaba: «¡Esto va a explotar! ¡Esto va a explotar!» Entonces, con los brazos de Jami rodeándole la nuca y sus piernitas aferradas a la cintura de mi madre, se escurrieron del vehículo en llamas y corrieron por delante de las cabinas de peaje hasta llegar a la franja de césped en los extremos de los peajes.

****

Mientras, la fuerza combinada del Mercury que salió disparado y el impacto de la mole, aplastó nuestro Chevy dándole una sacudida tan violenta que mi asiento de bebé quedó volteado en la parte trasera del auto, incrustado detrás del asiento delantero y fuera de la vista, mientras que dábamos un giro de ciento ochenta grados. Al mismo tiempo, el tanque de combustible explotaba y todo el automóvil se encendía en llamas.

Papá y tío Doug habían perdido el conocimiento. Papá no tardó en recuperarse lo suficiente para ver que yo no estaba; una cortina de fuego cubría su ventanilla abierta. Como pudo, semiconsciente, logró forzar la puerta para abrirla, atravesar el fuego, y salir dando tumbos de entre los hierros retorcidos. Pocos segundos después tío Doug recuperó la conciencia lo suficiente para darse cuenta de que el auto estaba en llamas y que necesitaba salir. Instintivamente empujó la puerta, pero solo pudo abrirla unos centímetros porque el lado del acompañante estaba contra la cabina del peaje. Pero por desgracia, la puerta se abrió lo suficiente para que las llamas subieran por la abertura y le quemaran el brazo, el costado y el rostro, todo el lado derecho de su cuerpo, antes de que lograra cerrar de nuevo la puerta. ¡No podía escapar por ese lado!

A su izquierda, el asiento delantero también estaba cubierto en llamas, pero la puerta del conductor parecía estar abierta, y más allá, podía ver la invitadora superficie de césped. Doug se arrastró por el asiento, se deslizó por debajo del volante, atravesó el fuego, y luego se dejó rodar en el suelo, tratando de apagar las llamas.

****

Mamá tenía a Jami a salvo de los vehículos en llamas y la había dejado sobre el césped al borde de la ruta, pero aún no se había dado cuenta de cuántos autos habían estado involucrados en la colisión hasta que mi tía Kathy exclamó: «¿Dónde están los muchachos?» Y luego, señalando a nuestro Chevy verde, gritó: «¡MIRA!» El auto estaba envuelto en llamas por completo.

Mamá y tía Kathy solo pudieron abrazarse y susurrar llorando: «¡No están!», mientras se imaginaban tres cuerpos atrapados dentro del vehículo en llamas. Entonces un hombre grande se tambaleó hacia donde estaban, su rostro ennegrecido por el carbón y el humo, la ropa hecha jirones y retazos carbonizados colgando de sus brazos extendidos. Mamá creyó que era el conductor del camión y comenzó a retroceder antes que tía Kathy exclamara:

—¡Jan! ¡Es Mike!

—¡Mike! —gritó momentáneamente aliviada mamá—. ¿Dónde está Joel?

Papá respondió con un gemido:

—Qué niño tan bueno que era…

Y mamá comenzó a gritar desgarrada por el horror:

—¡Mi bebé! ¡Mi bebé!

****

Mientras todo esto sucedía —las víctimas, conmocionadas, huían del accidente, al mismo tiempo que otras personas se acercaban para curiosear—, unos pocos tuvieron la suficiente presencia de ánimo para actuar. Uno de los empleados del peaje tomó un extinguidor y comenzó a rociar las llamas.

Al escuchar los gritos de mamá, le preguntó: «¿En qué auto está el bebé?» Ella señaló el Chevy, y él dirigió el extinguidor hacia nuestro Impala verde.

«Si alguien saca al bebé, yo apagaré las llamas», dijo el empleado, sin dejar de rociar el fuego con la espuma de productos químicos.

No sé qué fue lo primero que escuchó, si fueron los gritos de mamá, o mi llanto, o el pedido de ayuda del empleado del peaje, pero un joven entre los espectadores llamado Michael Saraceni, dándose cuenta de que todavía estaba dentro del auto, corrió hacia el fuego abrasador, extendió sus brazos a través de las llamas, con sus manos desnudas agarró mi asiento de bebé que ya había comenzado a derretirse, y me sacó del incendio. Con sus propias manos ampolladas por el calor, me llevó hasta donde estaba mi madre llorando antes de que el asiento derretido cayera al suelo.

Tía Kathy había visto al hombre meterse dentro del auto para sacarme. Ella dice que cuando él venía con el asiento yo parecía un malvavisco carbonizado.

Mamá cuenta que incluso a través de sus desgarradores sollozos de dolor sintió el golpe del asiento sobre el césped. Luego escuchó la voz de Kathy llamándole la atención: «¿Jan? Es Joel». Ahí, sobre el suelo, descansaba un humeante asiento de bebé con un diminuto cuerpo calcinado e irreconocible.

Mamá le entregó a Jami a Kathy y se arrodilló para mirar más de cerca. «¿Joel?»

Mi cara estaba negra. No tenía cabello. La coronilla de mi cabeza estaba blanca. Los párpados se habían cerrado por el calor y estaban hinchándose. Mi nariz se parecía a una uva seca. Lo que quedaba de mí parecía a la vez hinchado y arrugado, era imposible reconocer mi rostro.

«¿Joel?», preguntó mamá, deseando no creer que se trataba de mí. Pero no había lugar para la duda, reconocía los pequeños zapatitos con que me había vestido para el viaje esa mañana. Mamá se estiró para tomar uno de mis brazos, pero enseguida lo soltó: mi piel estaba tan caliente que no se atrevía a tocarme.

«¡Joel, Joel, Joel!», gemía.

Como enfermera, mi mamá había visto mucho sufrimiento. No deseaba para nada que yo tuviera que sufrir. Sabía que la muerte pondría fin al dolor. Mientras lo pensaba, ya me veía caminando de la mano de Dios en el cielo, y pensó: *Joel estará mucho mejor si muere.*

Entonces, Michael Saraceni la tomó del brazo y le dijo: «Salvé a su bebé, señora. Salvé a su bebé. Va a estar bien».

Mamá dice que, al mirarme y ver el grado de mis quemaduras, quería gritarle a este extraño que lo único que había hecho era prolongar mi dolor. *¡Usted no entiende nada de nada! ¡Va a morir! ¿Por qué lo salvó?*

Pero solo atinó a susurrar entre sus sollozos un gracias quedo, mientras que intentaba ponerse a pensar como enfermera para decidir qué era lo mejor para su hijo. Al principio ni siquiera estaba segura de que respirara. Ella inhaló aire a través de mi boca quemada. Yo me atoré y tosí, y comencé a chillar.

Unos veinte años más tarde, uno de los paramédicos que había estado trabajando en el lugar dijo que nunca había podido olvidar el sonido de esos gritos, y que esperaba no tener que escuchar nunca más, esos aullidos de ningún otro ser humano.

Uno de los empleados de las ambulancias lanzó un jarro de agua fría sobre mi torso quemado. Mi madre se asustó al ver todo el vapor que se levantó cuando el agua hizo contacto con mi cuerpo, pero un doctor que había corrido desde donde el tráfico de la ruta I-95 estaba atascado dijo que continuaran empapándome con agua para enfriar el cuerpo y detener el daño progresivo provocado por el calor.

Mientras yo continuaba aullando por el terror y el dolor, el único consuelo que mamá podía darme era decirme que no estaba solo: «¡Mamá está aquí», sollozaba. «Joel, Mamá está aquí».

Desde donde se encontraba, recostado contra la pared del edificio con las oficinas del peaje, tío Doug dice que recuerda escuchar y reconocer la voz de mi padre gritando: «¡Mi hijo! ¡Mi hijo!»

Todos estaban tan concentrados en mí que no se habían fijado en cómo estaban los demás. De nuevo fue tía Kathy la que avisó: «¡Jan! ¡Mike está lastimado!»

Papá rodeaba a mamá con sus brazos para consolarla, pero uno de sus brazos estaba horriblemente quemado, y tenía un corte en la cabeza que le sangraba; la sangre le corría por la nuca y goteaba sobre el cabello de mi madre. Tío Doug también estaba herido. Estaba aturdido y desorientado, y había sufrido quemaduras de segundo grado en el rostro y los brazos, pero sus quemaduras no parecían tan graves como las de papá.

Mi padre estaba tan adolorido que tía Kathy agarró una lata de basura y lo llenó de agua para que introdujera los brazos. Después hizo lo mismo con Doug. Papá le pidió que consiguiera un teléfono para hacer una llamada a Nyack College, donde enseñaba biología, para pedirles a todos que oraran. Desde un teléfono de las oficinas del peaje llamó al directorio telefónico y así consiguió comunicarse con la operadora del instituto. «Ni siquiera sé con quién pedir hablar», le dijo a la señorita. Entonces le explicó lo que había pasado y le pidió a la empleada que informara a todas las personas que correspondiera.

Mientras Kathy estaba dentro de las oficinas, llegaron ambulancias desde todas direcciones, con las sirenas aullando, pero ninguna más fuerte que yo. «Llevémoslo a la ambulancia», instruyó a mi madre uno de los paramédicos. Así me llevaron, usando el asiento de bebé quemado como camilla, y él y mi madre corrieron a la ambulancia más cercana.

Mamá quería ayudar a curarme, pero los paramédicos le dijeron que fuera en la parte delantera de la ambulancia mientras se dirigían a toda velocidad al hospital de la localidad. Yo continuaba gritando en la parte trasera. Mientras el enfermero, nervioso y frustrado, intentaba colocarme la máscara de oxígeno, el médico que me atendía lo tranquilizó: «No te preocupes. No creo que este muchachito salga de esta».

Nadie que me hubiera visto habría dicho lo contrario.

Capítulo 3

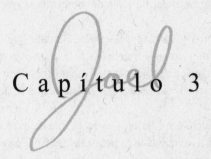

El personal médico en la sala de emergencia del Hospital Exeter no tenía muchas esperanzas. Mientras los médicos se desesperaban hojeando los libros de medicina para determinar el tratamiento médico inmediato para un niño con quemaduras tan críticas, mi madre se detuvo en un teléfono público para hacer dos llamadas rápidas. Primero llamó a su madre en Michigan y luego a la madre de papá en Florida. Mamá les dijo dónde estábamos y lo que había sucedido, y les pidió que por favor comenzaran a orar.

Si bien los doctores del hospital no esperaban que viviera, sabían que para tener alguna posibilidad de sobrevivir necesitaba ser transferido de inmediato a un hospital más grande, con una unidad de quemados. Antes de que mamá pudiera ingresar a la sala de observación, uno de los médicos se le acercó para decirle: «Vamos a transferir su hijo a Boston tan pronto como sea posible».

****

El resto de la familia venía en camino a la sala de emergencia del Hospital Exeter. Mi tía y Jami encontraron primero a mamá. Mamá abrazó a mi hermana y procuró consolarla, mientras le explicaba a Kathy acerca de los planes de transferirme de inmediato a Boston. Justo mientras se lo informaba comenzó a asumir las dificultades que esto implicaría.

¿Cómo iba a acompañarme a Boston? No tenía dinero. (La billetera se había quemado en el auto.) Ni siquiera tenía ropa para cambiarse.

(Habíamos perdido todas las maletas.) Tío Doug y papá estaban siendo trasladados al Exeter para el tratamiento de sus heridas. Tía Kathy tampoco tenía dinero ni ropa; no tenía dónde quedarse. ¿Y qué pasaría con Jami?

Mientras mamá y tía Kathy intentaban decidir qué hacer, una mujer rubia de aproximadamente treinta años se acercó y se presentó: «Me llamó Nancy MacKenzie», les dijo. «Trabajo como técnica en el laboratorio en este hospital. No pude dejar de oír lo que decían, y quiero ayudar».

Nancy le ofreció a mi tía: «Si lo desea, puede quedarse en mi casa». Luego se volvió a mi mamá. «Tu pequeña hija también es bienvenida. Mi hija y yo ayudaremos a cuidar de ella».

Mamá aceptó el amable ofrecimiento y enseguida se arrodilló junto a Jami para darle un abrazo consolador e intentar explicarle lo que estaba sucediendo: Le explicó a Jami que tendría que quedarse un tiempo con tía Kathy porque Joel estaba muy mal y necesitaba tener a mamá junto a él. Le dijo que conocerían unos nuevos amigos, que papá tendría que quedarse en este hospital, y que Jami podría hablar con él por teléfono, incluso tal vez visitarlo mientras estaba internado. Luego mamá se despidió rápidamente de mi hermana y fue a buscar a papá.

Los médicos todavía estaban determinando la gravedad de las quemaduras de mi padre cuando mamá irrumpió en la sala de observación para decirle:

—Van a transferir a Joel a Boston.

—Tienes que acompañarlo —dijo mi padre.

Mamá ya lo sabía, pero no quería dejar atrás a papá y a Jami.

—¿Cómo está Jami?

—Está bien —mamá le explicó lo que había arreglado con Kathy y que Nancy MacKenzie se había ofrecido a cuidarla.

—Acompaña a Joel —insistió papá.

—No creen que viva —le dijo mamá, y comenzó a llorar.

—Ya sé —respondió papá—. Hemos tenido la suerte de tenerlo durante dos años. ¡Qué chico más maravilloso! ¡Qué alegre!

Ambos lloraban mientras se abrazaban.

—Tenemos que orar —dijo papá. Y luego comenzó—. Gracias, Señor, por Joel. Gracias por habernos dado este hijo. ¡Qué niño más extraordinario! Fue un regalo. Gracias por todos los días que lo tuvimos a nuestro cuidado. Te pedimos, Señor, que se haga tu voluntad con su vida. Gracias por salvar al resto de la familia de este accidente. Amén.

Años más tarde, una de las enfermeras que estaba en la sala dijo que cuando papá terminó de orar, hasta el personal médico tenía lágrimas corriéndoles por las mejillas. (La jefa de las enfermeras de la Sala de Emergencias del Exeter renunciaría después de esa noche para trabajar en un consultorio médico privado, porque no quería volver a ser testigo de un caso como el mío.)

Al cabo de unos minutos, un empleado encontró a mi madre.

—Señora Sonnenberg, la ambulancia ya está saliendo para Boston.

Mamá salió corriendo de la sala de espera solo para descubrir que la ambulancia ya se había ido dejándola atrás.

****

Yo gritaba a voz en cuello hasta que la ambulancia estuvo a mitad de camino a Boston; luego, de pronto dejé de llorar. La enfermera que me acompañaba pensó que tal vez habría muerto. O que faltaba poco. Sin saber qué otra cosa hacer, tomó la botella de suero intravenoso y me mojó el cuerpo. El susto hizo que yo comenzara a gritar de nuevo, y no dejé de armar un alboroto durante la restante hora de viaje a la ciudad.

Mientras, en Exeter, un bombero fue a la sala de espera de emergencias y generosamente le dio a mamá un puñado de monedas para las llamadas por teléfono que necesitara hacer. Cuando le explicó que no sabía cómo iba a hacer para llegar a Boston, le dijo que él y su esposa la llevarían. Nancy MacKenzie le dio un billete de veinte dólares, y poco más de una hora más tarde mamá finalmente estaba acompañándome en el Hospital de Niños de Boston.

Cuando ella llegó, ya me encontraba en la sala de operaciones. Pronto salió un médico y le dijo:

—Le hicimos una escarotomía a su hijo.

—¿Una qué?

En todos sus años de entrenamiento como enfermera no recordaba haber oído hablar de algo semejante.

El médico le explicó que el tejido quemado en el exterior de mi cuerpo actuaba como una cáscara endurecida. Cuando mis extremidades comenzaran a hincharse, esa costra tendría un efecto torniquete y cortaría la circulación a todos los tejidos con vida, sin quemaduras, que estuvieran debajo. Así que me hicieron incisiones a lo largo de los brazos y piernas para separar el tejido quemado y muerto y descomprimir la presión debajo.

—Como usted es enfermera —dijo—, no necesito decirle lo grave que son las quemaduras de su hijo.

Suspiró profundamente y sacudió la cabeza con tristeza.

—Es una completa devastación —añadió.

Mamá comenzó a llorar, y los ojos del médico también se nublaron de lágrimas.

—¿Cuáles son las probabilidades? —quiso saber mamá.

—Pues tiene quemaduras de tercer grado en el ochenta y cinco por ciento del cuerpo. Diría que, a lo sumo, tiene diez por ciento de posibilidades de sobrevivir.

¡Diez por ciento! Era más de lo que mamá había supuesto. Le dijo al médico:

—Sé que muchos ya se lo deben haber dicho antes, pero quiero que sepa que este niño es muy fuerte. Si hay alguna probabilidad de sobrevivir, estoy segura de que Joel lo logrará … ¿Cree en los milagros?

—Bueno … he visto cosas inexplicables —dijo el médico—. Así que supongo que podría decirse que creo en los milagros.

Mamá lo miró a los ojos y dijo:

—Quiero que sepa que yo creo en ellos, y creo que un milagro puede suceder. No sé si tendrá lugar o no, pero Dios puede hacer un milagro para mi hijo. Quiero que lo sepa ahora, para que cuando suceda, conozca que nosotros esperábamos que sucediera.

Si iba a haber un milagro, todos sabíamos que las primeras veinticuatro horas eran cruciales. Todos los fluidos corporales que mis tejidos sanos recogían debía reponerse por vía intravenosa. Si sobrevivía a eso, existía también el riesgo de sobrecargar mi sistema circulatorio mientras que el cuerpo pasaba los siguientes días reabsorbiendo hacia el sistema sanguíneo todo el fluido del tejido hinchado.

> *Creo que un milagro puede suceder. No sé si tendrá lugar o no, pero Dios puede hacer un milagro para mi hijo.*

El doctor tranquilizó a mamá diciéndole que estarían monitoreando con mucha atención la acumulación de líquidos y mi función renal. Le explicó que de sobrevivir esas dos primeras crisis, el peligro más importante luego sería la infección.

—Esa será su principal batalla después de los primeros días, y será una lucha constante por semanas y semanas —continuó el médico—. Su hijo tendrá por delante una larga batalla si logra sobrevivir estos primeros días.

Sorprendí a los médicos sobreviviendo la noche del sábado. Y el domingo de mañana había miles y miles de personas en diversas iglesias del país orando por mí y por mi familia. En Nyack, en nuestra iglesia, el pastor guió a la congregación en oración: «Señor, no tenemos ninguna respuesta, solo nos preguntamos: "¿Por qué?" Pero en medio de todos esos "por qué", recordamos que eres Dios. Tú nos creaste. Estamos en tus manos. Presentamos hoy ante ti a la familia Sonnenberg en su gran necesidad. Y al pequeño Joel ... no podemos imaginar lo que está sufriendo. Sabemos que tú sí lo sabes, y que él está en tus manos todopoderosas. Oramos hoy por Mike, Jan y Jami, para que sean consolados y fortalecidos, Señor. Las lesiones de Joel son tan graves que no sabemos cómo orar con sabiduría. No sabemos qué sería mejor: que siguiera con vida o que fuera a su hogar eterno para estar contigo. Solo pedimos que se haga tu voluntad en la vida de este precioso hijo. Amén».

Por el momento, había poco que los médicos podían hacer por mí, salvo esperar y ver cómo evolucionaba. De forma sorprendente, mis signos vitales estaban estabilizados, aunque mi condición continuaba siendo crítica. La situación de mi familia, en cambio, estaba lejos de ser estable.

Papá continuaba internado en el Hospital Exeter, con la cabeza hinchada del tamaño de una pelota de baloncesto y su mano severamente quemada también varias veces más grande de lo normal. Atendía las llamadas telefónicas, hablaba con mamá para mantenerse al tanto de mi estado, respondía a los mensajes de la familia y los amigos, y daba instrucciones acerca del seguro y otras gestiones relacionadas tanto con su horario de clase en Nyack Collage como con el propio accidente.

Jami estaba quedándose en casa de los MacKenzies, como Nancy había prometido. Tío Doug todavía estaba internado por causa de sus quemaduras. Tía Kathy se encargaba de cuidar a su hermano y a su esposo. Mis dos abuelas viajaron a Boston: la abuela Sonnenberg voló desde Florida para estar con papá en Exeter, y la abuela Schneider voló desde Michigan para estar conmigo y con mamá en Boston.

Muchísimas personas deseaban ayudar. Una profesora de Nyack y su esposo dejaron a su propio bebé a cargo de sus abuelos y condujeron hasta Boston para ver qué podían hacer. En la mañana del domingo salieron en busca de tiendas donde pudieran comprar ropa, zapatos, artículos de maquillaje y de higiene personal, una cartera, lápices, papel y cualquier otra cosa que creyeran que mamá pudiera necesitar. Otra de las buenas amigas de mi madre, una mujer que además era enfermera de cuidados intensivos, vino para acompañarnos y ayudar a cuidarme. El domingo por la tarde una joven pareja de nuestra iglesia viajó a Boston con dinero, tarjetas, mensajes, ropa, y más regalos para toda la familia.

A pedido de mi madre, habían traído un enorme retrato de veinte por veinticinco centímetros de Jami y mío, que mamá sin demora colgó sobre mi cama para que todo el personal médico que entrara en la habitación no se quedara con la imagen de mi cuerpo calcinado sino para que vieran al niño lindo y sonriente que estaban atendiendo.

Sobreviví la segunda noche.

Mis párpados estaban horriblemente quemados y todo mi rostro estaba tan hinchado que temían que mi vista estuviera dañada de forma irreparable. Por eso, un oftalmólogo me visitó para examinarme temprano en la mañana del lunes. Mamá temía lo peor, pero el médico en cambio suspiró y dijo: «Bien, parece que solo sufrió quemaduras leves en las córneas, más extensas en un ojo que en el otro».

Mamá se animó tanto que no podía esperar a llamar a papá para darle las buenas noticias. El 17 de septiembre era el cumpleaños de papá, y no se le ocurría una sorpresa mejor que decirle que su hijo podría ver.

Poco tiempo después, mientras un cirujano plástico hacía sus rondas, mamá le preguntó sin rodeos:

—Desde su punto de vista, ¿qué puede hacerse por Joel?

Le dijo que lo más importante era que me transfirieran al Instituto de Quemados de Shriners, en el otro extremo de la ciudad, donde desarrollaban técnicas pioneras para salvar a los niños quemados como yo.

—El tiempo es vital —señaló—. Las lesiones de Joel tienen que ser cubiertas con piel. Es necesario hacerlo rápido y con manos expertas si desea que su hijo se salve.

»Lo que hacen es cortar y usar la piel que no se quemó para hacer los injertos. Su hijo tiene pequeñas áreas de piel no quemada, en la parte inferior de la espalda, el abdomen, y las nalgas. Esas serán las zonas donantes, las áreas que proporcionarán piel sana para cubrir el resto del cuerpo de Joel. Es necesario suturar los autoinjertos en su lugar, desde donde se multiplicarán y cubrirán el tejido lesionado, y sanarán en aproximadamente diez días.

»En los casos de quemaduras extensas y profundas, como las de Joel, donde el área lesionada a ser cubierta es muy extensa y el área de donde se toman los injertos es escasa, será necesario obtener varios injertos del mismo lugar. Estos se llaman cultivos. La piel sana se corta en láminas, o se cultiva una y otra vez, tan rápido como se regenere».

Como la superficie de piel sana de mi cuerpo que se podía usar era tan escasa, el cirujano plástico explicó que la piel se estiraría al máximo mediante un proceso conocido como mallado, en el cual se perforan pequeños agujeros para dejar la piel como si fuera un tamiz o una media de nylon. Insistió en que lo que más importaba era proceder con rapidez. Cuanto más rápido se retirara el tejido muerto, quemado e infectado de mi cuerpo, y se cubrieran las lesiones con piel nueva, mayor serían las defensas contra una infección mortal.

El doctor le dijo a mamá:

—El tratamiento tiene que comenzar pronto. Es necesario esperar entre diez y catorce días para que las zonas donantes sanen y puedan volverse a cultivar. Y en esas dos semanas hay muchos gérmenes que se pueden reproducir. En el Instituto de Quemados de Shriners son pioneros en el uso de bancos de tejidos; en realidad, fueron el primer banco de tejidos operacional del país. El paciente quemado se cubre temporalmente con donaciones de piel de otras personas. Incluso podrían tomar piel de usted o de su marido, la cual sería rechazada también, pero con más lentitud que la piel de otros donantes. Es el único lugar del mundo que conozco donde están usando la piel de los progenitores con eficacia para cubrir transitoriamente al quemado. Los injertos de cualquier otro individuo serán rechazados por el cuerpo de Joel, pero sirven para reducir por un tiempo la superficie del cuerpo en contacto con el aire hasta que los médicos puedan cultivar suficiente injertos de su propia piel. Esto sirve para reducir el riesgo de infecciones.

No necesitaba recordarle a mamá que la infección era el riesgo mayor que corría.

Ella quería saber:

—¿Cuáles son las probabilidades de supervivencia de Joel si lo transfieren al Instituto de Quemados?

—Una vez que esté cubierto de piel, una combinación de su propia piel e injertos del banco de tejidos, podrían llegar a ser del setenta por ciento.

Por fin un verdadero rayo de esperanza.

—¿Cuándo podría ir?

—Es posible que haya una cama libre mañana o el miércoles.

****

La abuela Schneider insistió en quedarse en Boston conmigo el lunes para que mamá pudiera volver a Exeter a visitar a papá para su cumpleaños, informarle lo que le habían dicho los doctores, y pasar un tiempo con Jami. Así que el resto de la familia celebró una fiesta en el hospital, en la habitación de mi padre: le cantaron deseándole un feliz cumpleaños, abrieron regalos y comieron una torta que Nancy Mac-Kenzie y Jami habían hecho y decorado.

Alguien había recortado el artículo aparecido en el diario de la localidad, el *Foster's Daily Democrat:*

PROCESADO POR ACCIDENTE EN HAMPTON

Hampton. Un camionero de Nova Scotia fue citado a comparecer esta mañana en los Tribunales del Distrito de Hampton para enfrentar cargos de agresión agravada en relación con el tremendo accidente en cadena sucedido en el peaje de Hampton el sábado de tarde, el cual derivó en la hospitalización de nueve personas en los centros médicos locales.

Reginald H. Dort, de Nova Scotia, fue arrestado bajo una fianza de veinticinco mil dólares después de que su camión remolque atropellara una fila de vehículos de pasajeros que esperaban para pagar el peaje en la ruta I-95. Dort declaró que se quedó sin frenos justo antes de chocar contra la parte trasera del auto conducido por Bonnie Lynn Dunn, de North Andover, Massachusetts.

El sargento Sheldon P. Sullivan, de la policía estatal, dijo que Dort estaba detenido a la espera de que se determinara si los frenos en efecto habían fallado. La policía estatal confiscó los vehículos involucrados y hoy serán inspeccionados.

Cuatro personas permanecían hospitalizadas esta mañana, la más gravemente herida... Joel Sonnenberg, de South Hyack, N.Y., se encuentra en estado crítico en el Hospital de Niños de Boston, con quemaduras cubriéndole más del setenta por ciento del cuerpo.

Dos de los vehículos involucrados en el accidente se incendiaron por causa del impacto.

«Parecía el escenario de una batalla», dijo un conductor que llegó al lugar poco después del siniestro. «Dos autos estaban quemados, y otro estaba partido a la mitad»...

Tres de las víctimas permanecían esta mañana internadas

en el Hospital Exeter. Michael Sonnenberg, de treinta y tres años, padre de Joel Sonnenberg, y Douglas L. Rupp, de veintisiete años, de Archbold Ohio, estaban fuera de peligro. La señora Dunn, de veintiún años, estaba en condición estable.

Otras cinco personas fueron atendidas y dadas de alta el sábado a causa de lesiones sufridas en el accidente.

El accidente produjo un paro de varias horas en la transitada ruta interestatal, en el tráfico con dirección al norte, informó la policía.[*]

Quienes leyeron el artículo se preguntaban qué significaba, porque planteaba más preguntas que respuestas. ¿Qué era ese cargo de «agresión agravada»? Solo después se hizo público que el conductor del camión tal vez había pasado la noche anterior con la mujer que conducía el primer coche que atropelló. O según los investigadores especulaban, ella podría estar dirigiéndose a Canadá para informar a la mujer de Dort cuando él la atropelló para intentar detenerla.

****

Después de festejar el cumpleaños, mis padres consideraron lo que el cirujano había dicho y acordaron transferirme a Shriners. Los médicos también determinaron que fuera mi padre quien donara la piel para los injertos sobre mis lesiones. Así que papá comenzó los trámites para ser transferido a Boston y así poder estar cerca de mí y de mamá.

Mientras, descubrió una manera creativa de hacer sentir su presencia en mi habitación del hospital. Le entregó a mamá una cinta de casete con un mensaje que él había grabado para mí.

Lo primero que ella hizo cuando regresó a Boston fue contarme acerca de la fiesta de cumpleaños, lo mucho que me habían extrañado, y que papá y Jami me enviaban todo su cariño. Como yo estaba más envuelto que una momia, con los brazos y las piernas entablillados y abiertos, y con un respirador insertado en la tráquea, mamá no podía saber si le escuchaba ni si entendía lo que me decía.

Pero luego me dijo: «Tengo un regalo muy especial para ti, Joel, de papá. Él quiere hablar contigo. ¿Quieres hablar con papá?»

---

[*] «Procesado por accidente en Hampton», *Foster's Daily Democrat*, Dover, N.H., 16 de septiembre de 1979. Reproducido con permiso.

Apenas asentí con la cabeza. Mamá se preguntaba si había sido idea de ella, o tal vez estaba viendo visiones. Cuando le contó a las enfermeras que yo había movido la cabeza, la miraron como si hubiera enloquecido. Sin embargo, solo por las dudas, pronto encendió el grabador.

La voz de papá llenó la habitación del hospital:

Joel, hijo, ¿cómo estás? Te quiero mucho, mucho. Quiero que sepas que te extraño, y me gustaría que nos pudiéramos ver. Sería divertido estar junto a ti. ¿Te acuerdas cómo salíamos al jardín, tomábamos los martillos y martillábamos los bloques de madera? ¡Qué divertido! ¿No?

¿Te acuerdas, también, cómo íbamos a buscar leña y tú me ayudabas a cortar la leña y amontonarla? Tenemos que sacarte pronto del hospital para que puedas volver a casa y hacer todo eso.

¿Te acuerdas cómo te gustaba jugar en la arena y hacer enormes castillos de arena? Tú sabes que el cajón de arena es enorme, y está lleno de arena. Y llevabas los camiones y andaban por todos lados, para arriba y para abajo. A veces, hasta llevabas tu triciclo, y venías a la caja de arena en triciclo desde la casa. ¡Qué bueno!

Mira, cuando salgamos de este hospital, tenemos que salir a pasear. ¿Te acuerdas cómo te trepabas a mis hombros y yo te levantaba alto, bien alto, hasta el cielo? ¿Y cómo tenías que tener cuidado cuando pasábamos por las puertas? Teníamos que agacharnos porque si no podías golpearte la cabeza. Y después salíamos a caminar afuera, y caminábamos, caminábamos, y caminábamos.

¿Te acuerdas cómo me dabas masajes en la cabeza y me acariciabas delicadamente el pelo? ¡Qué bien hacías sentir a papá? Sí, ¡eso sí que era divertido! ¿No?

¿Te acuerdas que había un hoyo debajo del haya? Apoyábamos la oreja sobre el suelo para escuchar cómo corría el agua. ¿Recuerdas lo mucho que nos gustaba escuchar el agua? ¡Qué bien sonaba! Vamos a volver a pasar tiempo juntos, ¿sabes?

Luego papá iba al laboratorio de biología. A veces, sin pensarlo demasiado bien, te llevaba conmigo. Entrabas en la oficina y revisabas un cajón, luego otro, y luego otro. ¿Te acuerdas qué era lo que más te gustaba? Sacar los tapones de goma y desparramarlos por el piso.

¡Qué muchachito alegre! Cómo te gustaba jugar afuera. Es difícil tener que quedarse dentro, ¿no? Sé que es duro, pero pronto vamos a poder estar afuera y salir a caminar.

¿Sabes de qué otra cosa necesitamos hablar, Joel? ¿Te acuerdas de aquel libro grande con un camión que tanto te gustaba? El que tenía dibujos de camiones con faros y ruedas. ¿Recuerdas cómo te gustaba aquella gente rara detrás del volante? ¿Te acuerdas cómo le tomabas la mano a papá, y le pedías que se sentara en la cama, le dabas en libro, subías a la cama junto a él, y recostados contra la pared mirábamos todo el libro? ¡Cómo nos gustaba!

Papá ya habló tanto que no sabe qué más decir. Pero ¡cómo me gusta hablar contigo de nuevo! Pronto nos volveremos a ver, y nos contaremos nuestros secretos … esas cositas que nadie más sabe. ¿Te parece bien? Te quiero mucho. Muchos abrazos y besos. Que descanses bien.

Al día siguiente, mamá decidió grabar su propia cinta. Pero como ella me veía y podía hablarme en persona, decidió grabar unas canciones que me cantaba para tranquilizarme y a la hora de acostarme. Una de las canciones, que parecía en especial apropiada para las circunstancias, tenía esta letra:

> *Soy una promesa. ¡Soy una posibilidad!*
> *Soy una promesa, con «P» mayúscula.*
> *Soy un montón de potencialidad.*
> *Y estoy aprendiendo a escuchar la voz de Dios*
> *Y estoy tratando de decidir bien.*
> *Soy una promesa y puedo ser…*
> *cualquier cosa que Dios quiera que sea.*

Puedo ir dondequiera que él quiera que vaya.
Puedo ser cualquier cosa que él quiera que sea.
Puedo escalar la más alta montaña, y puedo cruzar el ancho mar.
¡Soy una promesa! ¡Claro que sí!

Cuando escuché las grabaciones de mis padres comencé a mover las piernas. Primero, levantándolas y bajándolas lentamente; luego, con más vigorosidad, golpeándolas contra la cama. Era obvio que estaba tratando de comunicarme de la única manera que podía, hasta que al final los médicos tuvieron que sedarme.

No sé qué era lo que quería decir. Tampoco recuerdo lo que sentí cuando escuché esas grabaciones. Lo que sí sé es que el sonido de la voz de mis padres está entre los recuerdos más vívidos e imborrables de mi infancia. Incluso cuando no podía verlos ni responderles, siempre estaban ahí... conmigo... animándome y asegurándome que todo saldría bien.

****

Pero, ¿todo saldría bien? El pronóstico de los médicos estaba lejos de ser seguro. La tensión en mi familia durante esos primeros días fue terrible, y de nada sirvió darse cuenta de que apenas acababa de empezar.

Al principio nadie había pensado en el dinero, pero el miércoles en la mañana, en una entrevista con la asistente social del hospital, mamá le preguntó:

—¿Cómo hacen las familias para enfrentar la disminución de sus recursos económicos durante un largo período?

—No tendrán demasiado problema una vez que Joel sea transferido —respondió la asistente social—. El Instituto de Quemados de Shriners es gratis.

Explicó que estaba financiado por el trabajo de las organizaciones locales de Shriners desde todas partes del país.

Estas eran muy buenas noticias. Mejor todavía fue enterarse de que había una cama libre en Shriners y sería transferido al día siguiente.

****

Mamá me explicó lo que estaba pasando: que me trasladarían a un hospital nuevo, un lugar mejor, con otros niños que también estaban enfermos, que un médico y una enfermera irían conmigo, que el nuevo hospital no quedaba lejos, que solo serían unos pocos minutos de viaje. «Y mamá también va estar ahí».

Por supuesto, no recuerdo el traslado, ni tampoco mis primeras impresiones del nuevo hospital, el cual se convertiría en un lugar muy familiar durante toda mi infancia, pero el personal del Instituto de Quemados Shriners de Boston con toda seguridad recuerda mi llegada.

Betty Dew, que sería luego mi enfermera de cuidados primarios, siempre recuerda nuestro primer encuentro. «Acababa de comenzar a trabajar en Shriners después de haber trabajado durante años en Orlando con pacientes quemados. Cuando entré en la sala de admisiones, vi a este pequeño niño tendido y caminé hacia donde estaba. Lo que más recuerdo son las manos, las manitas y los dedos del bebé. Y cuando estiré la mano para acariciar esos deditos, estaban duros como piedra. Era como tocar las manos de una muñeca rígida de plástico. Casi me desmayo».

Más de veinte años más tarde, a esta enfermera veterana se le entrecortó la voz mientras me contaba cómo a pesar de haber atendido a varios pacientes quemados, nada de lo que había visto podría haberla preparado para mí.

«Es posible que en ese momento hayas sido el paciente sobreviviente con el mayor grado de lesiones graves del mundo. Lo peor no eran las quemaduras de tu cuerpo sino las quemaduras en tu cráneo. Los médicos comenzaron a llamar a todas partes del mundo, a Europa, a China, para tratar de encontrar alguien, quienquiera que fuera, que hubiera tratado un paciente quemado con ese tipo de lesiones en el cráneo.

«Nadie con lesiones de esa gravedad había sobrevivido».

Capítulo 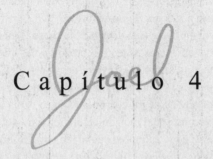 4

C uando llegué a Shriners, me colocaron de inmediato en una
carpa de plástico llamada Unidad de Cuidados Anti-Bacterianos
que había sido desarrollada por ese hospital. En mi sala había
cuatro de estas enormes y voluminosas unidades, cada una tenía a un
niño gravemente quemado en su interior.

Las paredes lisas de la carpa, de plástico grueso, iban del techo al
piso, rodeando mi cama y dejándome aislado por completo. El aire
se bombeaba por la parte superior de la unidad, y se filtraba para librar-
lo de bacterias; luego se volvía a filtrar al salir del sistema, cerca del
piso. También se controlaba con cuidado la temperatura y la humedad
ambiental.

El propósito era, por supuesto, reducir el riesgo de infección, aislán-
dome de los gérmenes de otros pacientes, de las visitas y del personal,
hasta que se pudiera regenerar y cultivar suficiente piel protectora para
cubrir mis quemaduras. Este tratamiento en condiciones estériles fue una
de las principales razones del éxito que los de Shriners tuvieron con los
pacientes quemados. La barrera contra los gérmenes resultó ser una
buena estrategia.

Lo que no era tan bueno acerca de la unidad antibacteriana era que,
además de aislarme de los gérmenes, también me aislaba de la gente.
Cada visita (incluyendo a mi madre) y todo el personal hospitalario que
deseara entrar a la habitación tenía que vestirse con una túnica plástica,
ponerse unas mangas de plástico, ponerse un par de gruesos guantes,
además, por encima colocarse un par de apretados guantes quirúrgicos, y
por último cubrirse con un tapaboca… todo esto antes de acercarse a

mi cama. Para tocarme, moverme, cambiarme los pañales, o curar las heridas, tenían que atravesar unas aberturas en la pared de plástico que apagaba las voces y distorsionaba cualquier vista que tuviera de las personas moviéndose alrededor de mi burbuja.

Todavía no me movía mucho dentro de la carpa. Tenía el caño del respirador insertado en la garganta, los brazos y las piernas abiertos y envueltos en apósitos, como si estuviera despatarrado en la cama. Tenía la cabeza envuelta, así como el tronco y la espalda. El único lugar sin vendar era la única zona de mi cuerpo que no se había quemado porque estaba cubierta con un pañal mojado en el momento del accidente.

De una pequeña zona en mi barriga, de la parte inferior de la espalda y de las nalgas los médicos tendrían que cultivar suficiente piel para cubrir por completo el resto del cuerpo. Y como el tiempo era un factor crítico, coordinaron mi primera operación, mi primer injerto, para el día siguiente a mi llegada a Shriners. El primer paso sería cubrir mi espalda, que estaba casi absolutamente quemada, con piel obtenida de una pequeña área del abdomen. Primero, tenían que raspar o cortar las escaras (el tejido quemado). Más tarde, cortaban una fina lámina del vientre, la pinchaban y la estiraban todo lo posible, para luego suturarla sobre el tejido expuesto de mi espalda.

Como la zona injertada era tan grande, perdí más de dos litros de sangre (casi el doble del volumen de sangre que un niño de esa edad tiene), pero era importante que con cada injerto mi cuerpo «obtuviera» tanta piel como fuera posible. Cuanto más tiempo transcurriera antes de estar cubierto por completo con piel nueva, tanto más aumentaba el riesgo de una infección fatal.

A los tres días me sometieron a otra operación para cubrirme el torso. Las lesiones en la espalda se debían a que el asiento de plástico se había derretido y fusionado con la carne. En la sala de emergencias, los médicos habían tenido que despegarme literalmente del asiento de bebé después de llegar al hospital de Exeter. Las quemaduras en mi espalda eran de por sí muy graves.

Sin embargo, las quemaduras en el torso, que había estado directamente expuesto a las llamas, eran más profundas y más extensas. En esta segunda operación, de nuevo, perdí un gran volumen de sangre.

Cuatro días después, los médicos cubrieron mis piernas que estaban quemadas por completo con injertos obtenidos de los muslos de mi padre. Los médicos les explicaron a mis padres que ese injerto temporal no solo me protegería de los microbios sino que ayudaría a preparar el tejido para aceptar un injerto posterior de mi propia piel. Las operaciones se sucedieron una tras otras mientras cubrían cada uno de mis brazos con más injertos temporales de la piel de mi padre.

Para evitar que rechazara la piel donada de inmediato, los médicos me administraron una droga que bajaba mis defensas. Ese inmunosupresor disminuía el rechazo a la piel de papá para que el injerto durara el tiempo suficiente y así me permitiera regenerar mi propia piel para los injertos. Pero al mismo tiempo, la droga disminuía las defensas para resistir los microbios, y por lo tanto aumentaba el riesgo de infecciones.

Durante semanas los médicos no dejaron de interferir con mi sistema inmunológico, procurando encontrar el equilibrio que preservara la piel sin producir infecciones graves. Las enfermeras intentaban mantener mi temperatura estabilizada en treinta y ocho grados centígrados porque habían descubierto que era la condición óptima para mi curación, pero casi todas las tardes la temperatura llegaba a los cuarenta grados y volvía a subir durante la noche. Cuando sentía el cuerpo caliente, me ponía inquieto y las enfermeras tenían que sujetarme las manos y los pies a la cama para evitar que me golpeara y me lastimara más.

****

Durante una de las operaciones, los cirujanos cultivaron casi medio metro cuadrado de piel sana de los muslos de papá para obtener injertos tanto para sus propias quemaduras como para las mías. Aunque yo no recuerdo el dolor de las zonas donantes, mi padre sí lo recuerda. Dice que era un dolor atroz como tener un hierro al rojo vivo sobre la piel durante días y no poder encontrar alivio.

Betty Dew dijo: «No hay dudas de que fuiste un luchador. Y lo interpreté como una señal de aliento, era tu mejor esperanza».

Además de sacudirme violentamente en la cama cuando me subía la fiebre o cuando el dolor se volvía insoportable, descargaba mi rabia contra mi madre. Era demasiado pequeño para entender que había reglas para los horarios de visita, y me amargaba cuando ella tenía que irse. Luego cuando regresaba, experimentaba emociones encontradas.

«Todos los días durante un momento te quedabas muy quieto en la cama, esperando que llegara tu mamá», recuerda Betty. «Cuando ella entraba y te saludaba, volteabas ligeramente la cabeza apenas para mirarla a los ojos. Te hablaba con dulzura, y tú no te movías. Se acercaba, y permanecías inmóvil, esperando, con los brazos rígidos a tu costado.

Tu mamá introducía su mano cubierta con guantes de plástico dentro de la carpa. Tú seguías sin moverte hasta que ella estaba lo suficiente cerca para tocarte. Entonces, como un rayo, de algún modo girabas todo tu cuerpo vendado hacia ella para que el brazo en el lado opuesto rotara y le pegara a tu madre en la cabeza.

»Era difícil que ella no interpretara eso como un signo de rechazo personal. Pero yo le reiteraba que era la única manera en que podías expresar tu frustración y tristeza porque se hubiera ido. Y era la única manera que tenías en ese momento de expresar tu rabia por el terrible dolor que estabas sufriendo. Todo lo que podíamos hacer para ayudarte te provocaba un dolor insoportable, y eras demasiado pequeño para poder entenderlo».

Lo que sí entendía era que mis días eran una constante agonía y una frustración por sentirme irremediablemente confinado. No sé qué era peor, odiaba ambas opciones. Y hacía todo lo que estaba en mi poder, a pesar de mis limitaciones, para expresar lo que sentía.

****

A principios de octubre conseguí un nuevo medio de expresión cuando me retiraron el respirador de la garganta. Antes del accidente tenía unas pocas palabras para comunicarme, pero como suele ser el caso en los niños que sufren experiencias traumáticas, había tenido una regresión. Con una voz ronca y áspera, gritaba: «¡Papá! ¡Papá! ¡Papá!» Era la única persona que no podía estar a mi lado. Esa palabra era ahora todo mi vocabulario.

Sin embargo, después de unas semanas sin usar mis cuerdas vocales, ahora podía llorar con ganas y gritar. Así que grité. Era la oportunidad que tenía para hacerme oír.

«En un principio, la mayoría del personal creíamos que la quemadura del cráneo era una sentencia de muerte», dijo Betty. «Pero cuando retiramos el tubo del respirador y te escuchamos gritar, nunca más dudé de que lo ibas a lograr. Siempre me preocuparon aquellos niños que no lloraban; tú, en cambio, no parabas de gritar.

»Nadie más en el hospital hacía tanto escándalo como tú. No recuerdo un día en silencio mientras estuviste internado, y eso me animaba. Por otra parte, hubo días en que los gritos constantes me desanimaban. No soportaba verte sufrir así. ¡Pero era evidente que me gustaba tu energía!»

Descubrí una nueva sensación de libertad cuando me retiraron el tubo del respirador, y deseaba sentirme más libre. Aunque todavía tenía las manos y los pies sujetados a tablillas pesadas y rígidas, me incorporaba en la cama, gritando y pataleando y sacándome el tubo de alimentación de la nariz. Quería levantarme de la cama. ¡Salir!

No podía comprender por qué no me permitían levantarme. Estaba harto del confinamiento, harto de los hospitales, harto de las enfermeras y harto del dolor. Gracias a Dios, no comprendía que me quedaba mucho más sufrimiento en el futuro.

Según Betty Dew, una de las razones que la llevó a creer que sobreviviría fue que era demasiado joven para comprender. «Un adulto con ese grado de lesiones es seguro que se hubiera muerto», dijo, «porque un adulto se daría cuenta de la gravedad y las consecuencias de su estado. Además del dolor, tendría que soportar la conciencia de lo que le esperaba. Pero tú eras solo un bebé; no te preocupabas por el futuro. Podías concentrarte en luchar y sobrevivir otro día».

Algunos días fueron muy desalentadores para las personas que cuidaban de mí, en especial cuando comencé a perder algunos apéndices.

«Sabía que no había manera de salvar los dedos de tus manos y de tus pies», me contó Betty Dew. «No había quedado ningún tejido vivo en ellos. Las quemaduras de cuarto grado habían llegado al hueso.

»A pesar de ello, pasó bastante tiempo antes de que el tejido lesionado y muerto comenzara a desprenderse. Es posible que haya sido un día a mediados de octubre, mientras cambiaba las sábanas, que encontré el primer dedo. Al día siguiente encontré otro, y luego un dedito del pie. Al principio, los guardamos en bandejas de petri para enviarlos al laboratorio. Luego comenzamos a botarlos.

»Un día, mientras te limpiaba la cara, se desprendieron los labios. Es posible que las orejas ya se hubieran caído. Luego perdiste la nariz. Y no había nada que pudiéramos hacer. El daño había sido demasiado grande desde el principio».

A pesar de lo angustiante que era para mi madre ver cómo literalmente me deshacía en pedazos delante de sus ojos, y a pesar de lo preocupados que mis padres estaban acerca de cómo haría para vivir sin dedos en las manos y los pies, y sin facciones normales, era necesario que perdiera todo ese tejido muerto, inservible, quemado e infectado, antes de que el resto de mi cuerpo pudiera sanar. Mi supervivencia dependía de ello.

Las operaciones con los injertos continuaban. Cuatro días después de que me retiraran el respirador cubrieron mis pies con mi propia piel. Al día siguiente autorizaron a mi padre a dejar su hospital para venir a visitarme por primera vez desde el accidente. Y a los cuatro días le dieron el alta porque al parecer ya no necesitaría más su piel.

El 22 de octubre cubrieron mi pierna derecha con mi propia piel. Tres días después los médicos me injertaron mi propia piel en la pierna izquierda, y a los cuatro días, cubrieron el brazo derecho también con mi propia piel.

* *

A pesar de que, hasta ese momento, no había tenido problemas con los injertos, Betty Dew me dijo que quedaban por delante dos verdaderas zonas problemáticas: «Tu brazo izquierdo estaba tan horriblemente quemado que, además de caerse los dedos, la mano también se desintegró poco a poco, hasta que solo quedó un muñón en el antebrazo. En el extremo del muñón, donde tendría que haber estado tu muñeca, podíamos ver una arteria expuesta palpitando. La quemadura la había soldado y cerrado, y estaba justo allí, en la superficie del extremo de tu brazo. Durante mucho tiempo mantuvimos un brazalete de presión colocado en el brazo para que si la arteria llegara a perforarse pudiéramos apretar el brazalete como si fuera un torniquete y evitar que te desangraras. Habría sido una hemorragia considerable, y tú eras demasiado pequeño y no podías perder la poca sangre que tenías. Mantuvimos el extremo del brazo envuelto y cubierto con un relleno porque demoró mucho en sanar lo suficiente para poder cubrirlo con un injerto de piel. Recién entonces dejó de preocuparnos, porque esa arteria nos tenía muy intranquilos.

»La mayor preocupación, sin embargo, era la quemadura en tu cabeza. El tejido óseo quemado comenzó a mudar y temíamos que todo el grosor del cráneo se desprendiera en algunos lugares. Pero nunca sucedió. El cráneo estaba tan quemado que cuando comenzó a desprenderse había lugares en los que lo que quedaba era tan fino que podía verse lo que parecía ser el cerebro. Estábamos preocupados porque cualquier infección en esa zona sería fatal, pero no sabíamos qué otra cosas hacer más que mantener la herida limpia.

»¿Cómo hacer que se regeneren los huesos? Te operaron para taladrar pequeños orificios en las porciones sanas del cráneo, para estimular el crecimiento. Y eso pareció dar buen resultado, porque pronto tu cabeza se había cubierto de "chichones" óseos que me recordaban un germinador de semillas».

A pesar de todo, el cráneo seguía expuesto.

****

Ese año el Día de Acción de Gracias coincidió con mi cumpleaños. El 22 de noviembre de 1979 cumplí mis dos años. El diario de nuestra ciudad escribió un artículo sobre nuestra celebración titulado «Familia agradecida porque su hijo está vivo»:

Muchas familias estadounidenses se reunirán hoy para pedir la bendición del Señor. Pero una familia de Nyack del Sur no lo hará.

Mike y Janet Sonnenberg y sus hijos, Jami y Joel, pasarán el día en un hospital de niños de Boston. Disfrutarán una suntuosa cena de pavo asado, aunque Joel comerá su cena mirando a sus padres y a su hermana desde dentro de una carpa de plástico resistente a las bacterias.

Joel no tiene dedos ni en las manos ni en los pies. Ha perdido las orejas, la nariz, los párpados y los labios. Tiene el cuerpo cubierto con injertos de piel obtenidos de los pocos lugares de piel sana que no se quemaron en un accidente automovilístico ocurrido en septiembre en Hampton, N.H.

Sin embargo, la familia Sonnenberg no pedirá al Señor que los bendiga, porque pasarán el día demasiado ocupados en agradecer las ricas bendiciones que ya gozan.

Joel todavía está con vida. Hoy cumplirá dos años. Hace unas semanas, poco después del accidente, nadie creía que sobreviviría. Nadie ha sobrevivido tanto tiempo después de sufrir quemaduras tan graves como las de Joel.

Y para Mike, de treinta y tres años, profesor de anatomía, fisiología y biología en Nyack College, no parece haber nadie tan ricamente bendecido con el amor y la generosidad de otros como la familia Sonnenberg.

«Deberíamos estar entre las personas más agradecidas este Día de Acción de Gracias», dijo Mike el martes, cuando hablamos vía telefónica con él en su alojamiento en Boston, donde está quedándose en el hogar de una familia a quien conoció después del accidente, una de las muchas familias que han ayudado a los Sonnenberg desde septiembre ...

Mientras los médicos de Shriners trataban a Joel con técnicas y tecnologías experimentales que ni siquiera existían hace dos años, la familia Sonnenberg se encontró como si estuviera a la deriva en Nueva Inglaterra. Al venir de Michigan, no tenían amigos ni parientes en esa parte del país, pero hubo otras personas que sí los tenían, y los desconocidos pronto se convirtieron en amigos, en lo que Janet describe como «la red cristiana» que se puso en acción.

«El día del accidente», cuenta Mike, «yo estaba en el hospital, y cuando mi esposa y mi hijo se fueron a Boston, nuestra hija no tenía a dónde ir. Una mujer se ofreció a cuidarla y se quedó con ella una semana, y cuando regresó con nosotros, no tenía ningún temor ni trauma por causa del accidente.

»La Iglesia Bautista Conservadora de Nanuet nos compró un auto. Los amigos de la iglesia nos ayudaron económicamente, nos consiguieron ropa. La Iglesia de Park Street, en Boston, encontró alojamiento para Janet, y la gente sigue viniendo de diversas iglesias para visitarnos, gente que ni siquiera conocemos».

«Estamos teniendo un día de Acción de Gracias como es debido», dice Janet, «porque en verdad podemos identificarnos con los primeros inmigrantes de este país que estaban en realidad agradecidos por tener las necesidades básicas satisfechas. Estamos más que agradecidos por la vida de Joel...»*

El miércoles después del día de Acción de Gracias cubrieron mi rostro con un injerto de mi propia piel. A la semana siguiente, tuve una fiebre tan alta que el termómetro no registraba la temperatura. «Te controlábamos los signos vitales a cada hora», recuerda Betty Dew. «A una hora determinada los valores estaban exactamente como deseábamos que estuviesen, y a la hora siguiente todo se había dislocado. Incluso debimos recurrir a un termómetro veterinario de laboratorio para poder controlar la temperatura. No recuerdo a cuánto llegó, pero superaba la temperatura "de vida". Te envolvimos de inmediato en hielo para hacer descender la fiebre. Por un momento temimos que te hubieras contagiado con algún

---

*«Familia agradecida porque su hijo está vivo», Journal News, 22 de noviembre de 1979. Copyright © The Journal News. Reproducido con permiso..

tipo de infección cerebral. Nunca pudimos determinar cuál había sido la causa del problema».

Tres días más tarde me sentaba en la cama, jugando con un martillo y riendo. Al día siguiente hice mi primera caminata: dentro de la carpa, para arriba y para abajo, al lado de mi cama.

A medida que se acercaban las fiestas, mis padres enviaron como era su costumbre una carta de Navidad. Pero esta era diferente de los tradicionales deseos de «Felices fiestas». Describían el accidente y daban un breve resumen de todo lo que me había sucedido, resaltando los momentos más importantes de mi recuperación e incluyendo las más de quince operaciones que ya tenía en mi haber. La carta terminaba con estas palabras:

Estamos asombrados del progreso de Joel en estos últimos tres meses. Hemos sido testigos de un milagro. Estamos agradecidos y deseamos expresarles nuestro más sentido reconocimiento a todos ustedes nuestros queridos amigos que nos han ayudado. Sus llamadas, tarjetas, regalos, y lo más importante, sus oraciones, han sido determinantes. Nuestros pedidos de oración para los meses venideros son los siguientes:

1. Por otro milagro, para que el hueso del cráneo de Joel sane y no haya que extirparlo.

2. Para que pronto pueda abandonar su «hogar de plástico».

3. Por la unidad de la familia a pesar de la separación física.

En esta Navidad, agradecemos a Dios que en su voluntad nos entregó libremente a su único Hijo. Quiera Dios llenar sus corazones con el gozo de sus dones.

– Los Sonnenberg

****

El 14 de diciembre, después de otra operación en la parte de atrás de mi cabeza, finalmente me quitaron la carpa. Dos semanas y media después me trasladaron a una sala de rehabilitación en el hospital. Diez días después del traslado, los médicos me operaron la boca y el ojo. Me reconstruyeron el labio inferior para que pudiera comer sin que la comida se me cayera de la boca. Reconstruyeron los párpados superior e inferior para contener el ojo derecho.

Según mi enfermera, a pesar de la seguidilla de intervenciones, en realidad estaba contento porque ya no estaba dentro de la carpa y ahora podía tener un contacto cara a cara. «Te gustaba que te abrazaran», me dijo Betty Dew, «más que a la mayoría de los niños. Cuando tu mamá no podía venir siempre llamaba para preguntarme cómo andabas. Me pedía que te dijera todo lo que la familia estaba haciendo, y luego me solicitaba que te abrazara como todas las noches para desearte que durmieras bien. Yo me acercaba a tu cama y te decía que tu familia te amaba. Luego te preguntaba: "¿Quieres un abrazo que te manda tu mamá?" A veces, cuando estabas disgustado, sacudías la cabeza, pero por lo general decías: "Sí", y yo te abrazaba. Luego decía: "¿Quieres un abrazo que te manda tu papá?" Y te daba otro abrazo grandote. "¿Quieres un abrazo que te manda Jami?" Casi siempre querías ese. "¿Quieres un abrazo que te manda tu tortuga?" Sí.

»Para terminar, te preguntaba: "¿Quieres un abrazo mío?" A veces, aunque ya te había dado abrazos de parte de todo el mundo, sacudías la cabeza y me decías que no, que no querías un abrazo mío. Me resultaba increíble, pero tú siempre fuiste muy extrovertido y franco con tus emociones. Nunca tuve que preguntarme qué estarías sintiendo.

»Hay otra cosa que nunca podré olvidar, que sucedió un día en que tenías programada una de tus operaciones. Fueron tantas que no recuerdo cuál. El día antes había intentado prepararte, explicándote lo que te sucedería a la mañana siguiente, que cuando despertaras tendrías hambre pero que no podríamos darte el biberón ni nada de comer hasta que los médicos te llevaran a otra sala.

»La operación estaba fijada para las ocho de la mañana, así que no podías ingerir nada a partir de la medianoche. Naturalmente, cuando a la otra mañana te despertaste, tenías hambre y pediste tu biberón. Entonces te recordé lo que habíamos conversado el día anterior, cómo tendrías que soportar el hambre hasta que los médicos vinieran y te llevaran a la otra sala, y que solo tendrías que aguantar un ratito.

»Pero algo salió mal esa mañana. Hubo un par de cirugías antes de la tuya que se complicaron o hubo algún tipo de emergencia. Eran las nueve de la mañana y nada. Las diez, las once, el mediodía, la una de la tarde. Intenté distraerte corriendo contigo en una silla de ruedas para arriba y para abajo en el corredor. Jugamos. Sabía que tenías hambre. Si hubiéramos sabido que no ibas a entrar a la sala de operaciones antes de las cuatro de la tarde podríamos haberte dado algo de comer. Sin embargo, después de explicarte en la mañana que tendrías que esperar sin poder comer ni beber nada, nunca más preguntaste.

»La mayoría de los pacientes adultos estarían suplicando por algo de comer, y con solo dos años tú no podrías haber recordado y procesado esa clase de pensamiento abstracto. Y sin embargo, lo hiciste. Estaba asombrada. El hecho mismo de que hubieras sobrevivido tenía a todo el mundo maravillado».

****

Que me retiraran la carpa significaba que todos finalmente podrían mirar de cerca a mi nuevo yo. Hasta ese momento, incluso cuando mamá ayudó a bañarme, nadie había visto bien la extensión de las lesiones en mi cuerpo.

Era diferente. Tan diferente que mis padres se preocupaban de cómo reaccionaría Jami cuando me viera fuera de la carpa por primera vez. Le dijeron: «Como Joel se quemó, ahora parece diferente. Tenemos estas fotografías para mostrarte. Si tienes preguntas, trataremos de contestártelas».

> *Tal vez haya cambiado por afuera, pero por dentro es el mismo Joel de siempre.*

Jami tomó las fotografías y las miró durante un rato. Luego las dejó y dijo: «Tal vez haya cambiado por afuera, pero por dentro es el mismo Joel de siempre».

En lo que concernía a mi hermana de cuatro años, no había nada más que agregar. Por desgracia, pronto me daría cuenta de que no todas las personas tenían las cosas así de claras.

Capítulo 5

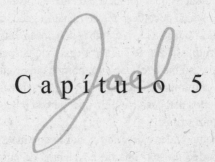

El 2 de febrero de 1980 el Instituto de Quemados Shriners de Boston finalmente me dio el alta y pude regresar a casa por primera vez desde el accidente. No tengo idea de cuáles serían las predicciones para esa primavera, pero mi propio confinamiento de cuatro meses y medio por fin había terminado, y estoy seguro de que para mi familia el panorama también era mucho más esperanzador.

No recuerdo la llegada a casa en Nyack. Hacía tanto tiempo que nos habíamos ido y estaba tan medicado que ni siquiera creo que me haya dado cuenta de que estábamos en casa. Ni tampoco de lo que significaba tener un hogar. Mis padres me dicen que me llevaron de una habitación a otra, intentando disparar algún recuerdo en mi mente de dos años: «Este es tu cuarto. Allí están tus juguetes... ¡estamos en casa, Joel!»

A pesar de lo encantados que todos debíamos sentirnos por estar viviendo de nuevo en familia, en nuestro propio hogar, la mayoría de los días tenía la sensación de que solo habíamos trasladado el hospital a nuestra casa. Yo todavía era un paciente quemado con lesiones críticas. Todos los días la vida de toda la familia giraba en torno a mis necesidades y al desafío constante de mi tratamiento médico. Era ineludible. Mi vida dependía de ello.

El solo hecho de tener que cambiar los apósitos en mis diversas heridas llevaba más de una hora, a veces más. Y, al principio, había que cambiarlos cuatro veces al día.

Aunque tenía estudios de enfermería, de ningún modo mamá podía atender todas mis necesidades físicas y además cumplir con las demás obligaciones de una joven esposa y madre. Por más que lo quisiera, y por más que lo intentara.

Por suerte, hubo varios amigos de la familia y esposas de los alumnos de Nyack que estuvieron dispuestos a ayudar. Mamá entonces hizo un plan diario de cuidados que incluía cinco enfermeras por semana.

Todas las mañanas, poco después de la madrugada, una de las enfermeras voluntarias llegaba a casa, entraba silenciosamente en mi cuarto, y comenzaba mi rutina diaria. Si cuando llegaba no despertaba al resto de los ocupantes, de eso me encargaba yo, porque tan pronto como despertaba y veía a la enfermera comenzaba a gritar. Gracias a Dios no recuerdo la mayoría de los detalles de ese tiempo, pero sí tengo recuerdos vívidos de mis propios gritos.

Para poder comprender y describir mejor lo que fue ese período, hace poco miré un video de solo una de las cientos de curaciones que me hicieron esas primeras semanas después de que llegara a casa del hospital. En realidad, miré solo una parte del video, porque no pude soportar seguir mirándolo ni escuchándolo. No necesitaba mirar todo el video, lo había vivido en carne propia.

Gritaba continuamente mientras la enfermera con delicadeza me desenvolvía los brazos y las piernas para retirar las tablillas que me ponían todas las noches. Gritaba mientras me ponía un ungüento sobre los últimos injertos de piel, todavía inflamados y rojos, que casi me cubrían todo el cuerpo. Pero comenzaba a gritar más fuerte todavía al primer indicio de que era hora de comenzar a cambiar el vendaje del cráneo.

Mi cabeza estaba envuelta en tanta gasa y esparadrapo que el casco protector que me ponían cuando me levantaba de la cama, tenía que ser lo suficientemente grande para que cupiera una pelota de baloncesto. Y como los apósitos casi siempre se pegaban a la herida abierta en la coronilla de la cabeza, cuando me quitaban los vendajes parecía más una tortura medieval que un procedimiento de la medicina moderna. Lo hicieran rápido o lento, no había manera agradable de retirar los apósitos y los vendajes. La zona quemada, que abarcaba casi toda la parte superior de mi cabeza, se lavaba con un suero salino, agua oxigenada y nitrato de plata. Luego cubrían la herida con apósitos nuevos, estériles y secos, y volvían a envolverlos firmemente con más gasa y esparadrapo.

Al mirar el viejo video era claro que este procedimiento, que debía repetirse entre dos y cuatro veces al día, era horripilante; pero lo que me resultó más difícil de mirar no fue tanto el dolor evidente que tuve que soportar; tengo recuerdos muy vagos del dolor. Lo peor de la filmación fue revivir la exasperación de mi impotencia. Aquellos gritos grabados no eran una respuesta al dolor sino más bien el único medio que tenía de expresar mi frustración. Era demasiado pequeño para poder verbalizar mis emociones más profundas de otra manera. Al mirar el video en el que estaba sentado en una cuna, y me envolvían y desenvolvían contra mi voluntad, en el fondo de mi ser explotó un sentimiento muy intenso... de rabia, de impotencia, de frustración.

Por eso gritaba. Eso es lo que recuerdo.

Como era enfermera, mamá al principio quería ayudar a cambiar los vendajes y a encargarse de todo mi cuidado físico. Pero papá insistió hasta convencerla de que dejara a las enfermeras hacer todo lo que pudieran. Mis padres aún tenían que hacer los horarios, capacitar a las nuevas enfermeras y supervisar todos mis cuidados. Y todavía habrían muchas ocasiones en que mamá y papá tendrían que hacer de malos... aquellos que me someterían al dolor y la frustración de los cuidados dolorosos, si bien necesarios. No obstante, la mayoría de las veces procuraron asumir el papel de consoladores y animadores, de modo que casi siempre cuando terminaba la hora de la sesión del cambio de vendajes y los alaridos, lo que más quería era abrazarme al cuello de mi madre y recibir la cuota diaria recomendada de afecto.

Era un niño demandante por excelencia. Las curaciones eran solo el comienzo.

El flujo continuo de suministros quirúrgicos que ingresaban a la casa debe haber sido increíble. Mamá hacía los pedidos, los guardaba, y llevaba un inventario actualizado de cuántas cajas (o cajones) había de guantes esterilizados y no esterilizados, de vendas elásticas, broches, tablillas, rollos de gasa de diversos anchos, ungüentos emolientes, suero estéril, agua oxigenada, nitrato de plata y otras medicinas.

Había días en que parecía que se sacaba más de que lo que entraba. El día que pasaba el recolector de basura, todas las semanas, papá sacaba hasta treinta y cinco grandes bolsas de basura a la acera. La mayoría eran desechos médicos.

Por un lado, la casa de los Sonnenberg se había transformado en un hospital. Y sin embargo, todavía tenía que funcionar como un hogar, no solo para mí sino también para mis padres y mi hermana, Jami, que había «perdido» a toda su familia durante esos meses después del accidente.

Yo era un sobreviviente con algunas de las peores quemaduras de la historia. Como apenas comenzaba a recuperarme, todavía necesitaba ser tratado como un paciente, lo que hacía difícil para el resto de la familia llevar una vida normal y seguir con sus propias rutinas. En realidad, la rutina de nuestra familia nunca más volvería a ser la misma.

Por suerte, papá es un excelente coordinador. Siempre tiene un plan. Él y mamá comenzaron a capacitar enfermeras voluntarias de inmediato. Hicieron un listado de todos los tratamientos necesarios. Se les dio instrucciones a todas las enfermeras de que llevaran un registro de sus procedimientos y observaciones en un cuaderno que estaba en el armario junto con el resto de los suministros.

De todos modos, nada fue fácil. Aun alimentarme era un reto mayor. Las cicatrices de las quemaduras eran tan profundas en mis mejillas y cara que apenas podía abrir las mandíbulas, lo que incluso dificultaba abrir la boca para comer. No me podían meter una cuchara dentro de la boca.

Lo que era peor, ahora requería una dieta rica en proteínas para reponer los pocos músculos que me quedaban. Además, para tener fuerza y engordar, necesitaba suplementos adicionales de vitaminas y calorías, los cuales agregaban a los biberones. Y, como si fuera poco, siempre había sido un niño con apetito.

La hora de la comida, por lo tanto, se convirtió en un reto diario que exigía creatividad y paciencia. Mis padres tenían que cortar o separar la comida en minúsculos pedacitos y empujarlos con el dedo a través de la pequeña abertura entre los labios, colocándolos contra el paladar en el fondo de la boca. Incluso había que aplastar algo tan pequeño como un chocolatín M&M para poder ingerirlo.

La nutrición era solo uno de los desafíos que debían enfrentar mis padres. También estaban preocupados por mi movilidad. En el momento del accidente, hacía ya varios meses que caminaba, pero desde esa fecha había pasado casi seis meses en una cama de hospital y ya no tenía dedos en los pies. ¿Podría volver a caminar?

Un fisioterapeuta accedió a venir a casa, lo que nos ahorraba tiempo y energía en los traslados para ese tratamiento. Si bien simplificaba la planificación familiar, no facilitaba las cosas. Gritaba cada vez que veía al terapeuta en el umbral de la puerta. Y chillaba prácticamente durante toda la sesión de terapia.

No creo que esta respuesta tuviera tampoco mucho que ver con el dolor. Por un tiempo, gritaba por rutina cada vez que un adulto extraño entraba en la casa y comenzaba a acercarse. No solo si se trataba de enfermeras o terapeutas, sino también si eran amigos de la familia. La experiencia en el hospital, e incluso ahora en casa me había enseñado que la mayoría de los adultos tenían planes en mente para mí. Sus planes tenían prioridad sobre los míos, sin importar lo que yo pensara al respecto. El hecho de que no tuviera ningún control ni se me consultara sobre el asunto me hacía sentir frustrado y enfurecido. Todos los días, todas las personas eran una batalla. Así que protestaba de la única manera que sabía hacerlo.

También gritaba y pateaba las paredes de la cuna con las tablillas cada vez que me despertaba… cuatro o seis veces casi todas las noches.

Mamá ahora reconoce que hubo momentos en que el griterío duró tanto que ella pensó que iba a enloquecer. Algunos días la falta de sueño y el casi interminable llanto hacían que la tensión en la casa llegara al límite y todos desearan ponerse a gritar. Otros días, en cambio, la constante estimulación auditiva funcionaba más como una droga sedante.

Mamá dice que hubo ocasiones en que llamaba un amigo y cuando atendía el teléfono le preguntaban qué estaba pasando.

—¿Por qué? —les preguntaba.

—Parece como si alguien estuviera gritando —respondían.

—Ah. Es Joel —les explicaba.

—¿Está bien? ¿Necesitas ir a ver qué le pasa?

—Está bien —respondía para tranquilizar al interlocutor—. Solo le están cambiando los vendajes.

Si hubieran sabido lo que pasaba.

Muchas personas se dieron cuenta de lo que ocurría y estaban preocupados por la salud sicológica de toda la familia. Una cantidad sorprendente de ellos se preocuparon lo suficiente para darnos diversas muestras de amor e interesarse y apoyarnos de maneras muy concretas. Hubo amigos que regularmente nos preparaban comidas. Había una mujer que venía a lavar los platos y la ropa y a limpiar la casa un par de veces a la semana para que mamá pudiera pasar más tiempo conmigo y con Jami. Otra, ofreció su experiencia como secretaria para contestar el torrente de correspondencia que estaba recibiendo la familia.

Mis cicatrices e injertos eran tan delicados e incómodos que tenía que usar ropa cien por ciento de algodón, porque el algodón es más fresco que otras telas y permite que el cuerpo respire mejor. La gente me hizo ropa especial: túnicas, camisas, incluso un par de pijamas. Una mujer diseñó y confeccionó camisetas que se cerraban con Velcro en la espalda, para evitar el problema de tener que ponérmelas por la cabeza cubierta de vendas.

Nyack College continuó pagando el salario de papá, aunque no estaba disponible para enseñar. Sin embargo, la gente de la iglesia sabía que nuestra familia estaba enfrentando una fuerte carga financiera durante este tiempo. También sabían que no había manera de que mis padres pudieran disponer de tiempo o de energía para conseguir otro empleo de unas horas. Por lo tanto, un grupo de amigos se asociaron para hacer un fondo y darnos regularmente un ingreso mensual con el que mis padres pudieran contar mientras lo necesitaran: tanto o más dinero del que mis padres podrían haber ganado con un segundo empleo.

Pero de todas las cosas consideradas y generosas que la gente hizo por nuestra familia durante ese momento difícil, mi madre y mi padre dicen que lo que más sintieron y apreciaron fueron las oraciones, la preocupación y el aliento que muchos amigos, seres queridos e incluso gente por completo desconocida les expresaron. Mis padres necesitaban eso. Toda la familia lo necesitaba. Porque este calvario estaba lejos de haber terminado.

Cuando mis padres por fin me trajeron a casa del hospital aquel día de febrero, sabían que tendríamos que regresar varias veces para muchas más intervenciones. Y la primera visita de regreso no se hizo esperar.

Hacia fines de mayo, cerca del Día de Conmemoración a los Caídos en la Guerra, regresamos al hospital de Boston para otra operación más. Esta vez el cirujano plástico trabajó en la cicatriz gruesa que era mi labio superior, para aflojarlo y ensanchar las comisuras de mi boca, lo que me permitiría comer mejor. Por varios días después de la cirugía no pude comer nada; me alimentaban a través de un tubo. Y tuve que quedarme más de dos semanas en el hospital antes de que me dejaran volver a casa.

Tengo algunos pocos recuerdos específicos de la larga hospitalización después del accidente, pues era muy pequeño, y es posible que algunos de los detalles de esa primera visita se me confundan con incontables recuerdos vagos de otras muchas hospitalizaciones posteriores. Sin embargo, es posible que unos de mis más tempranos y claros recuerdos fuera esa primavera en Boston, durante el tiempo que estuve internado de nuevo en Shriners.

Recuerdo específicamente, una vez que me cambiaron los vendajes.

Una de las enfermeras del hospital me desenvolvió los brazos y las piernas. La rapidez con que lo hizo como el que no me mirara a los ojos no auguraban nada bueno.

En casa, las enfermeras voluntarias y mis padres tenían paciencia y trataban de hacerlo lo más delicadamente posible. A veces, cuando la venda o uno de los apósitos estériles se había secado y estaba muy pegado a la herida, me ponían en la bañera hasta que se humedeciera y pudieran retirarlo sin dolor.

Las enfermeras del hospital nunca hacían eso. Tendrían que haber tenido una bañera reservada de antemano sin saber si la necesitarían o no. Además, no tenían tanto tiempo disponible para dedicar a un solo paciente.

Es cierto, tal vez es menos doloroso quitar una venda de un tirón que pasar todo un largo minuto intentando despegarla poco a poco de una herida llena de costras. Pero cuando se tienem dos años y medio, la técnica del tirón resultaba mucho más aterradora.

Este es el recuerdo vívido que tengo.

No había duda de que la enfermera que estaba cambiando los vendajes ese día tenía mucha prisa. Me aferré con fuerza a sus brazos mientras comenzó a quitarme las vendas de mis brazos y piernas; había aprendido que era la única manera de hacer que las enfermeras lo hicieran más lentamente y con ello intentaba controlar el dolor. No obstante, esta enfermera trabajaba rápido y sin mucho miramiento. Creo que se me encogió el cuerpo de tanto miedo que tenía cuando comenzó a quitarme el vendaje de la cabeza. Y recuerdo con claridad cómo le suplicaba: «¡Por favor, con cuidado! ¡Con cuidado!»

No tuvo cuidado. Al menos, no tuvo tanto cuidado como yo lo hubiera deseado. Tampoco era tan suave como mamá y las enfermeras que me atendían en casa. A pesar de lo dolorosas que eran las curaciones en casa, no tenían nada que ver comparadas con la más absoluta impotencia que experimenté en el hospital, donde nada de lo que dijera o hiciera producía la más mínima diferencia. Por eso gritaba tanto.

Sé que le debo mucho al Shriners y a su centro de quemados de Boston. Me salvaron la vida. Me brindaron cientos de miles de dólares de tratamiento gratis. Conocimos muchas personas solidarias que trabajaban allí, pero era un hospital, y su función era tratarme para que pudiera volver a casa.

Pronto me di cuenta de que estaba mejor en casa. Y eso me permitió llegar a la conclusión de que odiaba los hospitales… algo nada bueno, si tenemos en cuenta todas las estadías en el hospital que me aguardaban en el futuro.

Al menos, la cirugía logró el objetivo de facilitarles a mis padres la tarea de la alimentación. Ahora podían introducir una cuchara en mi boca.

Esa primavera también hubo otros signos alentadores de progreso. Además de volver a aprender a caminar, pronto comencé a correr por todos lados. Con el regreso de mi personalidad arrolladora necesitaba en realidad aquel casco de plástico duro que los médicos decían que tendría que usar para proteger la coronilla de mi cabeza durante años, tal vez por el resto de mi vida.

Sin embargo, a medida que las otras heridas sanaban y cada vez tenía más fuerza y más movilidad, mi mundo literalmente se expandió. Cuando el riesgo de lesiones e infecciones disminuyó, por fin me permitieron salir afuera a jugar en el porche o en el cajón de arena con mi hermana.

Mis padres intentaron explicarle a Jami, con palabras comprensibles para una niña de cuatro años, que aunque en apariencia era diferente, querían que fuera capaz de hacer tantas cosas como fuera posible por mis propios medios; y que a pesar de no tener manos ni dedos, igual podría jugar si aprendía a tomar las cosas con mis muñecas. Enseguida, asumiendo su papel de hermana mayor, Jami comenzó a cuidarme y a enseñarme qué hacer: «Tómalo de esta manera, Joel». Mi hermana debe haber hecho casi tanto como mis padres para preparar mi reintegración al mundo.

Repito, fueron determinantes los maravillosos amigos de la familia, la comunidad de Nyack College y la congregación de nuestra iglesia local. Salía a caminar con papá, como él me había prometido que lo haríamos en la grabación que me hizo dos días después del accidente. Me encantaba deambular por todo el campus sobre los hombros de papá, con mis piernas vendadas, completamente cubiertas, colgando de su cuello. Todas las personas con las que nos encontrábamos parecían sonreírnos y saludarnos: «Hola, Joel». Era sensacional.

Lo que no era tan sensacional fue la reacción de algunos niños cuando me vieron por primera vez. Como sucedió la ocasión en que papá y yo estábamos caminando y vi a John jugando en el jardín de su casa. Nos conocíamos desde que teníamos seis meses, y desde que nos podíamos sentar solos jugábamos en el cajón de arena y en las piscinas infantiles.

Sabía que John nos había visto porque no nos quitaba la vista de encima. Pero cuando estuvimos cerca, se asustó y corrió para dentro de su casa. A veces, hasta los niños mayores que conocía y que habían jugado conmigo desde que era un bebé pasaban a mi lado sin dirigirme la palabra y sin siquiera mirarme.

Otro de mis mejores amigos de la iglesia, llamado Ryan, comenzaba a llorar cada vez que me miraba. Esto ocurrió durante semanas. Mis padres fueron a hablar con los suyos para ver si podían hacer algo para ayudar. Los padres de Ryan estaban avergonzados; los demás amigos me estaban aceptando como parte del grupo.

Nadie sabía qué hacer con Ryan, hasta que un domingo llegó a su casa muy excitado y le dijo a su madre: «Mamá, mamá. ¿Sabes una cosa? Toqué a Joel. Toqué a Joel, mamá. ¡Y no me quemé!» Todo ese tiempo había pensado que yo quemaba y que si me tocaba se quemaría horriblemente como yo.

A partir de ese momento, Ryan y yo volvimos a ser amigos.

Muchas familias de la iglesia se solidarizaron con nosotros. Su amor y sus brazos abiertos me hicieron sentir bienvenido. Fueron la fuerza y el aliento que mis padres necesitaban para enfrentar las dificultades futuras y el trato con otras personas que serían mucho menos sensibles.

Al tener solo dos años y medio, mi comprensión de lo que sucedía era muy limitada. Así como me daba cuenta de que casi toda la gente del campus parecía saber quién era y me saludaba cuando salía de caminata con mi padre, no podía dejar de fijarme en la manera en que la gente me miraba fijamente cuando estábamos en público con mamá o papá.

Cuando por fin aprendí por qué, mis padres intentaron consolarme: «La gente simplemente no puede entenderlo. Si te conocieran como nosotros te conocemos, también te amarían».

No fue sino hasta mucho tiempo después que me enteré de las situaciones espantosas y de las personas insensibles que mis padres tuvieron que soportar. Como el hombre que le preguntó a papá: «¿Esa cosa es suya?» O la cajera de la tienda de comestibles que después de que mamá pagara sus compras y saliera murmuró: «¿Por qué andan con ese niño en público? ¡Es una vergüenza!» O la vez que papá y yo estábamos jugando en el parque y dos muchachos adolescentes incitaron a su hermano menor a acercarse y preguntar: «¿Qué hace un mono aquí deslizándose por el tobogán?»

La insensibilidad y la discriminación se convertirían en parte de la vida para mí y mi familia. Lo que hacíamos era no pensar ni hablar de esto. Durante la infancia no comprendía y ni siquiera me daba cuenta de muchas cosas. Y, en adición, mis padres me protegieron todo lo que pudieron de las crueldades peores.

Pero ellos sabían, como yo pronto descubriría, que no podrían protegerme para siempre.

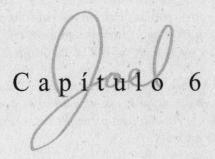

Capítulo 6

E sa primavera los médicos informaron a mis padres que la herida abierta en la coronilla, donde las quemaduras habían dejado el cráneo al descubierto, al parecer sanaría. Esperaban que el tejido de granulación (el tejido de las cicatrices) se extendiera de forma gradual hasta cubrir la zona afectada. Y si la piel que se regeneraba desde los bordes no llegaba a cubrir la herida, posiblemente realizarían injertos de piel. Mientras, habría que esperar para ver cómo evolucionaba.

Dijeron que esperaban que el cráneo continuara creciendo durante toda mi vida. Aunque era probable que el cráneo siempre tuviera la mitad de grosor que un cráneo normal, no creían que necesitaran instalar una plancha de metal. Tampoco pensaban que tendría necesidad de usar mi casco cuando el cráneo expuesto estuviera cubierto de piel.

Por supuesto, yo era demasiado pequeño para entender todas las implicaciones de este pronóstico. Mis padres, en cambio, estaban tan contentos que enviaron una carta a nuestros parientes, amigos y todas las demás personas que habían estado orando por mí, contándoles que estaban «encantados con las noticias y que alababan a Dios».

La carta contenía una actualización médica y explicaba:

> *Los mayores problemas para los médicos serán el rostro y las manos de Joel. Las operaciones en la cara de Joel serán principalmente de naturaleza funcional y no cosmética. Desde un punto de vista cosmético, hay muy poco que pueda hacerse para mejorar las facciones debido a la ausencia de piel no quemada en el cuerpo de Joel que pueda usarse para injertos.*

*En los años siguientes, Joel necesitará de continuo que le reti-
ren el tejido cicatrizado del cuerpo. Cuando el tejido cicatrizado
se contrae, tira de la piel que lo rodea y hace que algunos miembros del cuerpo no puedan funcionar normalmente, salvo que se
le hagan incisiones para permitir el movimiento. Las zonas
más afectadas son la boca, los ojos, el cuello, los hombros y las
axilas.*

*Joel tendrá que usar una prótesis en su brazo izquierdo.
También habrá que operar su mano derecha, tal vez cuando tenga
que comenzar la escuela, para permitirle hacer movimientos de
pinzas... ¡Por favor, oren!*

****

Cada operación propuesta implicaría no solo un traslado a Shriners,
sino que entre operación y operación tendríamos que regresar a Boston
para los controles, los exámenes de rutina y las reuniones con el equipo
médico para discutir los planes para futuros tratamientos. Estos viajes,
además de representar un esfuerzo físico agotador para nuestra familia,
se estaban convirtiendo en una pesada carga financiera. El viaje en auto
de diez horas de ida y vuelta (la manera más barata de viajar) era el que
más tiempo y energía emocional consumía, dos activos que nuestra familia necesitaba conservar. El viaje en avión hubiera disminuido el tiempo
y los problemas, pero el costo lo hacía imposible. En especial, cuando
había que agregar el precio del alojamiento, las comidas y el transporte
urbano durante la estadía en Boston.

Aunque no deseaban hacerlo, mis padres decidieron que no tenían
otra opción que pedir ayuda. Me llevaron a la ciudad de Nueva York para
una entrevista con la persona principal de una organización filantrópica
que proveía asistencia económica a las familias con necesidades médicas.
Sin embargo, el hombre que nos atendió no podría haber sido más anti-
pático. Con brusquedad les informó a mis padres que no tenían fondos
disponibles para que ellos pudieran quedarse conmigo en Boston. «¿Por
qué no lo llevan al hospital y lo dejan allí?», deseaba saber. «Además,
¿qué hace un niño como él fuera de un hospital?»

Mamá y papá ya se sentían incómodos cuando fueron a la entrevista,
pero cuando salieron se sintieron absolutamente humillados. No sabían
si se sentían desanimados o enfadados por el trato recibido. No podían
comprender que alguien creyera que era irracional que unos padres

quisieran estar junto a su hijo de dos años que debía ser sometido a una operación.

Sin embargo, tan pronto como llegamos a casa sonó el teléfono. El hombre del otro lado de la línea dijo: «Señora Sonnenberg, me llamo Jim Blake. Trabajo en el Departamento de Bomberos Voluntarios del Condado de Rockland. Nos enteramos de que su hijo sufrió quemaduras graves, y queríamos saber si hay algo que podríamos hacer para ayudar a su familia».

Mamá le dijo que no podía creer que estuviera llamando justo en ese momento. Le explicó lo que les había pasado durante la entrevista esa mañana. El señor Blake dijo que el departamento de bomberos de la localidad estaría encantado de poder ayudar. A partir de ese momento, el Departamento de Bomberos Voluntarios del Condado de Rockland pagó nuestros pasajes aéreos de ida y vuelta a Boston.

La generosidad de las personas preocupadas por nosotros, a pesar de que a muchas no las conocíamos en lo absoluto, no dejaba de sorprendernos. Gracias a ellos nuestra familia pudo contar con una experiencia que se convirtió para todos nosotros en el suceso más sobresaliente durante 1980 y durante muchos años más.

Hubo buenos amigos que, convencidos de que nuestra familia necesitaba tomarse un descanso de la agotadora rutina diaria, nos invitaron a pasar una semana con ellos en CAMP-of-the-WOODS, un centro de retiros cristiano en las Montañas Adirondack, en el norte del estado de Nueva York. Cuando mis padres se pusieron en contacto con el campamento para hacer las reservas, les informaron que la semana que ellos deseaban ya estaba llena. Pero nuestros amigos ya habían hablado con la administración acerca de nosotros. La familia Purdy, que administraba el campamento, nos dijo que fuéramos de todos modos, que si el Señor quería que estuviéramos allí, alguna vacante aparecería.

Mis padres entonces cargaron el auto y se dirigieron al norte. Pero fue inevitable no recordar lo que había ocurrido la última vez que habían planeado unas vacaciones en familia, menos de un año antes.

En efecto, apareció «una vacante» para nosotros en CAMP-of-the-WOODS. Nada menos que el mejor alojamiento del lugar. Libre de gastos. Los dueños no permitieron que abonáramos nada. Y la tarde antes de nuestra llegada, los Purdys informaron a las doscientas personas del personal del campamento que vendríamos. «Esta familia ha vivido una experiencia muy trágica». Resumieron nuestra historia. «Esta gente está física y emocionalmente agotada. Así que queremos que todo el personal haga todo el esfuerzo posible para asegurarse de que se sientan bien. Trátenlos como huéspedes de honor. En el comedor, en los quioscos, en la playa. Queremos que hagan lo imposible por esta gente. Cuando se vayan, queremos que se sientan renovados emocional, física y espiritualmente. Queremos que todos ustedes asuman la responsabilidad de hacer que la familia Sonnenberg disfrute una semana excelente».

Y lo fue.

Las noticias acerca de mí sin duda circularon por todo el campamento. Durante toda la semana, dondequiera que fuéramos, la gente me decía: «Hola, Joel. ¿Cómo estás?» o «Joel, me llamo _____, ¡y creo que eres especial!» La mayoría de la gente simplemente nos aceptaba sin necesidad de que mis padres tuvieran que explicar a todos lo que me había pasado.

Los Purdys y el personal del campamento nos trataron como reyes. Nos llevaron en paseos en lancha y me dejaron «conducir». Era el sueño de cualquier niño hecho realidad. El asistente del director del campamento también me dejó «conducir» su jeep. Nadamos. Anduvimos en velero. Mamá y papá hicieron esquí acuático. Y después que nosotros los niños nos dormíamos, el campamento contaba con un servicio de niñeras para cuidar a los niños y permitir que mis padres pudieran asistir a reuniones nocturnas o salir solos a un restaurante de la localidad.

Durante la última cena en el comedor del lugar, algunos integrantes del personal del campamento rodearon nuestra mesa con trompetas y trombones. Papá me levantó en sus hombros y comenzó a balancearme para arriba y para abajo al ritmo de la música, mientras los demás comensales aplaudían y cantaban:

> *Porque es un buen compañero*
> *Porque es un buen compañero*
> *Porque es un buen compañero*
> *Y nadie lo puede negar.*

Mientras me cantaban esta serenata, me reía, revoloteando sobre los hombros de mi padre, con los brazos vendados extendidos como si fueran las alas de un avión, planeando sobre la multitud. Creo que casi toda la gente en aquel comedor estaba llorando. Pero yo no me di cuenta. Estaba demasiado ocupado disfrutando el final de la mejor semana de mi vida.

Nuestra estadía en CAMP-of-the-WOODS fue un descanso del

tratamiento médico y un respiro en un verano que, por otra parte, fue largo y caluroso. Como la piel nueva injertada era muy sensible a los intensos rayos ultravioletas, tenía que quedarme fuera del sol desde las once de la mañana hasta alrededor de las tres de la tarde. A pesar de eso, algo hizo que mi piel se cubriera de un doloroso sarpullido en todas las zonas injertadas. Me despertaba casi todas las noches de ese verano por el calor y el escozor. Pasó casi todo el verano antes de que pudiéramos descubrir que la causa de esta desgracia era una reacción alérgica a la lanolina de la crema que todos los días las enfermeras me aplicaban sobre la piel de los brazos, las piernas y el cuerpo. Tan pronto como cambiamos de crema, las erupciones cesaron.

Por desgracia, no era así de fácil y de rápido remediar todos mis desafíos físicos. Cada vez más me daba cuenta de que mi rostro estaba desfigurado. No me parecía a Jami, ni a ninguna otra persona que conociera. Pero lo que más me molestaba era cuando jugaba y me daba cuenta de que no podía manipular los objetos con la facilidad con que lo hacían mis amigos.

«No tengo dedos. ¡No puedo!», era la queja frecuente con que expresaba mi frustración. Tal vez fue por esta razón que los médicos adelantaron la fecha para operarme la mano.

En septiembre de 1980, casi exactamente un año después del accidente, regresé a Boston para la primera y la peor etapa de una serie complicada de operaciones quirúrgicas diseñadas para dar algún tipo de funcionalidad a mi mano derecha. Mis padres intentaron explicarme lo que sucedería y por qué. Pero no había manera de que la mente de un niño que todavía no había cumplido los tres años pudiera comprenderlo del todo. Los médicos dijeron que me iban a ayudar. ¿Cómo puede ser que cada vez que dicen eso, siempre tienen que lastimarme primero? Ni siquiera pude mover mi brazo durante seis semanas.

A la técnica la llamaban un «colgajo de la ingle». La idea era transferir un pedazo grande de piel y tejido del muslo no quemado a mi antebrazo derecho para hacerme una mano de tamaño normal en el lugar donde se habían quemado todos los dedos. Y la primera etapa de este proceso era hacer unas incisiones profundas en el área de la ingle para hacer el «colgajo», insertar lo que quedaba de mi mano derecha en la herida abierta, y luego coser el colgajo de piel y tejido sano alrededor de ella. A medida que «el colgajo de la ingle» y el resto de mi mano comenzaban a sanar juntas, los médicos gradualmente comenzaban a cortar el colgajo para separarlo de la pierna.

Durante todo este procedimiento el personal médico intentó mantenerme distraído y entretenido con terapia física y lúdica. Sin embargo, no había manera de hacer que un preescolar activo pudiera olvidarse de que tenía su brazo cosido a su pierna durante seis semanas.

Mis padres hicieron lo posible por estar conmigo en el hospital. Pero a veces uno o ambos tenían que regresar a casa. Y nunca les permitían quedarse en mi habitación del hospital durante la noche, lo que tenía preocupada a mi madre.

Esto es muy importante, Joel. Jesús siempre está contigo.

—Joel, ¿te despiertas a veces en medio de la noche en el hospital? —me preguntó.

Asentí.

—¿Qué haces, entonces? ¿Te pones a llorar? ¿Por qué te despiertas?

—Hay mucho ruido —le dije.

—¿Qué haces? ¿Les pides que se callen?

—No. Me quedo sentado.

—¿Te vuelves a dormir?

—A veces —respondí. Tenía una manta especial y un perrito de peluche llamado Fluffy que se quedaba conmigo cuando mis padres no podían acompañarme.

—Joel, quiero que recuerdes una cosa —dijo mi madre. Asentí y la escuché—. Esto es muy importante, Joel. Jesús siempre está contigo. Siempre. Él está contigo, igual que Fluffy. Él está aquí mismo, al lado tuyo. Él es muy fuerte, más fuerte que papá. Él sabe qué será lo mejor para ti, y siempre estará a tu lado.

****

Cuando finalmente regresamos a casa, mi mano «nueva» no parecía mejor que la que tenía antes. Ni siquiera se parecía a la mano de otras personas. Parecía un apéndice horrible y blando colgando del extremo de mi brazo flaco. Se parecía más a la pata de un perro o a un mitón que en vez del lugar para el pulgar tenía otro pedazo suelto de piel colgando.

—Allí será donde te pondrán un hueso para hacerte un pulgar —me intentaban explicar mis padres.

—¿Sin dedos? —todavía tenía que levantar las cosas con las dos muñecas.

—La próxima vez que vayas al hospital te pondrán un hueso allí dentro para que puedas tener un pulgar. ¡Entonces podrás hacer todo tipo de cosas! —me alentaban mis padres.

Esa parte sonaba bien. Pero no quería volver a ver un hospital en toda mi vida.

Nuestra familia estaba agradecida por muchas cosas aquel Día de Acción de Gracias de 1980. El periódico de la localidad, el Rockland Journal News, lo resumió en un artículo que publicó con el título «Cuántas bendiciones para la familia del niño quemado»:

Corretea por su casa con el vigor de un niño sano y robusto y con la alegría de un muchacho inquieto. Asomándose por debajo de sus vendajes, sus ojos brillan mientras nos mira, para determinar si somos un amigo en quien puede confiar o si somos un perfecto ignorante. Ha conocido a muchas personas en ambas categorías.

Siempre de buen humor, maniobra los muñones de sus brazos para llevar un vaso de leche a sus labios inmóviles, y cuando se le pregunta la edad, responde con un estruendo: «¡TRES!»

Se llama Joel Sonnenberg, y el Día de Acción de Gracias, aunque importante para todos los estadounidenses, para él y su familia tiene un significado especial.

El año pasado Joel sufrió quemaduras graves en un accidente automovilístico en Hampton, N.H ... cuando un camión se estrelló a toda velocidad contra la fila de autos que aguardaban en el peaje. Nadie esperaba que Joel sobreviviera.

El año pasado, sus padres, Mike y Janet, de Nyack del Sur, estaban más que agradecidos de que su hijo estuviera vivo para el Día de Acción de Gracias. No se conoce ningún caso en la historia de la medicina de que alguien con quemaduras de tal gravedad haya sobrevivido. Joel había sido sometido a más de una docena de operaciones, y estaba confinado en una carpa de plástico en un hospital de Boston.

En el accidente, casi toda la piel de Joel se quemó, también perdió los dedos de las manos y de los pies, sus orejas y la nariz. En su cráneo tenía un agujero y necesitaba usar ... un casco la mayor parte del tiempo.

Pero este año las bendiciones se han multiplicado para los Sonnenberg. Hoy, el niño que (el año pasado) apenas podía respirar, es un chico despierto, sano y fuerte. Aunque horriblemente desfigurado, está aprendiendo las lecciones de la vida: a hablar, comer, jugar y socializar con otros jovencitos, la mayoría de su mismo vecindario de la comunidad de Nyack College, donde su padre es profesor de biología. La devoción de sus padres y el cariño de extraños están preparándolo para una vida lo más normal posible. Y cuánto más normal se vuelva la vida de Joel, tanto más se independizará de la vida de sus padres. Este es un problema que sus padres están agradecidos de tener.*

El artículo continuaba hablando acerca de todos los voluntarios que habían ayudado con el cuidado médico de Joel y las tareas de la casa. Mencionaba cómo el departamento de bomberos de la localidad había pagado los viajes hacia y desde Boston, la maravillosa experiencia en CAMP-of-the-WOODS, y toda la atención médica gratis que habíamos recibido del Instituto de Quemados de Shriners, en Boston.

El periódico además hacía referencia a los planes de proporcionarme un pulgar más adelante. Y luego, el artículo terminaba describiendo el impacto que mi experiencia había tenido en el resto de la familia:

La vida de todos los demás miembros de la familia ahora ha cambiado debido a Joel. Su hermana, Jami, que asiste al jardín de infantes de la escuela Valley Cottage School, procura llamar la atención por ella misma y por lo general lo logra.

Janet, que estaba estudiando para tener un segundo posgrado en enfermería y tenía esperanzas de poder enseñar, ha tenido que poner en práctica su conocimiento en un trabajo a tiempo completo en su casa

---

*«Cuántas bendiciones para la familia del niño quemado», Journal News, 27 de noviembre de 1980. Copyright © The Journal News. Reproducido con permiso.

debido al cuidado de Joel. Ella no resultó herida en el accidente, y ahora está esperando el tercer hijo para los Sonnenberg.

Mike sufrió [quemaduras] y estuvo parcialmente paralizado por unos meses después del accidente, pero dice que se ha recuperado por completo. No obstante, ha tenido que renunciar a su sueño de un doctorado para poder acompañar a Joel en los muchos viajes de ida y vuelta a Boston.

«Nuestras metas han cambiado», dice Janet. «Las metas profesionales eran metas algo superficiales. Para mí la felicidad, sin ánimo de darme aires, en realidad depende de tener una buena relación con nuestro Creador, saber quiénes somos y ser responsables en nuestra vida.

»Qué importa si tienes una discapacidad, como Joel, o si no te falta ninguna parte del cuerpo, lo que vale es cómo lo uses. Joel puede glorificar a Dios como cualquier persona».

Muchas cosas buenas sucedieron durante 1981 y se alcanzaron varios logros significativos. En enero comencé las clases preescolares en la Asociación Cristiana de Jóvenes de la localidad, otro gran paso hacia el mundo exterior. Naturalmente, mis padres estaban preocupados por la reacción de mis compañeros y de sus familias. Así que cuando la maestra les sugirió que escribieran una carta a los demás padres antes de que comenzaran las clases, eso fue lo que hicieron.

Podría decirse que se trató de una carta de presentación. Refería de forma breve lo que me había pasado. Y luego señalaban: «Las necesidades de Joel ahora son similares a las de cualquier otro niño. Es importante que pueda jugar con otros niños, que aprenda a socializarse y que comience a vivir como un miembro vital y productivo de nuestra comunidad. Joel necesita, al igual que ustedes y sus hijos, ser amado y aceptado por los demás para mantener su autoestima».

La carta sirvió. Además de ser aceptado por mis compañeros de clase y sus padres en la escuela, pronto hice muchos nuevos amigos cuyos padres y familias también se convirtieron en amigos del clan Sonnenberg.

Y nuestro clan estaba creciendo. El 22 de enero mamá nos regaló a Jami y a mí una flamante hermanita, Sommer Leigh. Hacía meses que esperábamos su llegada. Con expectativa habíamos juntado varios juguetes favoritos, desde que nuestros padres nos habían dado la noticia acerca del embarazo, para dárselos como regalo.

La responsabilidad de mamá, que tendría que encargarse de un nuevo bebé, significó que papá tendría que acompañarme a Boston para la siguiente operación en la mano derecha, el injerto de hueso para darme un pulgar. Mis padres comenzaron a prepararme un par de semanas antes.

—Tú y papá van a volver a subirse a un avión, Joel. Eso va ser divertido. Vas a poder ver de nuevo a tus viejos amigos del hospital de Boston. Te van a hacer muchos regalitos. ¡Y los doctores te van a dar un pulgar nuevo!

—¿Va a doler? —pregunté, seguro de que había una trampa.

—Sí, pero tendrás un pulgar nuevo y podrás hacer muchas más cosas con la mano.

Recordé la última vez que había estado en el hospital. Comencé a llorar.

El 18 de marzo, papá y yo nos levantamos de mañana para tomar el primer vuelo a Boston. Mientras mamá me daba mi desayuno de cereales, tostadas y jugo, yo le suplicaba:

—¡Operación, no!

Me miraba como si ella también quisiera llorar.

—Sé que te va a doler, querido. Pero papá va a estar allí cuando te despiertes. Recuerda que en el avión te darán regalitos especiales. Papá tiene una sorpresa en uno de sus bolsillos.

Cuando mamá se despidió, me pidió más besos para darles a Jami y a Sommer cuando se despertaran. Incluso, después de haber salido con mi padre, me volví y regresé corriendo donde estaba para darle otro abrazo bien grande.

—Te quiero, mamá —le dije—. Te voy a extrañar.

Dos días después, papá llamó a mamá para decirle:

—Tengo malas noticias, querida. Tuvieron que suspender la cirugía mientras estaban operando a Joel. Comenzó a tener fiebre. Está en cuidados intensivos ahora, y le están haciendo todo tipo de pruebas. Podría ser una reacción a la anestesia, pero necesita que oremos por él.

Me recuperé, y a los tres días me volvieron a someter a la operación. Esta vez todo salió bien. Los médicos me transplantaron un hueso de la palma de la mano, lo injertaron en el lugar donde había estado mi pulgar, y lo envolvieron con la piel suelta que habían dejado en la última intervención.

A la semana, volamos de regreso a casa con una de las escayolas más extrañas que se haya visto. Hubo que modificar toda mi ropa para acomodar esa monstruosidad que iba desde el hombro hasta el antebrazo y terminaba en una esfera, dando la impresión de que tenía el brazo incrustado en una pelota de bolos antes de que lo enyesaran.

Mis padres lograron levantarme el ánimo con su creatividad. A medida que se acercaba Semana Santa, comparaban la pelota en el extremo del brazo con un enorme huevo de pascuas, que pronto se abriría y tendría dentro una hermosa sorpresa: mi nuevo pulgar.

La semana antes de Semana Santa estábamos sentados en el sofá, reunidos en familia antes de irnos a la cama. Mañana sería el gran día. Regresaríamos a Boston para que me quitaran la escayola. Todos estábamos muy excitados, y papá comenzó a bromear:

—¡Joel! Creo que escucho algo. Escucho una vocecita dentro del yeso. ¿Qué dice?

Yo me reí y le seguí la corriente.

—Es mi pulgar. Dice: «Sáquenme de aquí, rápido».

Comenzamos a hablar acerca de mi mano.

—Mañana al fin podrás ver tu pulgar, Joel.

—¡DEDOS! —exclamé.

—Un dedo —me corrigieron mis padres.

—¡Cinco dedos!

—No, hijo —me dijo papá—. Un pulgar.

—¿Cinco dedos no? Papá, mamá y Jami tienen cinco dedos.

—Los doctores te van a poner un pulgar especial, Joel. Para que puedas levantar cosas y sostenerlas.

Comencé a llorar y a repetir sin parar:

—Quero cinco dedos. Quero cinco dedos.

Papá me dio un abrazo bien fuerte y me dijo:

—Tendrás cinco dedos en el cielo, Joel, un día. Jesús lo prometió.

Creo que todos lloramos.

El día siguiente, de todos modos, era el gran día. Me quitaron la escayola y fuimos directamente del hospital a la casa de los MacKenzies en New Hampshire para celebrar una fiesta especial donde le cantamos «Que los cumplas feliz» a mi pulgar. Pude hacer gala de mi nueva extremidad usando un cuchillo para cortar el pastel que Nancy había decorado con mi superhéroe preferido: el increíble Hulk.

En Semana Santa, de regreso en Nyack, fuimos a cenar a la casa de unos amigos. Jami y yo estábamos jugando en el jardín del frente cuando se nos acercaron unos niños a quienes no conocíamos. «¡Qué asqueroso!», me dijo uno de ellos. «Eres un espanto», dijo otro. Cuando comencé a llorar, Jami corrió adentro para decirle a mamá y a papá que unos niños me estaban tratando mal.

Unos días después, mientras Jami y yo andábamos en nuestros triciclos en la acera, delante de nuestra propia casa, un par de niños que pasaban me vieron, gritaron, y salieron corriendo.

Ese mismo día, dos niños mayores venían caminando mientras sacábamos el auto de nuestro garaje. Uno de ellos me vio y le preguntó al otro: «Y ese, ¿por qué usa esa careta de monstruo? ¿Por qué no se la quita?»

Cuando salimos de la tienda de comestibles me di cuenta de que mucha gente me miraba con cara de susto. Algunos me sonreían y eran amables. Pero mucha gente se limitaba a cuchichear sin quitarme los ojos de encima. Mamá me dijo que cuando la gente me mirara fijamente, que les hablara y les dijera: «Hola, me llamo Joel. Y tú, ¿cómo te llamas?»

A veces la persona me respondía con una sonrisa y conversábamos. Otras veces él o ella se daba media vuelta y se iba. Mi familia, mis amigos y el equipo médico estaban dando lo mejor de sí a fin de prepararme para salir al mundo. Pero yo tendría que aprender que no todo el mundo estaba preparado para mí.

Capítulo 7

Mi vida se ha caracterizado por los constantes cambios y adaptaciones. Incluso los desarrollos positivos, como mi nuevo pulgar, exigieron un tiempo de adaptación. A pesar de lo ansioso y excitado que había estado por ver mi pulgar durante la larga espera antes de que me quitaran la escayola, por un tiempo estuve reacio a usarlo.

No recuerdo por qué. No creo que fura por temor a romperlo. Supongo que no me resultaba natural. Me había vuelto increíblemente diestro levantando cosas y jugando con los juguetes, aprehendiéndolos entre mi muñeca derecha y el extremo de mi brazo izquierdo. Cualquier destreza de motricidad fina que requiriera el uso de los dedos se la dejaba a mis padres o a Jami.

Mis padres y mis terapeutas me hacían practicar levantando cosas con mi nuevo pulgar. Pero después de la terapia, y cuando no había nadie que insistiera, usaba mis muñecas o pedía ayuda. Esto era tremendamente frustrante para mis padres.

—Intenta hacerlo con tu pulgar, Joel —me decían.

Yo pensaba: ¿Por qué?, y lo hacía de la manera que ya había aprendido a arreglármelas.

Hasta que llegó la fiesta del 4 de julio. Después de la cena, mis padres abrieron una caja de bengalas. Encendieron una y se la dieron a Jami, que la revoloteó mientras todos festejaban. Nunca había visto las bengalas, así que estaba cautivado.

Cuando la bengala de Jami se apagó, papá encendió otra y se la dio. Ella la revoloteaba ante el alborozo y el júbilo del público. Parecía tan divertido que quise una para mí.

—No puedes tener una a menos que uses tu pulgar, Joel. Para que sea seguro tienes que sostenerla con tu pulgar.

—Está bien —dije.

El premio parecía valer la pena.

Papá encendió la siguiente bengala y con cuidado me la entregó para que pudiera sostener el alambre entre el pulgar y la mano. La revoloteé e hice dibujos en el aire. Cuando se apagó, me dio otra. Y otra. Hasta que se acabaron todas las bengalas.

Luego regresamos a casa y de postre comimos pastel con fresas. Sin que insistieran, tomé la cuchara, sosteniéndola entre el pulgar y la mano. Y entonces intenté comer yo solo.

A partir de esa noche, comencé a encontrarle cada vez más uso a mi nuevo pulgar. Y más de unas cuantas nuevas recompensas.

****

Era demasiado niño para entender del todo lo estrechamente que mis padres trabajaban con la maestra y la consultaban. Pero entre ellos hicieron que mi vida de preescolar fuera memorable, asegurándose de que fuera aceptado por los demás alumnos y sus padres.

Pronto me formé un grupo de amigos, de niños y niñas, que me trataban como a uno más. Además de trabajar y jugar juntos en la clase y afuera en el patio, pasábamos regularmente tiempo en nuestras respectivas casas después de la escuela y durante los fines de semana. A diferencia de los muchos desconocidos que al mirarme fijamente me hacían imposible olvidar que yo era diferente, mis amigos me aceptaban por quien yo era: Joel.

Es cierto, era diferente. Y creo, que desde hacía algún tiempo, había una parte de mí que comprendía que siempre lo sería. Muchos niños procuran reforzar la seguridad en sí mismos vistiéndose o comportándose de una manera que llame la atención sobre su persona, pero yo nunca tuve que recurrir a ello. Todo lo contrario, estaba desesperado por ser lo más parecido a otros como fuera posible, y por hacer todo lo que ellos hacían. Supongo que por eso me resistía a todo aquello que, de una manera u otra, resaltara o llamara la atención a las diferencias. Incluso aquellas cosas que supuestamente me harían la vida más llevadera.

Por ejemplo, poder comer solo siguió siendo un reto. No se trataba solamente de que tuviera como blanco una boca demasiado pequeña, sino que poder introducir sólidos o líquidos en ella, era todavía más difícil, porque no contaba con dedos. En casa, dejar que mis padres me alimentaran era la solución más fácil y más eficiente. Pero no podían acompañarme a la escuela todos los días, y yo tampoco lo hubiera deseado. Eso implicó que tuve que hacerme independiente para comer.

Mis fisioterapeutas intentaron ayudarme. Me proporcionaron una taza especial que se parecía mucho a una de esas tazas con tapa que usan los bebés para beber. Pero yo no era un bebé, así que me rehusaba a usarla. También intentaron sujetarme los cubiertos al extremo de mi brazo izquierdo, pero eso tampoco me gustaba. No quería hacer ni usar nada que mi hiciera parecer más diferente de lo que ya era. Así que seguí esforzándome por manejar una cuchara o un tenedor con la mano derecha. Nunca resultó elegante, y rara vez fue muy eficaz. Siempre tenía dificultad para cortar cualquier cosa más dura que un fideo. Pero al final, pude arreglármelas más o menos durante las comidas.

Otra actividades resultaron ser demasiado difíciles. Los proyectos de arte y manualidades son un buen ejemplo. Tenía un par de tijeras especialmente diseñadas, las cuales funcionaban bien para cortar una hoja de papel sobre una mesa. Pero sostener una hoja de papel para recortar una forma especial, una estrella o el contorno de una mano, me resultaba imposible.

Así que las maestras me ayudaban más durante el tiempo de arte y manualidades, lo que no estaba nada mal. Todos sabemos que las maestras siempre tienen un modelo para mostrarlo a los alumnos y decirles: «Así tiene que quedar el trabajo». Cuando decían eso, recuerdo que pensaba: Así va a quedar el mío. Todos los demás van a parecer cualquier cosa menos eso. El necesitar y poder contar con un poco de ayuda experta también tenía sus ventajas.

Sin embargo, no tenía la misma actitud positiva con respecto a la prótesis diseñada para mí. Los médicos tuvieron que cortar parte del hueso de mi brazo izquierdo y alisar el muñón para poder colocar la prótesis sobre el mismo y sujetarla al hombro. En el extremo de este brazo artificial, en vez de una mano, había un gancho ominoso e impresionante. Con la flexión de mi hombro izquierdo podía abrir y cerrar las mitades paralelas del gancho en un movimiento de pinzas.

No me convirtió exactamente en ambidiestro, pero el gancho duplicó mi capacidad para sostener y manipular cosas. Recuerdo que probé el gancho enseguida, levantando y moviendo los soldaditos de plástico de mi campo de batalla imaginario. Pero la novedad pronto se esfumó, y ya no quise usar ese armatoste.

También en ese caso parte del problema era que no quería llamar la atención sobre mis lesiones. Mis padres lo deben haber comprendido porque reclutaron a mis amigos para animarme a usar el gancho. Me pedían que lo llevara a la escuela; todos querían ver cómo lo hacía funcionar. Parecía como si envidiaran mi apéndice mecánico.

Era un arma en apariencia malvada. Debo admitir que despertaba algún tipo de atracción perversa en algunos varones capaces de apreciarlo. Me daba una sensación especial, poder pensar: ¡Más vale que nadie se meta conmigo! Sabía que si alguna vez me metía en una pelea podría hacer mucho daño con esa cosa.

Por lo tanto, decidí darle al gancho otra oportunidad. Funcionaba bastante parecido a mi mano derecha reconstruida. Ambos tenían un mecanismo de pinza práctico, aunque limitado. Con el gancho podía agarrar un vaso por el borde, o recoger una prenda de ropa, pero cualquier actividad de motricidad fina, como escribir o pintar, exigía el uso de mi mano derecha. Pronto aprendí que también había algunas destrezas de motricidad gruesa que tampoco eran apropiadas para mi nuevo brazo.

Nuestra casa en Nyack, que estaba en una empinada colina, tenía un jardín sensacional para los niños. Papá había plantado unos macizos de plantas con la forma de cada una de nuestras iniciales. Teníamos un hermoso jardín en la parte trasera, y mamá cocinaba unos pasteles deliciosos de frutilla y ruibarbo. En el otoño se cubría de hojas, que rastrillábamos hasta formar una pila de casi tres metros de alto, la cual era casi tan alta como el techo del garaje y de la cochera. Entonces nos subíamos a la cochera y saltábamos a la pila, desapareciendo literalmente dentro de un mar de hojas. Nada podría haber sido más divertido para nosotros los niños.

La exepción para mí, tal vez era el tiempo que me pasaba escondido en lo alto de un arce chino, que era un árbol perfecto para trepar. Solía treparme y quedarme solo, aunque otras veces me sentaba en las ramas altas compartiendo aventuras secretas con mis amigos. Cuando teníamos que bajar, los más osados bajaban por el tronco hasta que estaban a unos metros del suelo, entonces saltaban hacia fuera, se agarraban de unas de las ramas más bajas, dejaban que el impulso los columpiara, y se soltaban para dejarse caer suavemente el último metro y medio. Esta siempre pareció ser una maniobra divertida.

Un día en que había estado solo en el árbol, me detuve mientras bajaba y estudié la rama que mis amigos usaban para columpiarse. Estaba seguro de que podría saltar lo suficiente para agarrarla con mi mano derecha. No había ningún problema en ese sentido. Examiné el gancho en mi brazo izquierdo y volví a mirar la rama. El diámetro de la rama parecía ser lo suficientemente pequeño para el gancho si conseguía sujetarla bien.

Mentalmente, repasé los pasos. Flexionar las rodillas. Inclinarme hacia afuera para separarme del tronco. Saltar. Estirar los brazos para agarrar la rama. Agarrar la rama. Dejarme columpiar hacia afuera con el impulso. Soltarme. Arquear la espalda. Y caer suavemente con los pies en el suelo, con un aterrizaje tan perfecto que hasta un juez ruso de gimnasia olímpica me daría por lo menos un 9.5. ¡Puedo hacerlo!

Así que me lancé. Todo salió como había previsto. Por una fracción de segundo volé por el aire. Agarré la rama perfectamente con la mano y con el gancho. El impulso alejó mi cuerpo del tronco. Luego arqueé la espalda y solté la mano derecha.

Sin embargo, quedé colgado en pleno vuelo. Mis piernas se columpiaban, hacia el árbol y hacia afuera, hacia el árbol y luego otra vez hacia afuera. Para adelante y para atrás, con un movimiento pendular cada vez menor hasta que quedé inmóvil en el aire, mirando el suelo que se extendía más allá de mis pies, a unos sesenta centímetros. Pero perfectamente podrían haber sido tres metros porque no había forma de llegar al suelo.

Miré hacia el gancho, y este parecía estar tan alto sobre mi cabeza que me sentí como uno de esos muñecos de acción con brazos y piernas extensibles. Estudié el gancho enganchado a la rama.

Había calculado el salto a la perfección. Había agarrado la rama justo de la manera que quería, y me había dejado columpiar fuerte con el impulso. Me había soltado justo en el momento que debía hacerlo. Bueno, con la mano derecha.

El problema era obvio... era un asunto de ingeniería. El gancho no había tenido problemas para engancharse a la rama, pero la punta de la pinza la había rodeado, y con el peso del cuerpo haciendo fuerza hacia abajo, no se hubiera desenganchado a no ser que me columpiara tanto que mi cuerpo quedara por encima de la rama. Y si con eso el gancho se soltaba, muy posiblemente acabaría de cabeza en el piso, y dudo que algún juez de gimnasia me hubiera dado una buena calificación. Así que allí estaba, enganchado y pendiendo de una rama, con los pies estirados en un esfuerzo inútil por llegar el suelo, sin ninguna manera de columpiarme lo suficientemente para volver a agarrar la rama de la que había saltado.

Así que hice lo que cualquier campeón olímpico en ciernes y cualquier superhéroe que se preciara haría en tal desventurado aprieto: grité a voz en cuello por ayuda.

Mamá salió corriendo de la casa para ver qué pasaba y me encontró colgando de aquel arce chino como si fuera un solitario y ladeado adorno navideño. Por un instante pensó que de alguna manera había logrado ahorcarme. Después de todo lo que ha pasado, ahora se muere colgándose de un arce. Pronto se dio cuenta del verdadero problema, se puso debajo de mí, y me levantó un poco para que pudiera abrir el gancho y soltarme de la rama. Después, me puso en el suelo, me abrazó fuerte, y me dijo de una manera que no dejaba lugar a la duda que no volviera a hacer esa prueba nunca más.

No hubo necesidad. Habías muchas otras pruebas para hacer. Algunas funcionaron, otras exigieron rescates similares. Como aquella vez que mamá me escuchó gritar y salió corriendo afuera para encontrarme patas arriba, enganchado a la rueda que usábamos como columpio. Esa vez no pudo bajarme porque yo estaba demasiado alto y ella no me alcanzaba, por lo que tuvo que gritar para que uno de los universitarios, que vivía en la acera de enfrente, viniera a ayudarnos.

Ahora me doy cuenta de lo muy preocupados que debían haber estado mis padres con mis travesuras. Pero comprendían lo importante que era para mí intentar hacer todo lo que hacían mis amigos. También sabían que cuanto más creciera, tanto más consciente sería de las diferencias.

Cuando tenía alrededor de cuatro años, pregunté:

—¿Cuándo voy a tener la piel suave como la tuya, mamá.

—Tienes la piel suave, Joel —me dijo, tranquilizadora—. En tu mano, tu cuello y tu barriguita.

—Pero, ¿cuándo voy a tener los brazos y la cara suave como la tuya y la de Sommer? —quería saber.

—Como te quemaste —me explicó—, es posible que nunca. No, hasta que lleguemos al cielo.

—¿Y cuándo vamos a ir al cielo? ¿Mañana?

—No creo. Vamos a ir cuando Jesús nos quiera con él.

—Espero que sea mañana.

No comprendía todas las implicaciones. Pero lo que sí tenía claro era que por haberme quemado, mi vida era muy diferente a la de todos los que me rodeaban. Era diferente a la vida de mis hermanas. Era diferente a la vida de mis amigos.

Ellos no tenían que regresar al hospital cada varios meses para que los médicos hicieran más reconstrucciones. (Para cuando cumplí cinco años, tenía en mi haber más de treinta operaciones.) Ellos no tenían que jugar arropados en prendas apretadas, calientes y sudadas, diseñadas para comprimir el tejido cicatrizado y hacerlo más suave, pero que era como tener puesto un traje de bucear encima de calzoncillos largos. No tenían que soportar la máscara de plástico rígido o las placas extrañas cubiertas de espuma amarilla que tenía que usar después de las cirugías faciales. No tenían que insertarse un incómodo molde oral antes de acostarse todas las noches para evitar que la abertura bucal se contrajera más. Y tampoco tenían que usar un enorme y abultado casco de fútbol americano para ir a la escuela.

¿Necesitaba que alguien me dijera que era único y especial? No lo creo.

Estas cosas eran mi vida. Nunca había conocido otra cosa.

Es posible que hubiera una cosa que en realidad deseaba poder cambiar. Al recordar ese tiempo, supongo que el aspecto más difícil de toda mi adversidad física era el cuidado de la lesión en la cabeza. Durante casi cuatro años tuve una herida cruda y abierta donde el fuego me había consumido el cráneo. Por lo tanto, todos los días, no menos de dos veces y en ocasiones hasta cuatro, había que cambiar los vendajes.

Me volví tan experto que podía saber de antemano lo desagradable que sería la curación con solo observar cómo la enfermera abría el paquete de vendas estériles. En realidad, nunca fue algo que pudiera llamarse agradable; pero así como es posible deducir cuánta experiencia y destreza una persona posee con solo observar cómo abre un envoltorio de curitas, yo podía deducir mucho de solo observar la forma en que una persona abría un paquete de vendas estériles. Por experiencia. Y la experiencia solía ser un buen indicador.

A pesar de todos los años transcurridos, todavía puedo escuchar el conocido ruido del plástico y el papel que envolvían las vendas estériles. Nunca podré olvidar ese sonido. Recuerdo la vívida diferencia entre las vendas limpias que me iban a poner y las costras feas en las vendas manchadas que me quitaban. Y al menos dos veces al día recuerdo el dolor de la gasa cuando se despegaba... era como si me arrancaran una enorme curita de la cabeza.

Tal vez haya sido porque tenían que someterme a ese martirio horrible cada día, durante tantos meses y años, que mis padres se propusieron ayudarme a disfrutar cualquier experiencia positiva que pudieran darme.

En la escuela. Con los amigos. Y en todas las actividades normales de la infancia que fueran posibles.

Jugué al béisbol para niños en un equipo con un grupo de amigos. Le pegaba a la pelota increíblemente bien. Sostenía el bate con la mano derecha y con el brazo izquierdo apretaba la empuñadura contra mi cuerpo. Luego giraba el cuerpo para batear. Es más, me volví bueno pegándole a las pelotas que me lanzaban en el jardín de casa.

Las destrezas defensivas de béisbol presentaban un desafío mayor. Podía agarrar una pelota bastante bien con un guante en la mano derecha. Cómo tirar la pelota después de atraparla, era más complicado. Intenté lanzar la pelota con un movimiento del guante parecido al que se hace con una pala, pero nunca pude lanzarla muy lejos ni a un blanco definido. Mis padres me sugerían que podía usar el gancho para tomar la pelota del guante y lanzarla a la base que correspondiera.

A veces lo hacía bien. Pero otras tantas la pelota salía disparada en cualquier dirección. Como no tenía dedos de verdad no podía agarrar una pelota de béisbol con la mano derecha mejor de lo que lo hubiera podido hacer con el gancho. Por eso decidí que no me iba a dedicar al béisbol, y después de esa experiencia, nunca más jugué en un equipo organizado de béisbol.

El fútbol, en cambio, fue una historia diferente por completo. A pesar de la preocupación inicial de los médicos con respecto a mi movilidad, antes de haber pasado un año después del accidente ya estaba corriendo por todos lados. Era tan rápido como (o más rápido que) cualquiera de mis amigos o compañeros de clase. Y cuando se dieron cuenta de que podía patear una pelota más fuerte que cualquiera de mi edad, mis padres colaboraron en la organización de un programa de fútbol para preescolares en la misma Asociación Cristiana de Jóvenes donde iba a clase.

Yo era la estrella. Al menos eso creía. Y me encantaba.

* *

Mis padres siempre estaban alertas para encontrar maneras de brindarme experiencias personales ricas y positivas en la escuela, los deportes y las relaciones sociales. Pero no limitaron sus metas a mi vida inmediata y a las relaciones de Nyack, en el estado de Nueva York. Tenían una visión más amplia y a más largo plazo.

Ya en 1981 mamá y papá accedieron a que un equipo de una estación de televisión de Boston filmara un programa local acerca de mí y del progreso que había tenido desde el momento del accidente. Pocos meses después, mi caso fue uno de varios filmados por una estación afiliada a la cadena de televisión NBC para la realización de un programa acerca de desfiguraciones faciales. Ese documental, relatado por la periodista Carol Marin, de la NBC de Chicago, fue seleccionado por la cadena. Le sucedieron otras apariciones en televisión, incluyendo un informe en las noticias de la noche, en ABC Evening News.

Durante este tiempo mi mamá también firmó un contrato para escribir un libro acerca de mí. Los motivos para escribir el libro fueron los mismos que los llevaron a permitir la cobertura televisiva de mi historia. Como ella le dijo a mi enfermera Betty Dew: «Quiero que Joel sea famoso. De esa manera, tal vez la gente aceptará a mi hijo y a su apariencia física».

Mi madre hizo que me sintiera especial, incluso antes de que el libro se publicara. Esto se traslucía en sus ojos cada vez que me miraba. Nunca tuve ninguna duda de que me amaba tal como era.

No obstante, me sentí casi como una celebridad cuando se publicó el libro de mamá, Race for Life [Carrera por la vida]. Recuerdo las pilas de libros, más altas que yo, cubriendo la mesa del comedor a la espera de mi autógrafo. Mucho antes de que terminara todo el ajetreo de la promoción ya me había cansado de escribir J-O-E-L. Hubo días en que debo haber firmado cien libros o más.

No sé qué tan famoso llegué a ser como resultado de esto, y pasarían años antes de poder juzgar la eficacia de la estrategia que usó mamá para que me aceptaran. Pero recuerdo que un resultado inmediato de toda la atención mediática que recibí como preescolar fue que los reporteros y las cámaras de televisión se convirtieron en una parte tan normal de mi vida como la cirugía o los cambios diarios de los vendajes.

Y muchísimo menos desagradables.

Capítulo 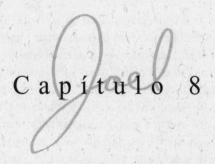 8

Tenía cinco años cuando aparecí por primera vez en televisión, en el programa *Today,* siendo demasiado pequeño para saber que eso era algo importante. No estuve en vivo con Bryant Gumbel, pero se hizo referencia a mi historia y se mostró el video documental de la NBC, *For Beauty Passed Away*, que había hecho Carol Marin. Ella había venido a Boston unos meses antes para filmar una de mis visitas al Instituto de Quemados Shriners. Recuerdo que nos hizo muchas preguntas a mí y a mis padres. Pero cuando llegó la fecha de emisión del programa al aire en televisión, ya casi me había olvidado de todo el episodio. Mi familia y muchos de nuestros amigos miraron y hablaron del programa, pero yo no comprendía por qué tanto jaleo.

Mamá y papá aparecieron en muchos programas de televisión para hablar acerca del libro de mamá cuando se publicó por primera vez. A veces los acompañaba, pero la mayoría de las veces me quedaba parado detrás de unas cortinas en el escenario hasta casi el final. Luego, algún adulto que trabajaba en el canal de televisión me decía: «Ahora es tu turno, Joel. Pasa por detrás de esa cámara. Ten cuidado con los cables para no tropezar después. Sube ese escalón bien alto y cruza el escenario, y luego siéntate en la falda de tu mamá. ¿Está bien?»

En ocasiones me pedían que dijera algo. Sin embargo, la mayoría de las veces me quedaba quieto sentado y saludaba mientras el público aplaudía. Los programas en televisión nunca me resultaron muy divertidos.

Los reporteros de televisión, como los médicos, hablaban mucho y hacían muchas preguntas. La diferencia era que cuando terminábamos de hablar los periodistas nunca hacían nada que me lastimara, algo que no podía decir acerca de los médicos que continuaban apareciendo con regularidad en mi vida.

El año 1983 marcó un hito médico en mi vida. Me hicieron más reconstrucciones en la nariz. Pero el trabajo más importante fue en mi cabeza. Lo primero fue una infección seria en el cráneo que requirió diez días de tratamiento en el hospital. Al mes, después de que la infección había sanado, los médicos me volvieron a ingresar en el hospital para raspar todas las partes necróticas del cráneo hasta llegar al tejido óseo sano y vivo. Luego, me tuvieron en observación unas semanas mientras la cicatriz nueva y granulada se extendía sobre la superficie del hueso. Cuando por fin tuve suficiente tejido cicatrizado para formar una base, injertaron un pliegue de piel de mi abdomen para cubrir por completo la herida de la cabeza que había estado expuesta durante cuatro años.

El injerto se llevó su tiempo para sanar totalmente, pero cuando al fin lo hizo, ¡qué cambio en mi vida! Adiós al martirio de los cambios de vendajes. Adiós al antiséptico en los ojos. Todavía seguía usando el casco como protección a todos lados donde fuera, pero la vida se había vuelto más simple, más alegre y mejor. Para mí y para mis padres.

Desde el momento del accidente, mis padres consideraban que el otoño de 1983 era una fecha crítica, porque sería entonces que tendría que comenzar la escuela pública. Por lo tanto, además de la rehabilitación física, mis padres hicieron todo lo que pudieron para evitar que quedara académicamente rezagado con respecto a los niños de mi misma edad.

****

Tal vez el hecho de ser un científico contribuyó a que mi padre anticipara la importancia de la función de las computadoras en nuestro mundo. Las consideraba como la ola del futuro. Y como no sabía hasta dónde podría llegar con la rehabilitación física, quería darme todas las ventajas posibles para que desarrollara mis destrezas en la computadora. Antes de entrar a la escuela ya tenía una computadora Apple para jugar. Entre eso y el sistema de videojuego de ColecoVision que me habían regalado los amigos del Departamento de Bomberos Voluntarios de Rockland, pronto desarrollé más destrezas en computarizar que la mayoría de mis amigos. Mi juego favorito era el Pac-Man, y no pasó mucho tiempo antes de que pudiera ganarle a mi padre y a cualquiera que se animara a jugar conmigo.

El jardín de infantes además de reforzar los conocimientos básicos que mis padres me habían enseñado en casa (los colores, las letras del alfabeto, entre otras cosas), me dio la oportunidad de contar con un pequeño y estrecho grupo de compañeros de mi misma edad con los que podía practicar la socialización. Por lo tanto, estaba en realidad listo para entrar en la escuela. No creo que mis padres ni yo tuviéramos alguna duda al respecto. Hablamos tanto sobre el tema que casi no podía esperar el día de comienzo de clases.

Por supuesto, mis padres tenían otras preocupaciones de las que no me decían nada. Habían hecho todo lo posible para prepararme para la escuela. Ahora se preguntaban: *¿Qué más podemos hacer para que la escuela esté preparada para Joel?*

La primera vez que fueron a hablar con el director no se mostró muy entusiasmado con la idea de que asistiera a su escuela. Supongo que no estaba seguro de cuánta consideración especial requeriría de parte de su personal. Pero pronto se convirtió en uno de mis principales defensores y trabajó de forma incansable para asegurarse de que la escuela pudiera satisfacer mis necesidades.

Sin embargo, cuando los padres de mis compañeros del jardín de infantes se enteraron de la reticencia inicial, se entrevistaron con la escuela elemental para tranquilizar al personal y al resto de los padres de que mi presencia en la Elemental de Upper Nyack no plantearía dificultades a nadie. El padre de una de mis compañeras de clase en el jardín, un científico que volaba seguido a todas partes del mundo para inspeccionar y certificar la seguridad de las grandes represas hidroeléctricas mundiales, se puso de pie en esa reunión y admitió: «La primera vez que mi hija quiso invitar a Joel a jugar en casa yo no deseaba que viniera. No comprendía por qué necesitaba tener un amigo como él. Pero a medida que vi cómo se desenvolvía su relación, conocer a Joel nos ha enseñado a mí y a mi familia muchas cosas. Pueden estar seguros de que Joel Sonnenberg aportará algo positivo a esta escuela y a su alumnos, no les planteará un problema del que tengan que preocuparse».

Las autoridades se convencieron. Mis padres y el director hablaron con las maestras del jardín de infantes. También se entrevistaron con una asistente social del Hospital de Niños Shriners de Boston para ver qué otras recomendaciones podía hacer que allanaran el camino para un buen comienzo de mi carrera académica. Y todos se pusieron de acuerdo con un plan.

Por eso la Escuela Elemental de Upper Nyack no contó con mi presencia el primer día de clase. Un equipo de profesionales de Shriners (un asistente social, dos enfermeras y la maestra del hospital) visitó la escuela. Mostraron un video de mi caso en una asamblea de toda la escuela. Les contaron a los demás niños acerca del accidente y respondieron a las preguntas que mis futuros compañeros de clase tenían con respecto a mis quemaduras y mis limitaciones físicas. Luego, este equipo de profesionales fue de clase en clase, para que todos los alumnos pudieran expresar sus inquietudes, recalcando que todos tenían que tratarme positivamente y cuáles comportamientos tenían que evitar. La idea fundamental que intentaron transmitir fue que aunque en apariencia era diferente, tenía los mismos pensamientos y sentimientos que los demás. Y lo más importante era, que en vista de todo lo que me había pasado, había demostrado ser un niño muy valiente y especial.

> *Queremos que sea tratado con respeto y dignidad. No queremos que el mundo sea un lugar tenebroso para Joel.*

Ese era el mismo mensaje que mis padres habían procurado transmitir durante años. Había sido lo que motivó el libro de mamá. Ella se refería a eso en el libro y en las entrevistas con los reporteros de los periódicos: «Sentimos la urgencia de comunicar al mundo la situación de nuestro hijo. Queremos que sea tratado con respeto y dignidad. No queremos que lo rechacen, que lo miren con horror o repulsión. No queremos que el mundo sea un lugar tenebroso para Joel».

La estrategia dio buen resultado. La primera vez que atravesé la entrada de la Elemental de Upper Nyack, en la mañana del segundo día de clases, todos querían ser mis amigos.

La mayoría de mis compañeros del jardín de infantes iban al preescolar de Upper Nyack, lo que contribuyó a que la adaptación a la escuela pública fuera una experiencia fácil y positiva. Lo que más quería en el mundo era poder adaptarme y hacer todo lo que mis compañeros hacían. Mi maestra y el personal de la escuela parecieron entenderlo, y trabajaron conmigo hacia esa meta.

Mientras me esforzaba por adaptarme tanto como fuera posible a la población general de la escuela, experimenté un descubrimiento creciente de las diferencias entre mis compañeros y yo. No creo que esto tuviera mucho que ver con el nuevo entorno de una escuela pública sino que

**Shangó, I beg you, do not close your doors,
it is you I am going toward.
One who has scratches comes to you.
Let the offerings be delivered.
(A Yoruba religious song of praise)**

*Heavens above, how strange that my skeleton doesn't hurt
me any more! It creaked so when I sat in my hammock, and
now, nothing at all, look at that, dear sir. It occurs to me I've
gone back to being a young girl again. I swear to you not a
single itty-bitty pain, not even in the scar on my shoulder
blade. That's the most unsatisfactory one. Why do you say it's
not strange? Speak up, speak up. You spent the whole night
silent, jest giving looks. And 'course, with me how I like to
talk, how was you going to butt in? You say it's not strange
my pains are going away? But, of course, my friend, why
hadn't I suspected it before? Why you spent the whole night
at my side, listening to all I squawked. Why Obatalá himself
sent you to me to take me to my deceased. Finally, my son,
finally. You don't know what I waited for all this time. I can
no longer find myself, been so long I want to go with them.
They all went on leaving me all alone and now I'm a bother
for the living. My dead ones at least knew me in my youth.
But, listen, what are they going to say when they see me so
old and brutish? Surely they're going take a fright. Ah, if it's
like that, it's all right then. That's all right, if they see you as
they knew you. Take me quick. What are you waiting for?
Take advantage of the moment as my powers from when I
was a girl have returned.*

*What silence! Listen, listen, you can't hear a thing, not
even a buzz. Why it even seems the silence itself is breathing.
So much racket that I heard in my life with all those cannons
going off next to my ear. What repose I feel now. My little
blacky! Finally, he approaches me. All these years he barely
appeared in my dreams, and look here if I didn't call to him.*

182

era más bien producto de que estaba creciendo, estaba madurando, y en el proceso era cada vez más consciente de mí mismo.

Una diferencia obvia era que no conocía a nadie que fuera al hospital tan seguido como yo. A algún amigo le ponían tubos en sus oídos o le extirpaban las amígdalas. Sin embargo, para los demás estas experiencias se daban una vez en la vida, mientras que las hospitalizaciones continuaban siendo parte de mi rutina. Además de no ser placenteras, sino experiencias dolorosas, las continuas interrupciones a mi vida me hacían sentir diferente de los demás.

Al principio, justo después del accidente, todas las operaciones habían tenido el objetivo de asegurar mi supervivencia, recubrir las zonas quemadas, evitar las infecciones y prevenir futuras pérdidas de tejido. Cuando los médicos se convencieron de que viviría, la mayoría de las operaciones subsiguientes tuvieron el propósito de mejorar la calidad de vida: el agrandamiento de la boca para que pudiera comer, la adaptación del extremo de mi brazo izquierdo para poder colocarle una prótesis, la reconstrucción de mi mano derecha para que pudiera manipular objetos y poder cuidarme por mis medios.

Sin embargo, en la época en que comenzaba la escuela, había llegado a una etapa de mi recuperación en que las decisiones médicas que se tomaban estaban más relacionadas con consideraciones estéticas. Si bien el equipo médico sentía naturalmente que debía hacer todo lo posible por mejorar mi apariencia, mis padres por suerte se dieron cuenta del costo que estas operaciones implicaban para mi vida. Por lo tanto, a la temprana edad de cinco o seis años, siempre que surgía la posibilidad de otra intervención médica mamá y papá comenzaron a incluirme en la discusión y en el proceso de la toma de decisiones.

Después de más de treinta intervenciones quirúrgicas había una parte de mí que estaba más que lista para declarar: «¡Basta! ¡No quiero más operaciones!» Pero no era así de simple.

—Los médicos están hablando de hacerte otra operación a la nariz, Joel.

—¿Por qué?

—Dicen que así tu nariz se parecerá más a la de las demás personas.

—No me importa.

—Dicen que te ayudará a respirar mejor cuando corras rápido y juegues al fútbol.

—Está bien, entonces.

O...

—Cuando eras pequeño, los médicos te operaron para que tuvieras una boca más grande y para evitar que la comida se escurriera por tu barbilla. Ahora los médicos dicen que pueden transplantar un poco de la membrana rosada que recubre el interior de tu boca y darte un nuevo par de labios.

—¿Para qué quiero labios? No quiero esa operación.

Las intervenciones para reconstruir los párpados tenían sentido. Mis ojos necesitaban estar protegidos y tenían una tendencia a resecarse si no me ponía gotas. El tener párpados me ayudaría a tener los ojos lubricados. Esto implicaría una serie de operaciones, primero de un lado y luego del otro.

¿Y qué sobre las orejas? Las mías se habían quemado. Sin embargo, podía escuchar perfectamente gracias a los pliegues que me habían quedado a cada lado de la cabeza. Decidí que no necesitaba orejas.

Pronto las consideraciones que primaban en las decisiones médicas fueron de índole funcional más que de apariencia. Si estaba convencido de que una intervención mejoraría mi salud o facilitaría mi vida, estaba dispuesto a soportar otra operación. Pero si lo único que los médicos podían ofrecerme eran «ventajas» estéticas, les decía a mis padres que no me interesaba. Y ellos respetaban mis deseos. Nunca me sometí a una intervención solo por cuestiones estéticas.

Sin embargo, el evitar el dolor y los problemas que conllevaba cualquier cirugía no eran los únicos factores que incidían en mi decisión. Cuando me miraba en el espejo y me imaginaba cómo serían los resultados de la cirugía estética sentía lo mismo que con el gancho que tenía de prótesis. Ese no soy yo.

Tuve la misma reacción, tal vez más exacerbada, cuando me dieron la opción de usar una peluca para cubrir mi cabeza pelada y quemada. Uno de los sicólogos en el hospital hizo que un paciente adolescente hiciera de modelo con la peluca. A él le quedaba bien, pero yo no podía dejar de recordar una visita a Michigan cuando mis hermanas, algunos de mis primos y yo encontramos una de las pelucas de mi abuela en su dormitorio y nos turnamos para ponérnosla. Todos parecíamos diferentes (y bastante ridículos) con el pelo gris. Pero yo fui el más diferente y el que provocó más risas.

Por ende, siempre que surgía la idea de usar una peluca, trataba de imaginarme cómo me quedaría para luego de inmediato decidir: *Ese en realidad no soy yo.*

Mi falta de interés en los cambios estéticos no significaba que me agradara de manera particular mi apariencia. Pero no los necesitaba. Me había acostumbrado a mi apariencia. ¡Ese era yo! En realidad me parecía mucho a ET, el personaje de una de mis películas favoritas. Todo el mundo amaba a ET. Nadie pensaba que le vendría bien una cirugía estética. Además, al final había logrado sentir que tenía un cierto grado de control sobre mi propia vida al poder opinar sobre si valía la pena o no más intervenciones.

No obstante, continuaban habiendo algunas intervenciones quirúrgicas que todos estábamos de acuerdo con su necesidad. Pero se equivocan si creen que después de todas las experiencias pasadas esas serían más fáciles de enfrentar. La verdad es que las experiencias del pasado a menudo contribuían a aumentar mi pavor. Sabía muy bien lo que me esperaba.

Eso fue bien cierto en un viaje memorable de regreso a Boston. Ni siquiera recuerdo de cuál intervención se trataba. Solo sé que no quería pasar por otro ingreso en el hospital, otra operación y otra recuperación. No obstante, allí estaba, sentado solo en la parte trasera de nuestra camioneta. Mamá conducía, pasando por la autopista de peaje de Massachusetts hacia Boston, cuando anuncié:

—No quiero otra operación.

Mamá me miró por el espejo retrovisor.

—Lo sé, Joel. Es difícil pasar por todas estas operaciones. Pero, debes saber que Dios siempre estará contigo.

No recuerdo por qué le hice la siguiente pregunta. Tal vez haya sido por alguna conversación anterior con mis padres o alguna lección de la Escuela Dominical. Pero cuando dijo que Dios siempre estaría conmigo pregunté:

—Mamá, ¿cómo sabes que irás al cielo a estar con Dios cuando te mueras?

Mamá se dio cuenta de que esta pregunta iba en serio.

—Si crees en Jesús —respondió mi madre pensativamente— y lo recibes en tu corazón, la Biblia dice que irás al cielo cuando mueras. Por supuesto, nunca sabemos cuándo llegará ese momento. Algunas personas se enferman y mueren. O se mueren en un accidente. O durante una operación. O están tan viejos y débiles que se mueren. Nunca sabemos cuándo nos llegará el momento. Pero si conocemos a Jesús, no tenemos que preocuparnos de la muerte porque sabemos que cuando tenga que ocurrir, iremos al cielo para estar con él.

Mamá hizo una pausa.

—Joel, ¿crees en Jesús?

—Sí —respondí.

—¿Alguna vez le pediste que viniera a tu corazón y que fuera tu Salvador para que, pasara lo que pasara, supieras que vas a estar en el cielo con él?

—No —no recordaba haberlo hecho.

—¿Quieres hacerlo ahora? —preguntó.

—Sí, mamá.

Entonces mamá comenzó a orar conmigo mientras viajábamos por la autopista.

—Gracias, Señor, por salvar la vida de Joel para un propósito. Él ahora está preocupado por otra operación quirúrgica más. No quiere pasar por todo esto otra vez. Y no lo culpo. Pero sabemos que tú estarás con él. Y ahora Joel quiere asegurarse de que estarás con él para siempre.

Sabía que Jesús me consolaba cuando sufría y cuando la vida parecía que estaba fuera de mi control.

Mamá me dijo que necesitaba orar yo mismo. Y me guió para que orara: «Jesús, ven a mi corazón para ser mi Salvador. Perdóname por todas las cosas malas que he hecho. Y ayúdame a seguirte el resto de mi vida. Amén».

Algunas personas tal vez piensen que a esa edad no era lo suficiente maduro para tomar una decisión espiritual significativa. Pero la tomé. Y comprendía que Jesús y yo estaríamos juntos para siempre. Y si bien no puedo decir que haya terminado con toda mi ansiedad ante las intervenciones, puedo afirmar que desde ese momento, siempre que mis padres tenían que dejarme de noche en el hospital, tuve la certeza de que nunca estaría solo. Sabía que Jesús me consolaba cuando sufría y cuando la vida parecía que estaba fuera de mi control, y que él sabía lo que estaba viviendo, aun cuando nadie más lo supiera.

****

Una de las partes más dolorosas de mis experiencias quirúrgicas, y tal vez la que más pavor me provocaba, era el momento justo antes de cada operación. Estaba tan asustado que era prácticamente imposible que me pudieran insertar una vía intravenosa en los brazos o las piernas. Un par de enfermeras llegaron a desmayarse mientras observaban a un médico pincharme infructuosamente en la cabeza y la nuca, buscando un buen lugar. La vena más accesible estaba en la ingle.

Por lo tanto, durante años, lo último que recuerdo antes de cada intervención quirúrgica en la sala de operaciones era una embarazosa sensación de exposición, seguida de un doloroso pinchazo en busca de una vena y luego la tortura de sentir un tubo de plástico insertado en una de las partes más sensitivas del cuerpo. A los pocos minutos, después de comenzar el goteo de la anestesia por ese tubo, al fin me dormía.

En una de mis visitas al hospital, cuando tenía más o menos esta edad, (seis años), me quejé de esto a mi madre, que estaba sentada al lado de la cama en mi habitación esperando que viniera un asistente para llevarme en la camilla a la sala de operaciones. Su respuesta fue: «Tal vez pudieran darte gas para dormirte antes de insertar la vía intravenosa».

Me pareció una buena idea.

Una enfermera que entró en la habitación en este momento nos dijo: «No veo por qué no puede ser posible. No se pierde nada con preguntar».

Así que mamá le preguntó a una enfermera de la sala de operaciones. Su respuesta fue: «¡Por supuesto! Podemos hacerlo». Como si le diera lo mismo hacer una cosa o la otra.

Sin embargo, para mí era algo fundamental. Desde entonces el gas con esencia a goma de mascar o a sandía (mis favoritos) me permitieron caer en un dulce sueño e ignorar lo que hasta ese momento me había resultado una de las peores partes de cualquier intervención. Además, el hecho de que los profesionales de la salud hubieran accedido a mi pedido sirvió para darme otro pequeño grado de control sobre mi propio cuidado médico.

Por supuesto, siguió habiendo demasiadas cosas sobre las que tenía poco o ningún control. Este fue el caso de la intervención que me hicieron en la mano derecha durante la primavera de mi año de jardín de infancia.

En lo que a mí respecta, la mano que los médicos me habían hecho funcionaba de lo más bien. Mi «pinza», como la llamaba, me permitía sostener y manipular todo, desde las prendas de vestir hasta los cubiertos, tanto los lápices como la palanca de los juegos de computadora y los soldaditos de juguete. Sin ella, hubiera tenido que depender absolutamente de otros.

Sin embargo, la mano reconstruida no estaba creciendo en proporción al resto de mi cuerpo. Los médicos nos convencieron de que si iba a tener una mano que me sirviera toda la vida, a medida que creciera, necesitaba ser más larga. Para que eso fuera posible, se requería un artificio que los médicos llamaban un «dispositivo de distracción».

Me tendría que haber dado cuenta de que cualquier intervención que comenzara con la fractura de todos los huesos de la mano no iba a ser nada divertida. Y no lo fue.

Durante la operación inicial, en la que rompieron los huesos, también insertaron clavos en dichos huesos, atravesaron los clavos con un alambre, y colocaron la mano dentro de una jaula de alambre que me cubriría y protegería la mano durante varios meses. Todos los días mis padres tenían que girar una manivela conectada al alambre para separar un poco más los huesos. La idea era estimular la osificación forzando al tejido óseo a llenar los espacios, para que los huesos se alargaran y mi mano creciera.

Al principio todo parecía ir según lo planeado. Después de recuperarme de la cirugía inicial, la jaula de alambre alrededor de mi mano era más una molestia que un dolor. Una vez más tuve que depender de otros para alimentarme. Y vaya si limitaba el juego. Ni siquiera podía nadar por el riesgo de una infección que pudiera ingresar por los clavos. La probabilidad de tener un verano divertido y alegre era mínima.

Sin embargo, hacia fines de esa primavera, mis padres recibieron la sorpresa de una llamada telefónica de unos viejos amigos de la familia que dijeron haber estado orando para decidir qué hacer con un dinero inesperado que habían recibido y que sentían que el Señor les decía que debían dárselo a los Sonnenberg para que tuvieran la posibilidad de disfrutar de unas bien merecidas vacaciones. Casi por la misma época un compañero de estudios de papá nos invitó a pasar un tiempo en su establecimiento ganadero de Colorado. Así que toda la familia empacó (con tantas provisiones médicas que casi no había lugar para la ropa en las maletas) y nos dirigimos en dirección al oeste.

Vimos las montañas y los animales salvajes. Vimos vaqueros de verdad. Anduvimos a caballo. Para un niño de seis años era la aventura de toda la vida, un sueño hecho realidad... salvo por el hecho de que tenía una mano, y esta única mano estaba encerrada en una espantosa jaula y envuelta y acolchada para una «protección» adicional.

Disfruté el andar a caballo. Pero me sentí como un espectador observando a mis hermanas haciendo las cosas divertidas que no podía o no se me permitía hacer. Ellas se trepaban por las cercas, le daban de comer y jugaban con los animales de la granja, iban a nadar, a pescar, y corrían por todas partes del establecimiento.

Además de la frustración que me provocaban mis limitaciones, estaba adolorido. A medida que pasaba el tiempo, la tensión diaria aplicada al dispositivo de distracción comenzó a ser dolorosa. El dolor era tan intenso que me parecía que debía estar haciendo más mal que bien. Les suplicaba a mis padres que pararan. Esperaba que estuvieran tan ocupados disfrutando las vacaciones que algún día se olvidaran de hacer girar la manivela. Por mi parte, de ningún modo se los iba a recordar.

Un día, cuando faltaba poco para que nos fuéramos de Colorado, papá estaba girando la manivela como todos los días. Sentí que la tensión aumentaba y de nuevo intenté decirle que parara, pero fue demasiado tarde. Cuando escuchamos un «crack» en la mano, ambos supimos que algo dentro se había roto. Si ese sonido no fue suficiente para convencer a papá, mi reacción inmediata sí lo fue.

Mis gritos pusieron fin a otras vacaciones en familia.

Todos acudieron corriendo.

Cuando no pudieron calmarme, mamá y papá decidieron que necesitaba ver a un médico. Sin embargo, estábamos en el sur de Colorado, a kilómetros de distancia de cualquier ciudad. Nos llevaría casi todo un día conducir hasta un hospital con todos los servicios.

Así que nuestros amigos llamaron a uno de sus vecinos que tenía un pequeño aeroplano y le explicaron la emergencia. Él de inmediato accedió a llevar a toda la familia a Denver.

Esa también podría haber sido una maravillosa y memorable experiencia, volar como las águilas planeando por encima de uno de los picos más altos de las Montañas Rocosas... si solo hubiera estado en condiciones de disfrutarlo.

Creo que grité todo el viaje. Y cuando nos azotó una fuerte tormenta vespertina desde el oeste, no podía decir qué era peor, si el insoportable dolor en la mano o las náuseas que sentía mientras el viento zarandeaba a la avioneta para arriba y para abajo en el peor viaje en montaña rusa que pueda imaginarse.

Cuando finalmente aterrizamos sanos y salvos en Denver, todo el clan Sonnenberg suspiró aliviado y juramos que nunca más nos volveríamos a subir a una avioneta. Los médicos de Denver aliviaron la tensión del alambre, confirmaron que un hueso se había quebrado, me recetaron un calmante, y sugirieron que regresáramos a Boston lo más pronto posible para controlar la mano.

Por ende, ni siquiera tuvimos la posibilidad de descansar de nuestras «vacaciones» antes de estar de nuevo en camino a Shriners, donde los médicos decidieron que el hueso roto de la mano estaba sanando y que los huesos se habían alargado. El dispositivo de distracción había cumplido su función.

Fue un alivio que me quitaran ese artefacto y que pudiera seguir con mi rutina regular en la iglesia y en la escuela: comenzar primer grado, jugar al fútbol. Ese año la única operación que tuve requirió una internación de cuatro días para que los cirujanos reconstruyeran el párpado superior derecho y el párpado inferior izquierdo. Incluso logramos tener unas vacaciones especiales esa primavera… unas que no terminaron abruptamente en una emergencia médica.

En marzo, estando en primer grado, los Shriners me invitaron a hablar en su cena anual para la recaudación de cien millones de dólares de fondos, en Orlando, Florida. Nos pagaron el vuelo para toda la familia. Uno de nuestros anfitriones nos esperaba al pie del avión y nos llevó en limusina al hotel, acompañados de una escolta policial que no se detenía en los semáforos en rojo. Luego pude elegir entre una docena de vehículos el que usaría para un desfile y una excursión personal por Orlando.

La noche de la cena la sala de baile del hotel estaba llena de personas que habían pagado mil dólares por cabeza. Yo era demasiado joven para dar una conferencia de verdad, pero el maestro de ceremonias me invitó al estrado, relató los detalles de mi accidente al público, y describió las diferentes intervenciones que me habían hecho en el Hospital Shriners de Boston. Leyó también unas cartas especiales de encomio que me habían enviado el gobernador de Florida, Bob Graham, y el presidente de los Estados Unidos, Ronald Reagan. Cuando el maestro de ceremonias terminó de hablar, mi padre me puso sobre sus hombros para que todos pudieran verme, mientras yo gritaba: «¡Gracias por sus hospitales!»

La sala estalló en un aplauso.

Pero lo que más me gustó del viaje a Orlando fue el día que fuimos con toda la familia a Disney World. Los Shriners hicieron arreglos para que nos trataran como celebridades. No solo fuimos los primeros en todas las filas, sino que conocí personalmente y me tomé una fotografía con todos los personajes principales de Disney, desde Blancanieves hasta Mickey. ¿Qué más podría un niño pedir?

Capítulo 9

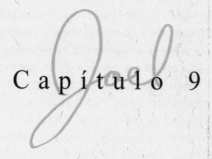

Creo que fueron experiencias como nuestras vacaciones en Colorado y el viaje especial a Disney World lo que alimentó la determinación de mis padres de ayudarme a tener una infancia lo más normal posible. No obstante, lo «normal» nunca me resultó fácil.

Al principio, andar en bicicleta fue un verdadero reto. Mi identificación con el extraterrestre favorito de Hollywood era tal que pedí y conseguí una «bicicleta ET», igual a la de la película. Por un tiempo usé las rueditas auxiliares, pero cuando las quitamos, no podía andar sin caerme. Papá corría detrás de mí sosteniendo la bicicleta, pero cuando la soltaba perdía el equilibrio. No tengo idea de si gran parte del problema se debía al aprendizaje normal de cualquier niño o si a mí me costó mucho más mantener el equilibrio y dominar la bicicleta porque no tenía manos para agarrarme al manubrio.

Papá y yo seguramente nos preguntábamos si algún día llegaría a andar en bicicleta. Después de un par de infructuosas sesiones de práctica sobre dos ruedas, traté de contentarme con andar en mi triciclo, yendo y viniendo por la acera y en el jardín.

Entonces un día fui con mis compinches a la casa de un amigo que vivía al pie de una colina, al final de una tranquila calle sin salida. Naturalmente, todos los muchachos empujaron sus bicicletas hasta la cima de la colina y se lanzaron hacia abajo. En mi triciclo yo no podía ir tan rápido como ellos, pero hacía mucho más ruido, lo que le gustó a uno de mis amigos y me pidió que hiciéramos un canje por un par de vueltas.

No estaba dispuesto a admitir ante todos mis amigos que no sabía andar en bicicleta, así que le dije: «¡Por supuesto!» Luego subí la pendiente con su bicicleta, tratando de decidir: *¿Cómo me las voy a ingeniar para hacer esto?* Para cuando llegué a la cima, había pensado lo que me parecía que sería una estrategia factible.

Coloqué la bicicleta apuntando hacia abajo y me subí. Por suerte, la bicicleta era lo suficiente baja para poder tocar el suelo con los pies si me estiraba. Así que empecé a dejarme ir por la pendiente, arrastrando los pies para tener algún tipo de estabilidad que me permitiera mantener el equilibrio. Llegué hasta abajo y decidí probar de nuevo. Esta vez me dejé ir un poco más rápido, y me apoyé menos en los pies. La tercera vez fui más rápido, y al llegar al pie de la colina, apenas levanté los pies y dejé que la bicicleta se detuviera lentamente. La vez siguiente, cuando llegué abajo, levanté los pies y en vez de dejar que la bicicleta se detuviera, decidí pedalear. ¡Qué bueno! Sin querer, estaba andando en bicicleta.

No recuerdo cuánto tiempo después de esto fuimos con toda la familia a un estacionamiento en el campus de Nyack College para que papá me diera otra lección de bicicleta. Me subí, papá me dio unas instrucciones de último minuto y comenzó a empujar. Comencé a pedalear, y papá corría sofocado detrás de mí, sosteniendo la bicicleta. Cuando al fin se quedó sin aire y me soltó, yo seguí andando.

Durante unos segundos creo que mis padres quedaron demasiado sorprendidos para reaccionar. Luego comenzaron a festejar y aplaudir: «¡Pero, mírenlo! Qué bien, Joel. ¡Así se hace!» Yo sonreía orgulloso.

Mamá lloraba. En ese momento no podía entender por qué.

No sabía que estaba recordando todos aquellos días que había estado sentada a la cabecera de mi cama en el hospital, durante las primeras semanas después del accidente, viendo cómo perdía los dedos de las manos y de los pies, y luego la mano. Cuando los médicos le habían dicho que posiblemente nunca podría caminar, ella había tratado de imaginarse cómo sería mi futuro. No podría correr. Nunca podría andar en bicicleta. Nunca podría hacer muchísimas cosas…

Al verme andando en bicicleta aquel día vinieron a su memoria todos aquellos recuerdos. ¡Joel puede andar en bicicleta! Mi futuro no estaba tan limitado como ella había temido. Mamá lloraba de alegría.

✳✳✳✳✳✳✳✳✳✳✳✳✳✳✳✳✳✳✳✳✳✳

Los niños de primer grado no piensan mucho acerca de su futuro. Por suerte, mis padres sí lo hacían. Incluso durante aquellos primeros días después del accidente, cuando casi toda la preocupación y la energía de la familia se volcaban en sobrevivir de un día a otro, mis padres, en especial mi padre, pensaban mucho acerca de mi futuro. Y ahora que algunas de las exigencias de los cuidados diarios habían cedido y las cuestiones médicas más cruciales habían sido superadas, comenzaron a discutir cuál sería la mejor manera de prepararme para el futuro.

La comunidad de Nyack, tanto la facultad como la ciudad, había apoyado mucho a nuestra familia. Sin embargo, a medida que maduraba y me volvía más consciente y sensible a las reacciones de las personas, mis padres comenzaron a pensar que tal vez fuera conveniente vivir en un entorno diferente. Nyack en apariencia no era más que un pequeño pueblo tranquilo en la margen occidental del río Hudson, pero en realidad era en gran medida parte de la zona metropolitana de Nueva York.

Aunque no tenía que enfrentarme a diario a multitudes como las de Disneylandia, nos encontrábamos con desconocidos en todos lados, ya fuera que saliéramos en familia a ver una película, fuéramos de compra al centro comercial, o saliéramos a comer en un restaurante local. Así que siempre había gente que me miraba fijamente.

Mi respuesta variaba en dependencia de mi estado de ánimo. Por lo general, trataba de no prestar atención a las miradas, al menos para actuar como si no me hubiera percatado de las reacciones de la gente. Sin embargo, cada vez *me daba más cuenta*. Y a veces no podía evitar responder.

Una de mis respuestas favoritas era mirar al que me observaba. Eso a menudo incomodaba a la persona, la cual desviaba la mirada. A veces todavía hacía lo que mi madre me había sugerido por años. Sonreía a la persona y le decía: «Me llamo Joel. ¿Y tú cómo te llamas?» Si sentía que alguien era impertinente u ofensivo, le espetaba: «¿Qué miras?» Descubrí que si lograba que me hablaran, casi siempre dejaban de mirarme fijamente. En ocasiones incluso podíamos tener una conversación agradable.

Pero hubo también algunos encontronazos con desconocidos cuando no había nada que hablar. Algunas personas se levantaban y se iban del restaurante cuando entraba nuestra familia. Recuerdo con claridad una mesera que vino a nuestra mesa, me vio, ahogó un grito y masculló: «¡Qué espantoso!» Mi madre tuvo un par de cosillas que decirle.

No sé si ese tipo de encuentros ocurría con mayor frecuencia cuando era más chico; es probable que ahora me percatara más de lo que pasaba... definitivamente era mucho más sensible a lo que otras personas pensaban de mí. Por ende, a nadie puede sorprender que mis padres comenzaran a preguntarse si no sería menos desagradable vivir en una comunidad pequeña donde la gente me conociera y supiera lo suficiente de mí y de mi historia para no sentirse sorprendidos o sentir la necesidad de no quitarme los ojos de encima.

Cualquier idea de mudarnos a otra parte del país implicaba considerar dónde continuar el tratamiento médico. A pesar de lo agradecido que mis padres estaban al Hospital Shriners de Boston por todo el tratamiento gratis que me habían proporcionado (posiblemente ya llegaban a cuarenta y cinco las intervenciones), estaban dispuestos a trasladarse si eso fuera lo mejor.

Como estaban considerando un traslado al Midwest, mis padres me llevaron al famoso centro de quemados de la Universidad de Michigan para una evaluación. Cuando los especialistas de allí dijeron que sus investigaciones en la Universidad de Michigan habían probado que los sobrevivientes de quemaduras que mejor se adaptaban eran quienes vivían y crecían en pequeñas comunidades rurales, no hicieron más que confirmar lo que mis padres ya sospechaban. Y esto sirvió para recalcar su decisión: los Sonnenberg se mudaban a Michigan, donde estaríamos más cerca de los familiares y de una red de apoyo familiar.

El verano después de terminar el primer grado empacamos todas nuestras pertenencias y dejamos la única casa que había conocido, para mudarnos a Canton, Michigan, una ciudad cerca de donde vivían nuestros parientes, no lejos de Detroit. La transición fue más difícil para mis padres y mi hermana mayor, Jami, que para mí. Cualquier tristeza que sentí al despedirme de mis amigos estaba mitigada por el hecho de que era demasiado pequeño para darme cuenta de que mudarnos al centro del país tal vez significara que nunca más los volvería a ver. Mientras mi familia estuviera allí, no tenía de qué preocuparme. Viviríamos más cerca de nuestros abuelos y primos, y lo que más me entusiasmaba era que la casa a la que nos mudábamos tendría una piscina en el jardín del fondo. Cuando me enteré de eso, casi no podía esperar a mudarme.

No sabía que la principal razón de la piscina era proporcionarme terapia física. Tampoco sabía que incluso antes de firmar el contrato de arrendamiento, mis padres habían visitado el distrito escolar de la localidad. Le habían pedido al coordinador de servicios especiales del sistema escolar de Nyack que hablara con su colega en Canton. Luego mamá habló con Joyce Darren, la directora de la escuela donde iría, para ponerla al tanto de mi situación y mis necesidades. La señora Darren no solo le aseguró a mamá que sería bienvenido en su escuela sino que agregó:

«Conozco a varias familias en su sector. Con gusto las llamaré para hablar con ellas y allanar el camino para ustedes y Joel en el vecindario». Esto sirve para explicar lo que sucedió el día en que llegamos con la mudanza...

No habíamos acabado de bajar el último mueble del camión de mudanza cuando grité: «¡A la piscina todo el mundo!» Antes de que mis padres pudieran detenernos, Jami, Sommer y yo salimos disparados por la puerta, en dirección a la piscina. Cuando mamá llegó, yo ya estaba en shorts y probando la elasticidad de los resortes del trampolín.

No entendía por qué había un destello de preocupación en los ojos de mi madre. No tenía idea de que en su mente se preguntaba: *Querido Dios, ¿qué va a pasar ahora?* Para ella, todas las horas, los días, los meses de planear la transición a nuestra nueva comunidad estaban a punto de ser puestos a prueba con un par de brazadas. ¿Qué iban a decir los hijos de los vecinos cuando me vieran parado en el trampolín con todas mis cicatrices expuestas? Lo que más temían mis padres era una fila de muchachos maleducados de pie contra la cerca, señalándome, dando gritos de asombro y burlándose: *¡Miren eso!*

Pero eso no sucedió, en lo absoluto.

A los pocos minutos, un niño de pelo oscuro se asomó por encima de la cerca. «¡Hola, Joel!», me saludó alegremente. «Me llamo John». Después de salir corriendo, dos más ocuparon su lugar, un muchacho de porte mediano y cabello castaño: «Joel, soy Curt». «Hola, Joel, yo soy Alan». Al poco rato había por lo menos diez chiquilines, de diferentes edades, niños y niñas, saludándome y dándome la bienvenida con sus sonrisas de emoción.

Aunque no tenía más de seis años en ese entonces recuerdo perfectamente esa escena. Nuestros vecinos no solo nos hicieron sentir a gusto, me trataron como si fuera alguien famoso que acababa de mudarse a la casa de al lado. Mi madre no podía dejar de sonreír. Todas las horas de preparación de mis padres y de otras personas habían dado fruto en aquellos primeros minutos junto a la cerca en aquella tarde soleada de Michigan.

Al segundo día, y por el resto de ese verano, la mayoría de esos niños estaban del lado interno de la cerca, jugando y nadando conmigo en nuestra piscina. Me hacían sentir en casa en nuestro nuevo vecindario de Michigan, incluso antes de que los recuerdos de mis viejos amigos en Nyack comenzaran a desvanecerse.

Cuando llegó el otoño, el personal administrativo de la Escuela

Elemental de Gallimore se encargó de que mi transición a la nueva escuela fuera lo más fácil posible. De nuevo falté a la escuela el primer día de clase. La directora mostró videos míos a todos los alumnos de la escuela, incluyendo algunos clips de documentales de televisión. Cuando los alumnos formularon preguntas, ella las respondió con la mayor franqueza, y como siempre, insistió en que las quemaduras exteriores de mi cuerpo no cambiaban quien era por dentro. Que era un niño de siete años con los mismos sentimientos que cualquiera de ellos. Y por supuesto, muy valiente.

Cuando entré por primera vez a la Escuela Elemental de Gallimore, los que todavía no me conocían de la piscina querían conocerme. Por todos los corredores me saludaban, sonreían, y decían: «¡Hola, Joel!»

Por una parte, toda esta simpatía era agradable. Sin embargo, me resultaba algo desconcertante. «Todos en la escuela conocen mi nombre», me quejé a mis padres, «¡pero yo no sé quiénes son ellos!»

A la semana de comenzar el curso hubo una reunión de la asociación de padres y maestros (PTA) y clases abiertas en la Escuela Elemental de Gallimore. Recuerdo que iba caminando por los corredores de la mano de mamá y, primero una maestra, luego un alumno mayor, y después el padre de un alumno que ni siquiera conocía, todos me saludaron cálidamente:

—Qué bueno que pudieras venir, Joel.

—Qué tal, Joel.

—Hola, Joel.

—¿Ves lo que te digo? —me quejé—. Todos saben quién soy.

No comprendía por qué mi madre se limitaba a sonreír a pesar de mi disgusto.

El segundo grado fue un gran año para mí. Solo fui al hospital una sola vez en todo el año, para que los cirujanos plásticos pudieran hacer una pequeña reconstrucción en mi párpado superior izquierdo. También tuve una infección de celulitis en mi pierna derecha. Pero nada más. El resto del año tuve tiempo libre para concentrarme en la escuela y ser un niño como cualquier otro.

Me encantaba la maestra, la señora Foster. Alababa mi escritura. (Tenía una de las mejores caligrafías de la clase.) También hice muchos progresos en mi lectura e incluso «escribí y publiqué» dos libros propios como parte de unos proyectos de clase. Aparte de la escuela, continuaba jugando al fútbol y me volví más famoso en el medio cuando la reportera de televisión Carol Marin apareció en Canton con un equipo de cámaras con el objetivo de actualizar mi historia para otro documental especial de la NBC: *For Beauty Passed Away (Continuación)*.

Además de lo divertida que era la escuela, lo bien que me sentía de que me conocieran y aceptaran en la comunidad, y lo maravilloso que era no tener que estar entrando y saliendo del hospital todo el tiempo, hubo algo que hizo que ese año fuese memorable y especial. Fue el sentido de independencia y libertad que sentía al poder vivir en lo que todavía era un poblado semirural. Todavía no podía comprender por qué los especialistas lo habían recomendado a mis padres, pero yo sin duda se lo hubiera recomendado a cualquiera.

El momento no pudo ser más oportuno para mí. Todo parecía haber mejorado. La mayoría de los riesgos médicos disminuyeron, al mismo tiempo que llegaba a una edad en que mis padres podían darme una cierta independencia personal. Coincidiendo con este hecho, nos habíamos mudado a un lugar donde podía vagar y explorar todo lo que quisiera.

A diferencia de Nyack, en Nueva York, todas las calles eran llanas y especiales para andar en bicicleta. Y como vivíamos al final de una calle sin salida, podíamos jugar en la calle, lo que me parecía espectacular.

Aunque vivíamos en un vecindario típico de los suburbios, nuestra casa estaba cerca del límite de un sector, bordeada por granjas y bosques que pronto se convirtieron en mi lugar de recreo personal. En el verano y el otoño recorría en bicicleta los senderos del bosque. Pescaba, cazaba caracoles, cangrejos de río y salamandras, y vadeaba los arroyos sin importar cómo estuviera el tiempo. En el invierno me calzaba unas botas gruesas y salía a caminar por los campos cubiertos de nieve y a deslizarme por la superficie de los arroyos congelados. Perseguía a los conejos y a los venados por el gusto de verlos correr. Observaba a los pájaros haciendo sus nidos y alimentando a sus polluelos. Este niño que había pasado tanto de su infancia confinado en la habitación de un hospital había descubierto una sensación de libertad hasta el momento desconocida. Descubrí que el mundo exterior que Dios había creado constituía para mí una atracción que ni siquiera Walt Disney podría igualar.

Pescaba mojarritas en el arroyo y las traía a casa, para que siguieran viviendo en un acuario en mi dormitorio. Hasta que un día, mientras no estábamos, saltaron fuera y cuando regresamos el olor del pescado podrido en el piso de mi habitación impregnaba toda la casa.

Todo ese año en segundo grado fue una hermosa oportunidad de descubrimiento que convenció definitivamente a mis padres de que los especialistas tenían razón, un entorno rural era sin duda el lugar ideal para el crecimiento de un hijo quemado sobreviviente. Por desgracia, el clima riguroso del medio oeste, tanto el frío invernal como la humedad del verano, era adverso para alguien con mis lesiones.

Por lo tanto, mis padres comenzaron a considerar un nuevo traslado. Después de mucho buscar, papá señaló dos lugares en el país que ofrecían lo que nuestra familia necesitaba en cuanto a un entorno rural con un clima moderado. Uno de estos lugares era Montreat, en Carolina del Norte, justo en las afueras de Asheville, donde había una pequeña universidad cristiana que necesitaba un profesor de biología con la experiencia y las credenciales de mi padre.

En cierto sentido, me resultó más difícil dejar Michigan después de un año de lo que me había costado dejar la casa de toda mi vida en Nyack el año anterior. Supongo que comprendía mejor lo que implicaba mudarse y dejar atrás a los amigos y familiares. Dejar la piscina también influía. Tampoco quería dejar atrás los senderos conocidos que había llegado a considerar como mi bosque, mis campos y mi arroyo.

De lo que no tenía manera de darme cuenta en ese momento era del increíble año de transición que Michigan había sido para todos nosotros. Y de lo maravillosamente bien que nos había preparado para las muchas más aventuras que nos esperaban en las montañas aun más agrestes de Carolina del Norte.

Capítulo 10

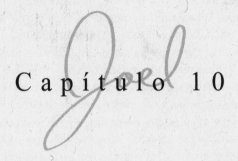

La primera aventura fue el viaje que hice con papá, los dos solos, con la primer mudanza de nuestras posesiones a la casa de Montreat, donde habríamos de vivir. Todavía recuerdo la vista espectacular de las Montañas Smoky al atardecer. Los últimos destellos dorados de los rayos del día reposaban sobre las cumbres de las montañas mientras descendíamos por el valle verde y umbroso hacia nuestro nuevo hogar.

Montreat es un poblado pequeño de más o menos unas cuatrocientas personas, perdido en un valle profundo y angosto que corre unos treinta kilómetros al este de Asheville. Ni siquiera es lo suficientemente grande para tener su propio centro comercial. La tienda más cercana está unos seis kilómetros más adelante en el camino a Black Mountain.

El corazón de Montreat era la facultad cristiana de artes liberales, de unos cuatrocientos estudiantes, que llevaba ese mismo nombre (donde papá iba a enseñar) y un centro de asambleas presbiteriano que todos los años albergaba a miles de personas y visitas que concurrían a diversas conferencias. La única calle para llegar a Montreat corre a lo largo del arroyo Flat Creek en el fondo del valle. Un puñado de calles muy angostas la cruzan y por ellas se sube por las empinadas laderas a cada lado del arroyo. Pero la única manera de salir del pueblo es atravesando Black Mountain, por la misma ruta que se tomó para llegar... salvo que se tenga la intención de conducir por un sendero agreste algún vehículo con tracción en las cuatro ruedas del Servicio de Bosques de los Estados Unidos e internarse en la zona virgen y montañosa que llega al monte Mitchell, el pico más alto del este de los Estados Unidos de América.

La mayoría de los residentes de Montreat están de algún modo u otro vinculados a la universidad o al centro de conferencias. Un alto porcentaje de la población está constituido por ministros o misioneros presbiterianos jubilados. Billy Graham y su esposa, Ruth, vivían en una cabaña de troncos al final de un empinado y serpenteante camino cuesta arriba sobre nuestra casa. Otros integrantes del equipo de la Asociación Evangelística Billy Graham también vivían cerca.

Después de vivir un año en una típica urbanización moderna entre planicies de campos de maíz, no podía creer lo diferente que era esto. Todavía teníamos vecinos, pero sus casas no estaban cerca de las nuestras. Estaban ocultas tras los árboles cuesta arriba, o quedaban más abajo en la ladera. Tal cosa nos hacía sentir como si estuviéramos rodeados nada más que por bosques de montañas vírgenes, los cuales estaba ansioso por explorar. Y cuando nos dijeron que había osos pardos que todos los inviernos bajaban al pueblo en busca de alimento, no podía esperar a que comenzara el frío.

Mientras, poco después de mudarnos, tuve mi cuota de diversión con la ayuda de unos muchachos mayores que vivían cerca. Por desgracia, esas aventuras no fueron mi mejor tarjeta de presentación para el pueblo de Montreat.

Como tenía ocho años, era más un seguidor natural que un líder, en especial en un ambiente nuevo con muchachos vecinos a quienes deseaba causar una buena impresión. Pero aunque me gustaría culparlos, no puedo. Era lo suficiente grande para saber lo que hacía.

En realidad, el primer incidente comenzó a raíz de una pregunta que le hice a un amigo, a quien llamaré Juan, mientras lo seguía por los bosques a una casa que había quedado desocupada cuando una familia se fue de la localidad.

—¿Adónde vamos? —quería saber.

—Vamos, déjate de preguntas y ven —me dijo. Así que lo seguí.

Debería haberme vuelto apenas escuché el ruido de vidrios rotos.

—¿Qué haces? —pregunté antes de ver cómo rompía la segunda ventana.

—¿Vienes o no vienes? —Juan exigía saber mientras introducía la mano por la ventana y abría la puerta trasera.

¿Qué podría importar? Sabía que no había nadie en la casa. No quería que pensaran que era cobarde. Además, entrar en una casa deshabitada tenía algo de emocionante.

Cada paso que dábamos y cada susurro parecían resonar con un eco mientras íbamos de habitación en habitación desierta. Lo único que había en todo el lugar eran las cortinas de las ventanas, las alfombras y una fina capa de polvo que se había acumulado desde que la última familia se había ido... hasta que llegamos a la cocina y encontramos sobre la meseta un gran recipiente con pegamento de madera.

—¡Mira esto! —dijo mi compinche, mientras abría el recipiente y comenzaba a regar al piso con pegamento.

Para cuando salimos de la casa, pocos minutos más tarde, lo único que deseaba era estar en cualquier otro lado menos ahí. En cualquier lado. Me separé de mi amigo lo más pronto que pude, pero cuando llegué a casa ya me sentía culpable.

Hice lo mejor que pude por olvidarme del episodio. Pero pocos días más tarde escuché a mis padres conversando acerca del vandalismo que tenía conmocionado al vecindario. Cuando la nueva familia que pensaba mudarse a la casa descubrió la ventana rota y el pegamento, no sabían qué pensar. No sabían si tomarlo como una afrenta personal. ¿Habría alguien que no deseaba que su mudaran a esa casa? Incluso se preocupaban de que el vecindario no fuera del todo seguro.

Nunca se me había ocurrido que alguien pudiera asustarse por lo que habíamos hecho, y me sentí todavía más culpable. En realidad, me sentía tan mal que al final les dije a mis padres lo que había pasado.

Creo que estaban tan sorprendidos como molestos. Y no cabe duda de que estaban avergonzados. Fueron a hablar con la gente que pensaba comprar la casa para explicarles lo que había pasado y para asegurarles que nunca había hecho algo semejante en el pasado. Tuve que pedir perdón y hacer las tareas de la casa para mis padres hasta pagar las ventanas. Fuimos todos y trabajamos durísimo para limpiar el pegamento endurecido. Cuando terminamos había decidido que nunca más me metería en un embrollo similar.

Antes de darme cuenta el verano había terminado y era hora de comenzar un nuevo año escolar. Mamá me llevó a visitar la Escuela Primaria de Black Mountain antes del comienzo de clases para que pudiera conocer al director, el señor Green, y a mi maestra de tercer grado, la señora Bartlett. Parecían encantados de poder contar conmigo en la escuela. Pero, una vez más, falté el primer día de clase y mis padres fueron en mi lugar y llevaron un video para mostrar al resto de los alumnos. Así que, por tercera vez en mi corta carrera académica, ingresé a una escuela donde todos conocían mi nombre y casi todos querían ser mis amigos.

Por desgracia, todavía quería pertenecer a un grupo de muchachos más grandes que vivían cerca de casa en Montreat y tenerlos como amigos. Y fue así que volví a meterme en problemas poco después de que comenzara el otoño.

Ocurrió una tarde después de que un grupo de nosotros descendimos del ómnibus escolar, que nos dejaba en nuestra calle, y comenzamos a ascender por la ladera en dirección a casa. Mientras pasábamos por un solar donde estaban construyendo una casa nueva, nos dimos cuenta de que los albañiles ya habían terminado la jornada. Entonces, uno de los muchachos cogió una piedra pequeña y la lanzó a la casa, donde rebotó en una ventana, pero sin romperla. Yo me reí socarronamente y pregunté: «¿No puedes lanzarla con más fuerza?» Tomé una piedra más grande y la hice volar.

¡Crash! La ventana se hizo añicos de primera. Sentí náuseas. Mi amigo, en cambio, estaba impresionado. Tomó varias piedras y comenzó a lanzarlas contra el frente de la casa. Una de ellas al fin dio en el blanco, y al segundo estruendo un vecino salió corriendo de su garaje gritando: «¿Qué está pasando aquí?»

Cuanto el montón de muchachos se dispersó en todas direcciones, instintivamente también me volví y comencé a correr. Pero no habría dado más que un par de pasos cuando pensé: *Pero, ¿a quién quiero engañar? ¡Como si no fueran a reconocerme! ¿Cuántos más muchachos hay corriendo por Montreat con solo una mano?*

Me detuve y enfrenté la situación. No fue agradable. Mis padres estaban más molestos con este segundo incidente de vandalismo que con el primero. Además de comenzar a ver el esbozo de un patrón de conducta estaban preocupados por mi reputación en la comunidad.

Me preguntaba lo que me costaría esta vez. Pero en vez de decirme lo que pasaría conmigo, recuerdo que papá me preguntó:

—Joel, ¿cuál crees que debería ser tu castigo?

¡Vaya! Si sugería algo que le pareciera muy liviano, podría decidir castigarme realmente en serio. Pero, al mismo tiempo, tampoco quería ser exageradamente duro conmigo. No sabía cómo responder.

—Piénsalo Joel.

No quería pensarlo. ¡Quería terminar con todo este asunto! Le dije a mi padre que ganaría el dinero para reponer las ventanas. (Estaba aprendiendo rápido a comprender que el vandalismo me salía mucho más caro que cualquier emoción pasajera.) Y, por supuesto, no me dejaron salir: por cuanto tiempo y a dónde, no lo recuerdo. Lo que sí recuerdo, y lo que me hizo sentir peor que cualquier castigo, fue la desilusión de mis padres.

Toda mi vida me habían dicho lo orgullosos que estaban de mí. Lo decían, no solo con palabras, sino con sus miradas y con la manera en que me presentaban a sus amigos y la forma como reaccionaban cuando los desconocidos me miraban fijamente o hacían comentarios impertinentes acerca de mí. Por lo tanto, me daba cuenta de que los había avergonzado otra vez, y ver la desilusión en sus ojos me dolió más que cualquier castigo que hubiera podido imaginar.

Además de prometerme que nunca más me iba a meter en ese tipo de problema, decidí que necesitaba otro grupo de amigos. Un grupo mejor de muchachos con quienes pasar el rato.

Entonces Ryan Councill entró en mi vida. Él también estaba en tercer grado con la señora Bartlett. Era un muchacho listo, tranquilo, simpático, pero que no sobresalía ni me llamó la atención por nada en especial en las primeras semanas de clase. El momento decisivo tuvo lugar un día en el auditorio de la escuela, cuando el destino quiso que nos sentáramos uno al lado del otro y tuviéramos en común una falta de interés en las instrucciones para una danza tradicional que ese día nos ofrecían a la clase.

No tengo idea de lo que lo impulsó, pero ahí mismo, sentado en el auditorio de la escuela, Ryan me contó que tenía una dificultad de aprendizaje. Sorprendido, le pregunté qué quería decir. Me explicó que su mente tenía una manera de funcionar que hacía que la lectura y la aritmética le resultaran en especial difíciles. Tenía que estudiar más que los demás niños y por más tiempo para apenas lograr el mínimo. Me dijo que tal cosa lo hacía sentirse diferente del resto de la clase. Eso lo podía comprender, así que hablamos un poco acerca de lo diferente que yo me sentía. En suma, fue una conversación sorprendentemente franca entre un par de niños de ocho años.

Era evidente que hacíamos una pareja interesante, aunque creo que no aprecié la ironía hasta muchos años más adelante. Ahí estaba Ryan, este niño hermoso (al menos eso era lo que opinaban las niñas), que por fuera parecía genial pero que se sentía diferente porque su cerebro no funcionaba como el de otras personas. Aquí estaba yo, por fuera absolutamente diferente a mis compañeros en apariencia, y sin embargo, experimentando por dentro los mismos pensamientos y emociones que todos los demás. De modo que, de una manera extraña, nos complementábamos. Y aunque nunca lo hubiéramos podido predecir al comienzo de nuestra amistad, continuaríamos complementándonos de muchas maneras en los años futuros.

Si bien sentí de inmediato un vínculo muy especial con Ryan, mi maestra y mis compañeros de clase también me aceptaron y me hicieron sentir uno de ellos. En noviembre, para mi cumpleaños, invité a toda la clase de la señora Bartlett a mi fiesta. Creo que mamá esperaba que al menos vendrían algunos, los suficientes para hacerme sentir que era una fiesta de verdad. Cuando toda la clase respondió que vendría, no sé si mamá estaba asustada o contenta. Decidió que no podríamos tener a todo el grupo en nuestra casa, así que llamó a la facultad y reservó una sala de reuniones lo suficiente amplia para albergar a todos los que vinieran, que resultaron ser unos cuantos.

Esa experiencia positiva me vino muy bien para sentir que mis compañeros me aceptaban. No se trataba de que me hubiera sorprendido que aceptaran la invitación; esperaba que vinieran. Pero al mismo tiempo sabía que la reacción de mis compañeros no era algo que pudiera darse por sentado.

Había hecho un gran esfuerzo para adaptarme, para ser como todos los demás, y para hacer todo lo que los demás hacían. Así que fue alentador ver que mis esfuerzos habían valido la pena, porque algunos de ellos me habían costado mucho.

No hacía mucho que asistía a la Escuela Primaria de Black Mountain cuando me enteré de que la Organización de Padres y Maestros (PTO) se reunía con regularidad para patrocinar lo que todos consideraban el evento social del año: las fiestas de patinaje.

Por supuesto, yo sabía lo que era patinar. Parecía divertido. No me iba a amilanar por el hecho de que nunca antes hubiera patinado. *Si esto es lo que todo el mundo de Carolina del Norte hace para divertirse, no me queda más remedio que aprender. ¿Qué difícil puede ser?*

¡Más difícil de lo que me imaginé! No es fácil ser como todos los demás en una fiesta de patines si es la primera vez que uno va a patinar. Debía haberme dado cuenta de que este no sería uno de mis deportes favoritos cuando me dieron un par de patines en la tienda de alquiler y tuve que pedirle a otro niño que me ayudara a atarlos. Tendría que aguantármelo si quería ser como todos los demás.

Me senté y durante un rato observé a los patinadores, intentando aprender lo que pudiera acerca de la mejor técnica y la manera de patinar. Los mejores patinadores patinaban con gracia y sin ningún esfuerzo alrededor de la pista: eran movimientos elegantes, suaves y fluidos. Viéndolos, todo parecía fácil.

No lo fue. Y la falta de experiencia era solo una parte de mi problema.

Pronto aprendí que patinar es más difícil de lo que parece. Y mis propias limitaciones físicas resultaron ser obstáculos inesperados.

Debido a todas las cicatrices que tengo en mis pies y tobillos, no puedo apoyar todo el pie cuando camino, como la mayoría de las personas. Mis tobillos no se flexionan mucho. Debo caminar (y correr) apoyando los talones. Tengo una manera particular de caminar, pero no pude transferirla al patinaje.

Pronto me di cuenta de que era imposible patinar con gracia y movimientos suaves cuando se hace apoyándose en los talones. Mi estilo era a las sacudidas. Más que deslizarme en los patines, corría sobre ellos. Adquiría una velocidad impresionante de lado a lado de la pista y luego me dejaba ir. Pero eso planteaba otro problema.

Tanto para detenerme como para girar necesitaba realizar un movimiento con los tobillos que yo no podía hacer. Me di varias veces contra las paredes. En muchas ocasiones, para evitar choques graves con otros patinadores, me arrodillaba en el piso de hormigón. ¡Ay! No me importaba. El dolor era el precio que tendría que pagar por muchas actividades nuevas. Y a veces algunas hasta me hacían sangrar.

Cada vez que me dejaba caer, alguien se me acercaba corriendo y me preguntaba: «¿Estás bien, Joel?» ¡Qué vergüenza! Supongo que pensaron que era un verdadero tonto. La verdad fue que pronto le encontré la vuelta a los patines. Sabía que podría haber sido uno de esos patinadores que patinaban sin dificultad y con gracia... solo si mis tobillos funcionaran como Dios manda.

Era evidente que tendría que haberme preocupado más por mis rodillas que por mis tobillos, porque cuando llegué a casa, mamá me vio y exclamó: «¡Joel! ¿Qué te pasó?»

Miré hacia abajo para ver por qué me miraba tanto y vi que tenía el pantalón empapado con manchas de sangre. En cada caída, me había lastimado el tejido cicatrizado, duro pero fino como una lámina de papel, que cubría mis rodillas. La sangre de esas lastimaduras me goteaba por las canillas y me llegaba a las medias.

Mamá me ayudó a limpiar la sangre y a arreglar los cortes en la piel de la rodilla. Esa noche, después de acostarme, me pasé mucho rato pensando en la fiesta de patinaje y tratando de pensar cuál sería la mejor manera de detenerme la próxima vez.

La gente se llevó una mejor imagen de mí en otra actividad del PTO, aunque esa vez mi motivación primaria no era una cuestión de amor propio. Si debo admitir mi verdadero motivo, tendría que llamarlo la más pura y no adulterada ambición de un niño de ocho años.

Recuerdo que estaba sentado en el auditorio de la escuela elemental mirando el escenario, sobrecogido de asombro. El objeto de mi deseo, radiante como un tesoro bajo los focos, era una flamante bicicleta roja, reluciente.

Lo primero que pensé fue: *¡Vaya! ¡Quiero que sea mía!*

Por lo que cuando el señor Green, el director, nos dijo: «Uno de ustedes se ganará esta bicicleta», mi respuesta fue: *¡SÍ!* No podía creer que tuviera tanta suerte, porque sabía que «uno de ustedes» sería yo.

El señor Green explicó que la bicicleta sería otorgada al alumno que vendiera más productos en el evento anual de Navidad que organizaba el PTO para recaudar fondos. El que vendiera más papel de envoltorio y artículos para regalos podría elegir el primer premio: la bicicleta roja o un equipo de sonido estéreo por igual valor.

En lo que a mí concernía, no había punto de comparación. Tampoco tenía ninguna duda de a quién le correspondería el primer lugar. ¡Esa bicicleta era mía!

Quedaba pendiente el pequeño asunto de las ventas de papel de envoltorio y artículos de regalo. Sin embargo, mis padres siempre me habían dicho que podía hacer cualquier cosa que me propusiera. Y yo les creía. Por lo tanto, en cuanto a mí, lo daba por sentado. Llevaría mi libreta para recibir los pedidos del vecindario y comenzaría a vender ese mismo día.

Me gusta pensar en esa competencia de ventas como mi verdadera presentación a la gente de Montreat. (Sin duda que fue mejor que la imagen problemática con que me había presentado unos meses antes cuando me había dado por romper ventanas y hacer actos de vandalismo por el vecindario.)

La venta de papel de regalo y de adornos navideños me parecía algo muy fácil. No tuve que visitar muchas casas antes de darme cuenta de cómo refinar mi técnica. Aprendí rápido que después de golpear a la puerta o tocar el timbre necesitaba dar unos pasos hacia atrás para esperar que me atendieran. Cuando la puerta se entreabría, mi apariencia no sorprendía tanto a la gente si dejaba más espacio entre ambos antes de moverme y comenzar a recitar la perorata para la venta. Siempre comenzaba presentándome como Joel Sonnenberg, que representaba a la Escuela Primaria de Black Mountain. Luego explicaba que estábamos vendiendo papel para envolver y artículos para adornar los regalos navideños, algo que todos pronto necesitarían, con el fin de recaudar fondos para nuestra Organización de Padres y Maestros. Así que si compraban esas cosas, estarían recibiendo algo que podrían usar y al mismo tiempo ayudando a nuestra escuela.

Pero el argumento decisivo llegaba cuando les decía que si compraban me permitirían ser el vendedor número uno de la Escuela Primaria de Black Mountain. «Y entonces me ganaré una bicicleta nueva».

El primer día ya tenía dos hojas de pedidos. Los demás no llegaban a una. Pero faltaba mucho para que la competencia terminara, así que volví a salir a la noche siguiente, y vendí más. Antes de que la campaña terminara, creo que había golpeado en todas las casas de Montreat. Cuando se me acabaron las casas, comencé a visitar las residencias de estudiantes de la facultad. Como papá era profesor, la mayoría de los estudiantes ya sabían quién era. «Hola, Joel. A ver, ¿qué tienes?» Yo les explicaba, y algunos estudiantes incluso me ayudaron a venderle más a otros compañeros de la residencia o a sus amigos. «Arriba, muchachos. ¡Vamos a ayudar a Joel a ganarse una bicicleta!»

Gané por un amplio margen. Vendí casi el doble del que terminó en segundo lugar. La flamante bicicleta roja era mía. El señor Green organizó una gran ceremonia de presentación delante de toda la escuela. Mi fotografía apareció en el periódico y todo.

Estaba más que orgulloso. Era la primera ocasión en que un diario publicaba mi fotografía por otro motivo ajeno al accidente o al hecho de estar quemado. Y me propuse que no sería la última.

Capítulo 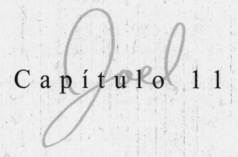 11

Creo que ver lo mucho que trabajé para obtener esa bicicleta reforzó en la mente de mis padres algo que siempre habían creído: que una de las mejores estrategias para criar a los hijos y evitar que se metan en problemas es mantenerlos ocupados. Pronto pusieron su teoría en práctica conmigo.

No conocía a ningún compañero de grado que tuviera una agenda tan ocupada como la mía. Por supuesto, la prioridad eran las tareas escolares. También hacía varias cosas en las que se esperaba que participara por ser un miembro de la familia Sonnenberg. Poco después de mudarnos a Carolina del Norte comenzamos a asistir a la Iglesia Presbiteriana de Montreat, la cual tenía los cultos en la capilla de la facultad. Como miembros activos, asistíamos todos los domingos en la mañana, los domingos en la tarde, y siempre que hubiera alguna actividad especial planeada para las familias, los niños o los jóvenes.

También me uní a un grupo niños de exploradores después de mudarnos a Montreat. La mamá de Ryan, la señora Councill, era la jefa de nuestro grupo. Así que hicimos carreras de autos, salimos a acampar de noche, y me gané las insignias para ir ascendiendo por las jerarquías de los exploradores. Aprender a atar nudos me resultó muy difícil. Sabía lo que había que hacer, pero no podía hacerlo con mi mano derecha. Sin embargo, al final demostré tener suficientes de las destrezas requeridas para ganar la insignia de los nudos.

Mamá creía que todos los niños debían tener la oportunidad de desarrollar sus dones musicales. Así que coordinó lecciones de piano para mis hermanas, y yo también las recibí. Aprendí a comer con palitos chinos y algún que otro truco, y aprendí a leer música. Pero como la mayoría de los varones pequeños, odiaba tener que quedarme encerrado para practicar. Y tenía una mejor excusa que otros: como nunca podría hacer acordes de más de tres notas, pronto me percaté de que no tendría mucho futuro como pianista. Mamá accedió a que dejara las lecciones al cabo de un año. «Al menos lo intentaste», me dijo, «eso es lo que importa».

Estaba mucho más entusiasmado por «intentar» otras actividades donde tenía más potencial. Por ejemplo el fútbol, que seguía siendo mi deporte en equipo preferido. Puede que no tuviera muchos dedos en las manos y en los pies, pero tenía piernas fuertes y podía correr. Y podía patear.

Recuerdo un partido que jugué en Asheville el primer año que vivimos en Carolina del Norte. Me desmarqué para un tiro frente al arco y pateé derecho a la red. Uno de los jugadores del equipo contrario instintivamente levantó la mano para parar la pelota y se le fracturó el brazo. Me daba lástima el muchacho, pero no entendía por qué el árbitro no me había dado el gol o al menos me permitió cobrado un penal por la mano en el área.

Ryan jugaba en el mismo equipo de fútbol que yo, así que nuestra amistad continuó afianzándose y creciendo gracias a nuestra interacción en las prácticas y en los partidos.

Mis padres estimularon mi amistad con Ryan. Estaban encantados con él y con su familia. Lo mismo que yo, pero pasar tiempo juntos no era siempre fácil. Los Councill vivían a varios kilómetros de distancia en Black Mountain. No era posible que uno fuera a la casa del otro todos los días después de la escuela. Teníamos que contentarnos con el tiempo que pasábamos juntos en clase, con los exploradores, y durante las prácticas y los partidos de fútbol. O teníamos que hacer arreglos para que nuestros padres nos llevaran o nos trajeran los fines de semana.

Me llevaba muy bien con Ryan. Construíamos fuertes en el jardín del fondo de su casa y explorábamos el bosque o salíamos en el verano a saltar de roca en roca por los arroyos. Cuando venía a casa, solíamos ir caminando al campus para nadar en la piscina de la facultad, y nos deteníamos a comprar provisiones de golosinas en la tienda que quedaba camino a casa.

Siempre inventábamos cómo divertirnos juntos, ya fuera que estuviéramos lanzando al aire nuestros muñecos G. I. Joes impulsados por cohetes caseros hechos con botellas (tuvimos que suspender nuestra acción cuando los muñecos quedaron muy mutilados) o que nos quedáramos dentro jugando con el último juego de Nintendo.

Ahora sé que los videojuegos pueden tener efectos negativos en el proceso de socialización de los niños. Es posible ensimismarse tanto con los personajes virtuales de la pantalla que uno se retrae de la vida real. Para mí, en cambio, los videojuegos no fueron tanto una barrera como un puente para relacionarme con otras personas de mi misma edad.

Como los deportes suelen ser el laboratorio social para los varones mientras crecen, yo estaba en verdadera desventaja cuando se trataba de jugar al béisbol en el jardín de mi casa o de usar el monopatín en la calle con mis amigos. En cambio, podía dominar cualquier deporte en video. Además, cuando vencía a mis amigos en un video juego no tenía escrúpulos en burlarme. «¿Alguna vez te ganó alguien que no tuviera dedos?» O, «Yo no tengo manos, ¿cuál es tu excusa?» Los juegos de video no solo me proporcionaban una oportunidad competitiva para demostrar que era algo ante mis amigos y poder interactuar con ellos, sino que me daban una sensación de dominio que aumentaba la seguridad en mí mismo.

Siempre he sido un individuo competitivo. Si no me hubiera quemado en aquel accidente, habría sido la clase de muchacho que juega todos los juegos de temporada. Heredé de mi padre no solo el interés por los deportes sino mi habilidad atlética; después de graduarse a papá lo habían invitado para jugar con los Buffalo Bills, pero él prefirió continuar sus estudios universitarios.

Me encanta jugar. Me gusta ganar. Tengo este impulso interno e intenso que me lleva a probar mis límites físicos, a comparar mi capacidad de realización conmigo mismo y con otros. Los videojuegos me brindaban una excelente posibilidad. Me ponían en igualdad de condiciones para enfrentar a mis amigos, y ganarles la mayoría de las veces.

Si bien mis padres reconocían y alentaban mi interés en el entretenimiento, los juegos y los amigos, también deseaban que aprendiera el significado y la recompensa del esfuerzo. Como no avizoraban muchas oportunidades laborales para un niño de nueve años como yo, mamá y papá resolvieron encargarse ellos mismos del asunto, y en la primavera, cuando estaba en tercer grado, compraron la heladería Dairy King en el centro de Black Mountain.

La intención de papá era que la operáramos como un negocio familiar estacional durante el verano, cuando Black Mountain recibía un buen caudal de turistas que venían en busca de un clima más fresco en las sierras elevadas de Carolina. Trabajar en la heladería, además de proporcionarme experiencia laboral, me mantendría ocupado y evitaría que me metiera en problemas, y al mismo tiempo me proporcionaría algún dinero para mis gastos y tal vez un refuerzo a mi caja de ahorros para la universidad.

Por supuesto, la heladería ofrecía los mismos beneficios para mis hermanas. Todos trabajábamos allí.

Mi tarea era ser el empleado del frente, lo que me obligaba a atender al público y enfrentar sus reacciones todos los días. Atendía en el mostrador, recibía a los clientes, tomaba sus pedidos, recibía los pagos, operaba la caja y les daba el vuelto. Además tenía mi propio negocio colateral: vendía tarjetas de béisbol que compraba al por mayor y revendía al por menor.

Atender al público puede ser una experiencia interesante. Pero también es trabajo. Exigía tanto esfuerzo que toda la familia estaba siempre contenta de ver llegar el Día del Trabajo para que pudiéramos cerrar el comercio hasta el siguiente verano.

Si bien el otoño significaba el regreso a la escuela, me permitía contar con más tiempo para los amigos y las actividades al aire libre que el que tenía durante el verano. Las bicicletas de montaña eran un éxito entre mis amigos. Y con razón. Eran mucho más prácticas en el terreno de Montreat que la bicicleta roja que tanto me había costado. Todavía lucía tan elegante como siempre, pero tenía que empujarla para ascender las cuestas, mientras que mis amigos lo hacían sin ningún esfuerzo con los cambios de velocidades.

Le comenté a papá que estaba interesado en tener mi propia bicicleta de montaña. Él no estaba seguro de que pudiera usar los cambios y los frenos manuales con mi mano derecha. Después de una memorable experiencia con la bicicleta prestada de un amigo, debo reconocer que tenía algo de razón.

Después de una breve lección acerca de cómo usar los cambios, ascender hasta donde terminaba nuestra calle no planteó ningún problema. Los cambios me permitieron hacer lo que nunca había podido hacer. Descender planteaba un desafío mayor. El plan era dejarme deslizar hasta más o menos la mitad de la colina, ganando bastante velocidad, y luego girar bruscamente en la entrada de nuestro garaje, permitiendo que la empinada pendiente me fuera frenando poco a poco hasta poder detener la bicicleta.

Era un buen plan.

El único problema fue que cuando había recorrido un tercio de la bajada ya estaba yendo demasiado rápido para poder girar sin estrellarme contra las columnas de piedra a ambos lados de la entrada del garaje. ¿Dije «el único problema»? Había más. Estaba acelerando tanto que debía ir a sesenta o más kilómetros por hora cuando llegué a la intersección con la calle principal al pie de la colina. No tenía manera de maniobrar y frenar usando solo mi mano derecha. Y tampoco había ningún lugar seguro donde dejarme salir de la calle porque la calle estaba bordeada de árboles.

A medida que me acercaba a nuestra entrada, a la derecha, a una velocidad literalmente suicida, divisé entre los árboles a la izquierda un pequeñísimo claro donde un sendero estrecho se internaba en el bosque, y con un ángulo que parecía ser posible. Ni siquiera tuve la posibilidad de considerar las consecuencias. Apenas tuve tiempo para girar, dejar la calle e internarme en un túnel verde de ramas y troncos que me azotaban y pegaban y vapuleaban por todos lados mientras intentaba a toda costa mantener el equilibrio y determinar los peligros por delante. Nunca vi contra qué choqué. La rueda delantera de la bicicleta se detuvo en seco. Pero yo no.

En un segundo di una voltereta por encima del manubrio y al siguiente salí disparado por el aire, con la bicicleta volando en formación detrás de mí, para terminar de espaldas en un matorral de zarzamoras con la bicicleta encima. No sé cuánto tiempo quedé tendido ahí. Todavía estaba intentando determinar si estaba entero cuando escuché a mi amigo corriendo por el sendero. «¿Joel? ¿Dónde estás? ¿Se hizo daño la bicicleta?»

Estaba en mejores condiciones que yo. Para cuando me pude librar de las zarzamoras y sacar la bicicleta del matorral espinoso, cualquiera diría que había sido atacado por una manada de gatos furiosos. Estaba arañado en lugares que ni siquiera sabía que existían. Pero estaba entero. Y tenía una buena idea del desafío que andar en una bicicleta de montaña implicaría para mí.

Para mi suerte, a mi padre también le gustan los desafíos. Estaba convencido de que alguien en alguna parte debía haberle encontrado la vuelta a cómo andar en bicicleta de montaña sin freno de mano. Y se propuso encontrar a esa persona.

Creo que recorrió cuanta tienda de bicicletas había en Asheville, explicando el problema. Necesitábamos una bicicleta de montaña con cambios pero que funcionara en conjunción con los frenos de pedal. Alguien por fin le dijo que creía que una compañía alemana había diseñado una bicicleta con esas características. Papá se puso en contacto con ellos, y en efecto, tenían una bicicleta de montaña de cinco cambios con frenos de pedal.

No era nada barata. Pero papá me la compró. Y pasé varios años andando en esa bicicleta, kilómetros y kilómetros subiendo y bajando por los terrenos más agrestes y perdidos de las Smokies.

****

A veces me parece que cuanto más cerca uno vive de la naturaleza y más tiempo pasa al aire libre, tanto más se sienten los ciclos de la vida. Esa era la sensación que tenía en Montreat. Otro año escolar significaba el regreso de rostros y actividades familiares. La temporada de fútbol. Los niños exploradores. El conseguir una vez más el primer lugar en la gala de recaudación de fondos de Navidad para la Organización de Padres y Maestros. Los inviernos representaban una tranquila quietud, sin la afluencia de visitantes, aun cuando algún oso ocasionalmente merodeara y desparramara nuestros cubos de basura en medio de la noche. Pero, llegado el fin del año lectivo, era hora de abrir la heladería Dairy King para otro verano ajetreado. Teníamos apenas el tiempo justo para nuestro viaje anual en familia de regreso a Nueva York y a los paisajes y sonidos conocidos de CAMP-of-the-WOODS, que siempre parecía estar igual.

A pesar de los ciclos repetitivos de las estaciones, nuestra vida en Montreat cambió lenta pero paulatinamente. Tercer grado. Cuarto grado. Quinto grado. Sexto grado. Por supuesto, fui creciendo. También crecieron mis hermanas. Y también creció la familia en febrero de 1990.

Les estaba pidiendo un hermanito a mis padres desde que tenía cinco años. Tenía la impresión de que todos mis amigos tenían un hermano para divertirse. Recuerdo que le suplicaba a mamá: «Mamá, quiero un hermano. Todos tienen uno: Seth, Griff, Matt, Ryan, Johnny. Quiero decir, todos tienen un hermano excepto yo».

«Pues te convendría ponerte a orar, entonces, Joel» me explicaba mamá, «porque solo Dios te lo podrá dar. Mamá está demasiado cansada para ponerse a pensar en otro bebé».

Oré por siete años. Y Dios finalmente contestó... con Kyle. Pensaba que era un bebé fabuloso. Jami y yo no nos cansábamos de sostenerlo en brazos. Mi única desilusión fue tener que esperar hasta que tuviera dos años antes de que por fin pudiéramos comenzar a tener contiendas de lucha libre.

Antes de que Kyle naciera, compramos una casa y nos mudamos, un poco más abajo en la montaña pero en la misma calle: a una vieja y laberíntica casona de dos plantas que bautizamos con el nombre «Sunnymount» (que significaba literalmente lo mismo que Sonnenberg: «monte soleado»). Había estado ocupada por unos antiguos misioneros de China, quienes habían venido a vivir a Montreat cuando se jubilaron hacía años. Por eso Ruth Graham nos trajo un regalo de bienvenida a la casa y nos dijo lo que recordaba de la vivienda y de la familia de amigos misioneros que habían vivido allí.

Así como el crecimiento de nuestra familia requería cambios de parte de todos, mi propio crecimiento físico también necesitaba más tratamientos médicos. Pero en vez de visitas trimestrales al hospital, como había sufrido antes, el promedio debió ser de una operación por año después de ir a vivir a Montreat. Tuve otro par de operaciones en los párpados. Me bajaron el labio inferior; ensancharon la boca para que fuera más proporcional con la cara; me sacaron cuatro dientes, porque estaban muy apretados, en una sola intervención; además, me hicieron unas incisiones en el tejido cicatrizado de la muñeca para darme más flexibilidad.

Si bien puede parecer mucho, el tratamiento médico consumió menos tiempo cada año. Además, comenzamos a ir al Hospital Shriners de Cincinnatti, que nos quedaba más cerca y que tenía un ambiente extraordinariamente familiar y amistoso.

En general, tendría que decir que irnos a vivir a «una pequeña comunidad rural» como Montreat resultó mejor de lo esperado por mis padres. Mi vida mejoró y se enriqueció de manera inesperada.

Aunque pudiera parecer extraño, venir a vivir a esta comunidad pequeña, protegida y predominantemente cristiana (protegida de forma literal por las montañas que la rodeaban, y protegida social y espiritualmente de los valores cambiantes de la sociedad estadounidense) de muchas maneras expandió mi mundo personal, dándome más recursos para estar mejor preparado cuando tuviera que enfrentar el mundo.

Permítanme explicar esto. Desde el momento del accidente he sentido que vivo dos vidas. En dos mundos diferentes.

Por una parte, existe un mundo en el que me siento a gusto, en casa y con la familia, donde la gente que me conoce y me ama me quieren por lo que soy por fuera y por dentro. Mi familia —no solo mis padres, sino mis hermanas Jami y Sommer y luego mi hermano pequeño Kyle— no solo aceptan mis diferencias, sino que se han encariñado con ellas, junto con todo lo demás que soy. En casa siempre podía ser quien era porque me sentía seguro, incluso normal. Toda mi familia siempre ha demostrado una aceptación tan creativa de mi condición que en nuestro hogar lo «diferente» se ha convertido en «normal».

Al vivir sintiéndome a gusto en este mundo puedo mirarme al espejo todas las mañanas y no sentirme un bicho raro. Puedo olvidarme de que no tengo dedos. Puedo reconocerme y aceptarme como soy porque aquí me aceptan. Es cierto, hay algunas cosas que de vez en cuando me traen de vuelta a la realidad. No puedo abrir una lata de atún ni me puedo atar mi corbata. Pero en mi mundo me siento cómodo. Hay pocas sorpresas porque es un medio muy controlado.

> *Toda mi familia siempre ha demostrado una aceptación tan creativa de mi condición que en nuestro hogar lo «diferente» se ha convertido en «normal».*

A través de los años, mis padres trabajaron incansablemente para expandir mi mundo seguro y personal fuera de los confines de nuestra casa y de la familia para que abarcara la escuela. Como resultado de sus esfuerzos, y con ayuda de maestros y administrativos preocupados por ayudarme, así como de los profesionales médicos, a menudo tuve la misma sensación de seguridad y de aceptación en la clase con los niños y niñas de mi misma edad. Mi casa y la escuela conformaban un mundo acogedor donde vivía una de mis vidas.

Siempre que me aventuraba fuera de los límites de la casa o de la escuela, me golpeaba contra la realidad. La mejor manera de describir esta realidad sería decir que es tan cómoda como encontrarme desnudo en un mundo donde todas las personas están vestidas con prendas de Gap.

Ya se tratara de ir al centro comercial con mi familia, jugar en un parque cercano, o incluso regresar al hospital para otra intervención, de todas partes me sentía bombardeado por miradas de reojo, escrutinios interminables y comentarios en voz baja. Los niños pequeños, y a veces algunos adultos, se me acercaban y me tocaban el brazo o la cara, en un intento por determinar si era de verdad.

Poco importaba lo que estuviera haciendo. Podía no estar haciendo nada. El solo hecho de estar en el mundo real despertaba dos reacciones básicas. En primer lugar, era motivo de una atención que no deseaba: la de los niños curiosos pero inocentes, la de personas mal educadas que me miraban fijamente y me señalaban y susurraban, y hasta la de algunos desconocidos bien intencionados que expresaban su preocupación pero cuyos rostros y miradas transmitían su lástima. En segundo lugar, a diferencia de aquellos que se sentían atraídos hacia mí, había otros que se sentían tan repelidos o disgustados conmigo que hacían comentarios crueles, daban media vuelta y se iban, o simplemente me ignoraban.

Ambas reacciones me dolían. Ambas reacciones decían: «Eres diferente. Este no es tu lugar». Ambas reacciones ocurrían siempre que salía de mi casa. No había manera de predecir cuándo o dónde. Tenía que aprender a vivir con el hecho de que no podía controlar las reacciones de los demás. Y me preguntaba si alguna vez me sentiría a gusto viviendo en el mundo real.

La comunidad «protegida» de Montreat enriqueció y amplió mi vida al proporcionarme un generoso remanso que sirvió como una cabeza de playa donde desembarcar al mundo frío y perturbador. Ya no era solo conocido en casa y en la escuela. Por primera vez en mi vida tuve una comunidad donde la gente a quien no siempre conocía de nombre me recordaba, me sonreía y decía: «¡Hola, Joel!» cuando nos cruzábamos en el pueblo, y que nunca se extrañaban de verme cuando pasaba en mi bicicleta.

Irnos a vivir a Montreat tal vez me preparó mejor para el mundo que cualquier otra cosa que mis padres planearan para mí. Me sirvió para conectar las dos vidas que vivía. Era seguro. Me sentía a gusto. Era mi hogar.

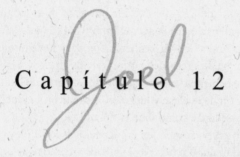

Capítulo 12

El primer año de enseñanza secundaria me resultó una transición relativamente fácil porque no hubo muchos cambios en los actores, los personajes y el escenario. La familia Sonnenberg estaba ahora bien arraigada en Montreat, pero además la mayoría de mis compañeros de clase de la Escuela Primaria de Black Mountain también se transfirieron a la Secundaria de Black Mountain, a solo unas cuadras de distancia.

Como ya conocía a la mayoría de los muchachos de la escuela y la mayoría de ellos me conocían a mí, mis padres no sintieron la misma necesidad de «preparar» a los demás estudiantes para mi llegada con una asamblea especial o un video de introducción. Mamá, de todos modos, visitó la Secundaria de Black Mountain para entrevistarse con los administrativos y con los profesores y conversar acerca de cualquier adaptación que pudiera presentar un desafío especial para mí al comenzar el sexto grado.

Había cierta preocupación acerca de cómo podría manejar el sistema de casilleros. ¿Podría ser capaz de abrir mi propio casillero? Como en la mayoría de las secundarias, los casilleros estaban diseñados para abrirse insertando un dedo en un pestillo para levantarlo. Por supuesto, yo no tenía dedos. Y como el pulgar y el muñón de mi mano derecha eran bastante más grandes que un dedo común, no sabían si podría o no desenganchar el pestillo. Y aun si hubiera podido abrir y cerrar mi casillero, ¿podría guardar los libros de una materia y tomar todo el material para la siguiente en el tiempo disponible entre clase y clase?

Mamá me llevó entonces a la escuela secundaria unos días antes de comenzar sexto grado para una prueba. El candado con combinación no fue ningún problema. Y con un poco de práctica también pude levantar el pestillo. A pesar de eso, durante los primeros días del año escolar, un minuto o dos antes de que sonara el timbre del final de la clase mis profesores me permitían ir a mi casillero acompañado de otro estudiante por si necesitaba ayuda. Pero dejar y retirar los libros era algo que podía hacer de lo más bien yo mismo, por lo que a partir de entonces me quedaba hasta el fin de la clase y luego me enfrentaba a la locura característica de los corredores, como todo el mundo.

El sentirse aceptado por sus compañeros, sentir que se es uno más, descubrir cuál es nuestro lugar en el mundo y cómo relacionarse, son preocupaciones importantes para la mayoría de los adolescentes. Acometí la búsqueda de esas metas a partir de un fundamento de actividades y relaciones conocidas, aprendidas en la escuela y transferidas simplemente a mis primeros años de la secundaria.

Continué ejerciendo mis habilidades como vendedor ambulante en un par más de campañas de recaudación de fondos para la Organización de Padres y Maestros durante la secundaria. No recuerdo ninguno de los premios que recibí; sin duda nada me motivó tanto como aquella bicicleta roja que gané cuando estaba en tercer grado. El reconocimiento y la aprobación que recibí debió haber sido más importante en la secundaria que en la Primaria de Black Mountain.

El fútbol continuaba brindándome una posibilidad deportiva y la oportunidad de ser respetado y de cultivar relaciones al ser parte de un equipo. Aunque el fútbol había sido relegado por otros deportes como el fútbol americano y el baloncesto debido al prestigio que se les concede a los jugadores, este continuó siendo mi deporte preferido. Como había jugado en la liga de nuestro parque de recreaciones todos los años desde la escuela elemental, mamá y papá, junto con otros padres, decidieron que era hora de que la secundaria contara con su propio equipo de fútbol. Recaudamos dinero para comprar los uniformes y comenzamos el primer equipo de fútbol en la Secundaria Owen de Black Mountain. Fue una emoción salir a la cancha aquella primera temporada, sabiendo que nos habíamos ganado literalmente las camisetas que lucíamos para representar a nuestra institución por primera vez en una cancha de fútbol.

Nuestra familia continuó operando todos los veranos el negocio de la heladería Dairy King de Black Mountain, cuyos beneficios incluían no solo un ingreso muy digno para un empleo de verano sino que contábamos con jefes comprensivos y flexibles que permitían que mis hermanas y yo tuviéramos tiempo suficiente para participar de un número creciente de campamentos de verano, además de actividades en familia como el viaje anual a Nueva York para nuestra semana tradicional en el campamento de CAMP-of-the-WOODS.

Mi participación activa con los exploradores también enriqueció mucho mi vida durante los años de secundaria. Había reuniones regulares y frecuentes acampadas de una noche en las montañas Smokies, en el Campamento Daniel Boone, donde íbamos a nadar a un lago que a veces nos hacía sangrar la nariz por lo fría del agua. Pero los puntos sobresalientes de mi vida como explorador sucedieron durante los campamentos especiales del verano.

Un año, todos los integrantes de la Patrulla 52 nos ganamos nuestras insignias de navegación en velero durante una semana que pasamos a bordo de un velero en el Lago Kentucky. Teníamos sentimientos encontrados con respecto a Big Bertha, el velero más grande de la flota. Teníamos más lugar para realizar las comidas y desenrollar nuestros bolsos de dormir todas las noches sobre la cubierta. Y esa cubierta también nos proporcionaba una plataforma más alta desde donde zambullirnos al lago. Pero nuestro tamaño y peso hacían que Big Bertha fuera más difícil de maniobrar que una embarcación más pequeña y más liviana. Siempre teníamos la impresión de ser el último barco en comenzar a moverse cuando la flota izaba las velas; y cuando comenzábamos a navegar, a Big Bertha le llevaba más tiempo girar.

Una mañana, para sacarla de una pequeña bahía donde habíamos anclado para pasar la noche, atamos varios salvavidas a una cuerda guía, saltamos al agua, y usamos los salvavidas como arneses para remolcar a Big Bertha de la protección de la costa. Cuando estaba en aguas profundas, se levantó una brisa y finalmente se puso en movimiento.

¿Se lo imaginan? Un grupo de muchachos adolescentes al mando de su propio yate familiar. Estábamos en medio de un enorme lago: nadando, riéndonos y comiendo. De noche, la expansión del cielo estrellado nos cubría como un oscuro manto, nos tendíamos de espaldas sobre la cubierta y contemplábamos atónitos la maravilla del universo que se desplegaba sobre nosotros y nuestra embarcación que parecía empequeñecida. Con el suave vaivén del velero y las olas golpeando en las paredes, todo parecía estar bien con Dios, con el universo y en el mundo en que estaba. ¿Qué podía ser mejor que esto? Me había convertido en el capitán de mi propia embarcación. Pero lo único que podía hacer era girar el timón. Sin viento en las velas, quedaría inmóvil en el agua. Aunque no era más que un adolescente, me estaba convirtiendo en un hombrecito con interrogantes propias. ¿Qué me depararía el futuro? Si fuera como los años ya vividos, sería un futuro lleno de emociones y aventuras. De una cosa estaba seguro: sabía Quién llenaba de energía mis velas. ¡Y vaya si estaba recibiendo un ventarrón!

Creo que el último día en el Lago Kentucky fue el más memorable. Después de una semana de poco viento, al fin se levantó una ráfaga firme. Cuando izamos las velas y se levantó la brisa, tuvimos que retractarnos de todo lo que habíamos dicho y pensado acerca del Big Bertha. Con todas sus velas desplegadas y la tripulación festejando, Big Bertha dejó atrás al resto de la flota de los exploradores como si no se movieran. ¡Qué culminación brillante a una semana inolvidable!

Papá siempre me acompañó con los exploradores y compartimos varias aventuras de campamento, incluso, tuvo un papel muy importante para permitirme ganar una insignia un año en el Campamento Ho Non Wah. Durante esa ocasión, le dije a mi padre que deseaba ganarme la insignia de tiro con escopeta. Pero como con muchas otras cosas de la vida, en mi caso no era así de simple.

Ya había terminado mi entrenamiento en seguridad en el manejo de armas y había ganado una insignia de tiro al blanco. Pero disparar a pichones de arcilla con una escopeta era un desafío distinto por completo. Una pistola es un arma relativamente corta; podía apoyar el cañón sobre el muñón de mi brazo izquierdo, sostener firme la pistola, y apretar el gatillo con la mano derecha. La escopeta no solo es un arma más larga y pesada que una pistola de tiro, sino que disparar a pichones de arcilla implica mover la escopeta siguiendo la trayectoria del disco de arcilla de quince centímetros de diámetro mientras vuela por el aire.

Mientras papá y yo observábamos cómo disparaban otros muchachos, me percaté de que de ningún modo podría sostener el cañón de la escopeta y girar la boca del mismo para seguir el vuelo de los pichones de arcilla.

—Tengo el brazo izquierdo demasiado corto para disparar de esa forma —le comenté a mi padre.

Observamos durante otro rato.

—Tal vez si pudiera apoyar el cañón sobre tu brazo podría seguir el vuelo del disco moviendo la culata de la escopeta —concluí.

—Podemos probar —respondió papá.

Caminamos hasta donde se encontraba el instructor y le explicamos lo que pensábamos, el cual pronto aprobó el plan.

—Siempre y cuando lo único que hagas sea apoyar el cañón sobre el brazo de tu padre, y tú seas quien apunta y dispara —dijo—, no tengo problema.

Así que tomamos nuestras posiciones y grité que estaba listo. Pssfft. Salió volando el primer pichón de arcilla. El disco estalló justo después de salir, así que apunté a una de las piezas más grandes que había salido hacia la izquierda. ¡Pum! Se deshizo en fragmentos. «¡Vaya!» Podía imaginar que papá y el guía a cargo del campo de tiro pensarían que había sido solo cuestión de suerte. Así que me preparé para otra ronda de tiros y grité. «¡Listo!» ¡Pssfft! ¡Pum!

«¡Listo!» ¡Pssfft! ¡Pum! «¡Listo!» ¡Pssfft! ¡Pum!

Le di a trece blancos de discos. Después de un breve descanso, tuve un turno más largo y le di a cuarenta y uno de cuarenta y cinco blancos, más que suficientes para ganar la insignia de tiro con escopeta. Supongo que todos esos años de jugar a los videojuegos estaban al fin sirviendo para algo.

No creo que el instructor lo creyera. Hasta mi padre estaba impresionado.

—Tu turno —le sonreí, mientras le entregaba la escopeta.

Papá se rió y sacudió la cabeza.

—¡Ni loco!

Supongo que ya estaba escarmentado de las palizas que le había dado con el Pac-Man. Ni siquiera quiso intentarlo.

Mi aventura más emocionante con los exploradores fue el Congreso Nacional de los Niños Exploradores Estadounidenses, en las afueras de Washington, D.C, el verano después de séptimo grado. Papá no me acompañó, pero fui con Ryan. Junto con alrededor de veinte mil de nuestros mejores amigos de todos los Estados Unidos.

Mamá estaba preocupada de que acampara ocho días a campo abierto bajo el sol abrasador de pleno verano. Envió una carta a los organizadores en la que les explicaba que, como no tenía glándulas sudoríparas en ninguna parte de las zonas quemadas de mi cuerpo, era muy vulnerable a las insolaciones. Por lo tanto, como medida de precaución necesaria era imprescindible que yo, acompañado de mi amigo Ryan, pudiera nadar todas las tardes durante las horas de mayor calor.

Los líderes de los exploradores dijeron que no había ningún problema. Y fueron fieles a su palabra. Todas las tardes Ryan y yo tomábamos un autobús que nos dejaba en una piscina cercana, el cual luego nos pasaba a recoger un par de horas más tarde. ¡Mejor imposible! Además de poder darnos un chapuzón refrescante todos los días mientras nuestros amigos la tenían que sudar en el campamento, nos anotamos para tomar lecciones de buceo en la piscina y nos ganamos nuestras insignias de buceo antes de que terminara el evento.

Mi experiencia en ventas también me sirvió en este campamento. Una de las tradiciones de los exploradores en las concentraciones nacionales es el intercambio de las insignias de la patrulla. Comencé con ocho insignias de las nuestras y antes de terminar ya había coleccionado docenas de insignias de diferentes patrullas de lugares tan lejanos como Arizona o Alaska. Me fue tan bien con los intercambios que mis compañeros de campamento me daban sus insignias y me pedían que se las intercambiara para tener tantos emblemas diferentes como fuera posible. Era divertido y me permitió conocer mucha gente en el proceso.

La convicción de mis padres de que tener a los muchachos ocupados rinde mucho para que no se metan en problemas todavía era válida en mi caso. No atravesé por esa temprana rebelión adolescente tan común en los primeros años de la secundaria. Tampoco repetí los errores de dejarme llevar por mis compañeros, como cuando recién nos venimos a vivir en Montreat.

La única travesura seria que hice durante la secundaria fue por completo sin intención y no tuve en realidad nada que ver. Un día un amigo al que llamaré Sam y yo decidimos caminar hasta el campus de Montreat para jugar a hacer dobles en una cancha abierta de baloncesto. Íbamos caminando por uno de los senderos del bosque detrás de unas casas cuando me di cuenta de que mi amigo se había detenido. Me volví y regresé para encontrar a Sam inclinado sobre el tocón de un árbol en el costado de uno de los fondos de las casas.

—¿Qué estás haciendo? —no acababa de hacer la pregunta cuando se había vuelto lo suficiente para que viera que estaba encendiendo un petardo con un fósforo.

—No se va a prender de todas formas —se quejó Sam, dejando caer el fósforo y volviéndose para seguir en mi dirección. Cuando pasó por mi lado, giré y lo seguí hacia el campus.

Al poco rato uno de nuestros amigos que salía de la cancha donde íbamos a tirar al aro preguntó:

—¿Escucharon los carros de bomberos?

—¿Hacia dónde iban?

Cuando nos dijo el nombre de la calle, mi corazón dio un vuelco.

—¡Vamos a ver! —insistía Sam. Yo no tenía ningunas ganas de ir, pero al final me pareció que no tenía alternativa.

Sentí el olor a humo mucho antes de ver a los bomberos entre los árboles, enrollando sus mangueras y cargando el resto del equipo en los camiones. Desde el tocón conocido cerca del sendero en el borde del bosque hasta la casa, todo estaba carbonizado. El fuego había consumido todo el jardín del fondo, incluyendo el césped y unos pocos arbustos y árboles pequeños. Incluso podía divisar el lugar donde las llamas habían comenzado a quemar la parte trasera de la casa antes de que los bomberos pudieran apagar el incendio.

Sabía bien cómo había comenzado el incendio, pero me preguntaba cuánto habrían podido deducir los bomberos. Entonces me acerqué a uno de ellos y pregunté:

—¿Qué pasó?

—Alguien debió dejar caer un cigarrillo —dijo—. Pasa todo el tiempo. Esto pudo haber sido serio. Si hubiéramos demorado otros cinco minutos más, esa casa se hubiera incendiado.

Lo dejé terminar y luego observé cómo los bomberos terminaban de recoger todas sus cosas, esperando no delatar lo culpable que me sentía. Cuando a los pocos minutos nos alejábamos de lugar y caminábamos de regreso a casa, sentía un revuelo de emociones dentro de mí. Sentía alivio de que el daño no hubiera sido permanente, estaba contento de que evidentemente nadie nos había visto antes; tenía un verdadero remordimiento por la responsabilidad que nos cabía, y vergüenza porque no habíamos confesado y admitido lo que había pasado. Me decía que yo no había sido el de los fósforos. Era cierto. Me repetía que el daño no había sido permanente. Eso también era cierto. Me convencía también de que si confesaba lo que había sucedido, Sam estaría metido en más problemas que yo. Por lo tanto, decidí callarme la boca.

Durante mucho tiempo no pude dejar de sentirme culpable acerca de mi silencio. Sin embargo, siempre que lo recordaba, la memoria de ese incidente aunada a mi experiencia anterior de vandalismo me servía de advertencia acerca de mis amistades. El andar con malas compañías era como jugar con fuego; si uno no andaba con cuidado, podía meterse en problemas solo por estar donde no tenía que estar en el peor momento.

Capítulo 13

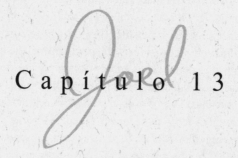

Por suerte, Ryan y yo todavía podíamos contar el uno con el otro. Después de compartir clases, el fútbol y las experiencias de los exploradores durante los años de la escuela, nuestra amistad constituía una piedra grande del «fundamento» que me llevé a la escuela media. Sin decirlo de forma explícita, ambos probamos entablar nuevas relaciones cuando llegamos a la escuela secundaria. Conocimos nuevos compañeros, y ambos hicimos nuevas amistades. Pero creo que aquellas experiencias y nuevas amistades con otras personas pronto sirvieron para estrechar el vínculo que nos unía, ya que fueron mportantes para recordarnos lo bien que nos complementábamos y cuánto teníamos en común.

Nuestras familias, con los años, se habían vuelto amigas. La señora Councill no solo había sido nuestra supervisora en el grupo de novatos de los exploradores, sino que más tarde el papá de Ryan y mi papá eran líderes de nuestra patrulla de niños exploradores. Por ende, nuestros padres observaron y estimularon nuestra amistad. Todos creían que nos hacía bien estar juntos. Y creo que tenían razón.

Por una parte, a Ryan y a mí no nos gustaba salir mucho. Ryan era tímido. Y por las razones que ya he mencionado, a mí tampoco me resultaba divertido estar en público todo el tiempo. Por lo tanto, no íbamos a muchas fiestas. Tampoco nos pasábamos el tiempo en el centro comercial como muchos de nuestros amigos. Nos divertíamos más en casa jugando a algo, mirando videos, nadando en su piscina, o pasando el rato.

Cuando de adolescente me aventuraba a salir en público, sentía que llamaba la atención de manera más disimulada y sutil que cuando era menor. Eran menos los niños que me tocaban las manos o la cara. Y muchos menos adultos se acercaban para hablarme.

Es cierto, todavía había mucha gente que no me quitaba la mirada de encima. Y yo, de vez en cuando, recurría a una respuesta divertida pero no necesariamente buena o amable. Cuando iba de compras al centro comercial o algún otro lado, a veces me percataba de que tenía un grupo de niños caminando detrás de mí, observándome y esperando a ver qué sucedería. Por lo general, no les prestaba atención y seguía con mis asuntos. Pero si se ponían muy cargosos, o si no me encontraba de humor para soportar sus miradas indiscretas, a veces me daba vuelta y caminaba en dirección a mis seguidores. Cuando se escapaban, los seguía, de la misma manera que ellos me habían seguido a mí. A veces se dispersaban y huían. Otras veces entraban de pronto en una tienda e intentaban perderse entre las filas y los percheros de ropa.

Quería enseñarles mejores modales, pero incluso si no aprendían a ser más educados, esperaba que supieran lo desagradable que es sentirse perseguido. Al menos sentía un irónico placer cuando, después de años de miradas y de sentirme señalado con el índice, invertía las circunstancias y tomaba el control de una situación incómoda.

La mayoría de las veces mi respuesta al mundo que me rodeaba era más positiva y productiva. Ya no me aferraba a las viejas relaciones y las mismas actividades que había experimentado en el pasado. Como a la mayoría de los muchachos, la escuela media me brindaba la posibilidad de desplegar mis alas y probar nuevas cosas, de explorar nuevas actividades.

Como las bandas de música, que eran tan importantes en la Escuela Media de Black Mountain. Decidí intentar tocar en una de ellas; no me importaba que no supiera tocar ningún instrumento musical. Nadie de sexto grado que comenzaba en una banda sabía música. Todos estábamos en igualdad de condiciones. Bueno, casi.

Por mi experiencia con la flauta en las clases de música en la escuela elemental sabía que nunca podría tocar bien un instrumento de viento. No tenía dedos suficientes para cubrir las bocas necesarias para las diferentes notas. Los instrumentos de metal también quedaban descartados, porque además de no tener dedos, no tenía labios. La única verdadera opción que me quedaba en una banda era la percusión, así que me convertí en baterista.

Disfruté la experiencia en la banda. Mis compañeros y yo aprendíamos juntos. Los ritmos sencillos no me planteaban ningún problema.

Pero pronto me di cuenta de que había poco futuro para un baterista con una sola mano. Así que al cabo de un año dejé la banda y me dediqué al coro como un medio de exteriorizar mi creatividad primaria musical durante séptimo y octavo grado.

Lo que comenzó como un experimento musical pronto se convirtió en realidad en una excelente experiencia. Nos divertíamos mucho en el coro. No se trataba solo de aprender música sino también competíamos en los festivales. Fue solo años después que me enteré de que muchos, si no la mayoría, de los sobrevivientes de quemaduras sufren un daño severo provocado por el humo y el calor a su laringe, bronquios y pulmones. Como resultado, algunos luego tienen muy poca o ninguna voz. De forma increíble, yo no tenía esas lesiones, a pesar de mis extensas quemaduras. Podía hablar con normalidad y gané todos los honores estatales con el coro de la escuela media. Podía respirar sin dificultad y gritar tanto como cualquier otro en la cancha de fútbol. Y por todo eso, he aprendido a estar más que eternamente agradecido.

Así como experimenté y probé diferentes opciones musicales durante la escuela media, tuve la misma actitud con los deportes. Mi desempeño en el fútbol era indiscutido, pero me moría de ganas de compararme con los de mi misma edad en otros deportes competitivos.

El fútbol americano nunca fue una verdadera posibilidad. De niño había jugado alguna que otra vez en el fondo de casa. También jugaba a lanzar y atrapar la pelota en pases simulados durante el recreo. Muchas personas quedaron sorprendidas de lo bien que podía lanzar una en espiral. Pero sabía que era imposible, ni siquiera con protectores y un casco podría aguantar los rigores del fútbol americano de la escuela media.

El baloncesto presentaba una gama diferente de desafíos. Pero era un deporte tan popular en Carolina del Norte, y tenía tantos amigos que lo practicaban, que decidí ir con Ryan y un grupo de compañeros cuando se anotaron para asistir un fin de semana al Campamento de Baloncesto de Brad Dougherty, durante el verano entre mi séptimo y octavo grado. Brad Dougherty era de la localidad y había sido una estrella universitaria en el equipo de la Universidad de Carolina del Norte antes de convertirse en una inolvidable estrella de la NBA con los Cleveland Cavaliers. Se trataba de un campamento muy importante, con unos doscientos participantes.

La mayoría de las personas quedaban sorprendidas de lo bien que podía lanzar el balón al aro. Puedo ser bueno jugando al baloncesto hombre a hombre, siempre que no tenga que hacer algún tiro con la mano izquierda. Por lo tanto, me fue relativamente bien en las prácticas de dobles que tuvimos en el campamento.

Pero lo más complicado era driblar. Como solo contaba con una mano, casi siempre tenía que avanzar por la derecha. Y el hecho de que no tuviera dedos en la mano derecha me dificultaba mantener el control de mis pases, sin importar para qué lado fuera la pelota. Por ende, cada vez que jugábamos, me decía: ¡Juega de defensa! No te preocupes de los tantos. Olvídate de driblar. Concéntrate en no dejarle espacio al hombre del equipo contrario, y nunca le dejes lanzar sin ponerle la mano en la cara.

No se necesita driblar para jugar de defensa. Bastaba ser rápido, constante y no dejar de marcar a tu hombre. Eso lo podía hacer. Me pegaba al que me tocara marcar, y siempre me interponía entre el jugador y el cesto o entre el jugador y la pelota, cortando los pases, plantándole la mano en la cara cada vez que se le ocurría hacer un lanzamiento.

Fue evidente que el esfuerzo se notó. El entrenador de baloncesto de la Escuela Superior de Owen fue una tarde al campamento. Había supuesto que estaba allí para buscar a los talentos prometedores de la escuela media y hacerse una idea de con cuáles de mis amigos podría contar para jugar en la selección mayor de baloncesto en unos años. Como el baloncesto nunca había sido mi deporte preferido, no tenía ese tipo de aspiraciones. Por lo tanto, quedé más que sorprendido cuando el entrenador me llamó después de uno de nuestros partidos y me dijo lo impresionado que estaba de mi defensa. «Joel, si quieres jugar conmigo cuando llegues a la superior», me aseguró, «te haré un lugar en la selección. Siempre nos viene bien ese tipo de esfuerzo».

No daba crédito a lo que escuchaba. Agradecí los cumplidos del entrenador. Sin embargo, recuerdo que pensé: ¡No soy tan bueno! Podía creer que se hubiera dado cuenta de mi trabajo y que hubiera apreciado el esfuerzo. ¿Pero la parte esa de que me reservaría un puesto en el seleccionado si lo quería? Ya era un poco de exageración. Supuse que estaba impresionado de lo que podía hacer dadas mis limitaciones físicas, pero no tenía la aspiración de convertirme en el primer trotamundos sin dedos.

No obstante, esa semana ocurrió otra cosa que me hizo pensar que tal vez había algo de verdad en esto. La tarde del último día nos sentamos en la cancha para la ceremonia oficial de premios del campamento. Brad Dougherty repasó las cosas que habíamos hecho y nos agradeció la participación. Luego nos llamó de uno en uno y nos entregó los certificados de asistencia, anunciando que tenía algunos premios especiales. Repartió trofeos por diversos logros de ofensiva y de defensa. Todos aplaudían a los ganadores mientras pasaban al frente para recibir sus premios, darse la mano, y tomarse una fotografía con el enorme centro de los Cavaliers.

Pensé que ya había terminado la ceremonia cuando anunció que todavía quedaba un premio muy especial para el campista que había dado muestras de coraje, personalidad, esfuerzo y no recuerdo qué otras cosas más mencionó Brad, hasta que llegó a la última parte donde dijo: «Este año, el premio al "Campista Más Fuerte del Campamento", junto con un cupón de regalo para un auténtico conjunto de calentamiento de Reebok, es para ... Joel Sonnenberg». Creo que todos aplaudieron mientras de un salto me ponía de pie, saludaba y pasaba al frente. Estaba más interesado en el trofeo y el cupón de regalo para el sensacional conjunto de calentamiento que en el reconocimiento de mis compañeros campistas. Pero al mismo tiempo recordaba la conversación que había tenido antes con el entrenador de baloncesto de la Escuela Superior de Owen, y pensé: ¡Qué semana tan buenísima pasé!

Después de esa experiencia, pensé en presentarme para jugar en el equipo de baloncesto de octavo grado. Pero luego reflexioné mejor y decidí que en realidad no era tan bueno. Además, había muchas otras cosas que todavía me quedaban por hacer.

****

Entre las nuevas oportunidades que se me presentaron durante los años de escuela media estuvo la posibilidad de relatar mi historia en público. De niño había aparecido varias veces en televisión. Y en un par de ocasiones aparecí durante las giras publicitarias del libro de mamá. Pero ella y papá se habían encargado casi siempre de hablar; yo deambulaba por allí, decía un par de palabras y saludaba al público.

Ahora ya tenía edad para hablar por mí mismo. Y una de las primeras oportunidades que tuve fue una invitación para aparecer en el programa The Maury Povich Show. Mis padres y yo volamos a Nueva York para la grabación. Durante el programa, Maury Povich hizo un resumen de la historia del accidente y refirió a los espectadores todas las intervenciones y operaciones quirúrgicas a las que había sido sometido. Hablamos acerca de la escuela, los campamentos de exploradores, y otras actividades en las que participaba. Y como suelen hacer la mayoría de los adultos cuando hablan con los niños, me preguntó acerca de mis planes para el futuro. Creo que en general el programa salió bastante bien.

Por supuesto, para poder grabar el programa tuve que obtener un permiso especial para faltar a clases, por lo que el director insistió en conocer cuándo transmitirían el programa. Luego hizo arreglos para que todas las clases de todo el colegio lo pudieran ver.

Recuerdo estar sentado en la biblioteca a oscuras con un grupo de mis compañeros de clase de séptimo grado cuando apareció el programa The Maury Povich Show en el televisor que había conseguido nuestra bibliotecaria. Sentía bastante vergüenza al saber que todo el colegio estaría mirando el programa. Luego todos aplaudieron cuando aparecí en la pantalla.

Mientras miraba cómo la entrevista se desenvolvía en el televisor, si hubiera podido dejarme deslizar hasta desaparecer debajo del banco, o mejor aun, haberme escapado de esa biblioteca para nunca más volver a la escuela media, lo hubiera hecho.

No podría creer cómo me había sentido tan bien acerca del programa al final de la grabación. Había dicho «bueno ...», «este ... » y «ehhh ...» tantas veces que era una tortura mirarlo. No recuerdo haberme sentido nervioso mientras estaba en el escenario grabando el programa, pero el Joel Sonnenberg en la pantalla de televisión en aquella biblioteca de escuela media, aparentaba estar aterrorizado.

Todos a mi alrededor parecían embelesados con el programa. Y después los profesores y los estudiantes se aseguraron de hacerme saber lo mucho que habían disfrutado la presentación, lo bien que había estado y todas esas cosas. Pero en lo único que yo podía pensar era en lo nervioso que parecía estar y en mi poca facilidad de palabra. A pesar de que la gente que me rodeaba me decía que había estado bien, no prestaba demasiada atención a sus opiniones y me decía: Nunca más voy a pasar la vergüenza de parecer tan nervioso. ¡Nunca más!

Algo maravilloso resultó de esa embarazosa aparición televisiva. Como tenía puesta una camiseta de baloncesto de Duke para la grabación del programa, Maury Povich hizo un comentario acerca de mi ropa. Ese era el año después de que el equipo del entrenador Mike Krzyzewski (el entrenador K) ganara el campeonato nacional, y le expliqué que era un gran aficionado de los Blue Devils. Maury me preguntó si había ido a ver los partidos. Cuando tuve que admitir que nunca había tenido el placer de ver un partido de baloncesto de Duke me dijo que tal vez se pudiera arreglar algo. Pero nuestra conversación después siguió por otros rumbos y no le presté mayor importancia a su comentario.

Unos meses más tarde recibí una llamada telefónica de Durham. Era evidente que un importante patrocinador de los Blue Devils había visto la transmisión, me había escuchado decir que me encantaría ver un partido, y envió una copia del programa al entrenador K o al menos le hizo llegar mi historia. Ahora la secretaria del entrenador me estaba llamando para invitarme a cualquier partido de los Duke durante la temporada 1991-1992. El que yo quisiera.

Elegí un importante partido amistoso de la universidad local contra el Notre Dame. El entrenador K, además de darnos las entradas para mí, para mis padres y para mis hermanas Jami y Sommer y mi primo BJ, también nos pasó a recoger al hotel en una enorme limusina blanca para llevarnos al campus y dejarnos en la puerta misma del Estadio Cameron de la universidad.

Un funcionario de Duke nos hizo pasar entre los estudiantes que llevaban dos semanas acampando en la cola para adquirir las entradas. Nos llevó hasta delante de todos con el resto de los aficionados de Cameron Crazies, y nos condujo hasta nuestros asientos reservados en la primera fila detrás del banco de suplentes de Duke. No podía creer que esto me estuviera sucediendo.

Más sorprendido me quedé cuando durante la excitación antes del partido, con los aficionados ya gritando y haciendo temblar los cimientos del edificio, uno de los guardias de seguridad me miró y me hizo señas para que lo siguiera. Salimos del gimnasio, recorrimos un túnel, luego un corredor estrecho, pasamos más guardias de seguridad, y luego traspasamos una puerta. De pronto estaba en el vestuario de Duke. «Hola Joel». El entrenador K vino a saludarme y darme la mano. Luego me presentó al equipo: Christian Laettner, Bobby Hurley, Grant Hill y todos mis otros héroes. Me quedé en el vestuario para las últimas instrucciones al equipo y luego volví a las gradas, justo a tiempo para la entrada del equipo y las ceremonias de inicio.

«¿Dónde estuviste?», me preguntó papá inclinándose hacia delante. Pensé que me había visto cuando salía acompañado, pero era evidente que pensó que había ido al baño o a algún otro lado. Me volví y le dije como si no fuera nada extraordinario. «Estuve con el equipo de Duke en el vestuario».

Papá me miró sorprendido, luego una enorme sonrisa se dibujó en su rostro y solo atisbó a sacudir la cabeza. Yo me reí. Ahora que lo pienso, también me resultaba increíble a mí. Pero después de mirar y alentar a los Blue Devils para que ganaran otro partido, papá también consiguió ir conmigo para tomarnos fotografías en el vestuario de la victoria, donde el entrenador K despidió a los reporteros que pedían comentarios después del partido con el anuncio: «Tenemos que hablar con Joel». Cuando estuvimos solos papá y yo y el equipo, el entrenador K me pidió una evaluación del juego del grupo. Les dije a los muchachos que habían jugado un excelente partido, y luego conversé personalmente con cada jugador, muchos de los cuales me dieron algunos recuerdos para llevarme a casa: autógrafos, camisetas, gorras, e incluso una auténtica camiseta de baloncesto de Duke. El entrenador me entregó un distintivo del campeonato nacional. Después de quince o veinte minutos, cuando llegó la hora de despedirme del equipo, le agradecí al entrenador K la maravillosa tarde que había pasado, y él me invitó para la próxima temporada. «Cualquier partido, en cualquier lugar, Joel», me dijo. «Solo llámame y dime cuándo».

Le aseguré que lo haría. Era una promesa que pensaba cumplir.

Como broche de oro al que había sido uno de los días más memorables de mi vida, mi familia miró las noticias de las once de la noche en el canal WTVD de Durham. La transmisión comenzaba mencionando mi presencia en el partido. Habían asignado un reportero del Canal 11 y un camarógrafo para que nos entrevistara y nos siguiera toda la tarde. Así que toda la familia sentía curiosidad por ver qué historia habían armado.

El presentador del noticiero introdujo la historia como «el sueño hecho realidad» de un joven muchacho de Carolina del Norte. Dijo: «Joel Sonnenberg no se parece a un típico muchacho de catorce años». Señaló que era un «luchador» y explicó brevemente cómo había sido el accidente, mis lesiones, y el largo camino de la recuperación. Mostraron una toma de cuando descendíamos de la limusina y nos acompañaban al partido. Me mostraron en las gradas cuando alentaba al equipo y luego en el momento en que me encontré con los jugadores en el vestuario, después del partido.

Mostraron parte de una entrevista que me habían realizado en el borde de la cancha cuando la periodista me preguntó cómo me sentía con este trato especial. «Nunca esperé algo como esto», le dije. «Es sensacional. Me siento como si perteneciera a la realeza o algo parecido. Me siento como el futuro presidente de los Estados Unidos».

Mostraron a Christian Laettner lanzando uno de sus tiros al aro saltando y dijeron que este jugador (Laettner) «tan admirado por muchísimos jóvenes se inspiraba en este muchacho». Luego Laettner indicó: «Joel es un muchacho estupendo. Él nos recuerda que, incluso cuando nos sucede lo peor, igual podemos sentirnos animados y con una actitud positiva».

Ahí fue donde pasaron otra toma mía en la que decía: «No me siento motivo de inspiración para nadie. Me considero un muchacho normal, común y corriente».

La historia terminó y yo pensé: ¡Sí! ¡Qué buena manera de terminar el segmento! En parte porque deseaba que la gente pensara que era un «muchacho normal» pero fundamentalmente porque sentía que esta vez había aparecido mucho mejor en la televisión. Parecía como si me estuviera divirtiendo.

Y en esta ocasión no había dicho «este...» o «ehhh...» ni siquiera una vez.

No me siento motivo de inspiración para nadie. Me considero un muchacho normal, común y corriente.

Capítulo 14

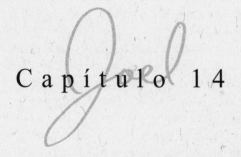

Supongo que fui un buen ejemplo de por qué los años de la adolescencia pueden ser de tanta confusión. Una parte de mí, todavía se aferraba a las metas con las que había crecido. A pesar de las diferencias entre la gente que me rodeaba y yo, o tal vez debido a esas mismas diferencias, toda mi vida había deseado ser visto como un «muchacho normal».

Sin embargo, había otra parte de mí, la parte del «adolescente normal», que deseaba descubrir quién era yo en realidad y qué cosas me convertían en una creación única de Dios. Todos los días de mi vida desde el accidente, se me recordaba que era tan diferente que nunca podría integrarme a cualquier grupo y ser otro «muchacho normal». Pero eso se limitaba a la apariencia, ¿no? Era una cuestión superficial. ¿Qué tal con mi verdadero yo? ¿Cuánto tenía en común con todos los demás debajo de las cicatrices? ¿Cuánto tenía de diferente? ¿Quién deseaba ser de verdad? Y, al fin de cuentas, ¿cuál era la definición de «normal»?

Ahora sé que esas son inquietudes básicas de la juventud. Pero durante los años de mi adolescencia mis experiencias, mis circunstancias y mi historia, las complicaban y ampliaban.

Gracias a Dios, tuve un sólido fundamento a partir del cual construir, un campamento base desde donde aventurarme en mi exploración adolescente. Todavía tenía ese sentido de comunidad (en nuestro hogar en Montreat y en la escuela) que no solo me hacía sentir aceptado sino también respetado. Tenía padres inteligentes y hermanos cariñosos que de alguna manera confirmaban tanto mi normalidad como mi individualidad.

Cuando la gente me miraba fijo o eran impertinentes, mis padres me decían: «Esta gente simplemente no te conoce como nosotros». Mis padres, más que todos, me recordaban que, debajo de la superficie, tenía todas las emociones humanas normales. Y en ese sentido me asemejaba a todo el mundo.

Sin embargo, mis padres también creían y así le enseñaron a sus hijos que todos éramos criaturas únicas creadas por Dios. Hasta donde puedo hacer memoria me inculcaron que yo era literalmente único en un billón: «Debido a que te salvaste en aquel accidente, como has vivido tal vez peores lesiones que cualquier sobreviviente de quemaduras de toda la historia, Dios debe tener planes muy especiales para ti, Joel».

Absorbí ambos mensajes que mis padres intentaron transmitirme. Y esas creencias influyeron en la interrogante básica que me planteaba. Creo que ya desde los primeros años de mi adolescencia me di cuenta de que la pregunta no era solo «¿Quién soy?», ni siquiera «¿Quién deseo ser de verdad?» La verdadera pregunta era: «¿Quién quiere Dios que sea?»

Esta es una pregunta difícil, quienquiera que seas, en cualquier circunstancia que estés.

La verdadera pregunta era: «¿Quién quiere Dios que sea?»

Creo que ya había resuelto la mayoría de las cuestiones relacionadas con la presión del grupo varios años antes. Después de mis experiencias de vandalismo sabía que no era siempre una buena idea ser un seguidor. Los exploradores, la iglesia, la familia y todos mis años de escuela desde que habíamos venido a Montreat se combinaron para que comenzara a pensar: Tal vez sirva para ser un líder.

Así que pasé los siguientes cuatro años de la escuela superior poniendo a prueba mi idea.

Desde muy jovencito, una de las maneras de probar y desarrollar mis dotes de líder fue compartiendo mi experiencia, mi historia, en conferencias públicas. El verano antes de comenzar la escuela superior, me invitaron a hablar en un campamento de una agrupación de deportistas cristianos, Fellowship of Christian Athletes [Unión de Deportistas Cristianos], en Virginia. Me limité a referir mi historia, haciendo un breve resumen del accidente, diciendo cómo la gente había orado por mí toda mi vida, relatando parte del milagro de mi recuperación, hablando acerca de las bendiciones y oportunidades que Dios me había dado (incluyendo la visita unos meses antes al equipo de Duke). Luego desafié a los campistas a que primero consideraran cuánto había hecho el Señor en mi vida y luego a preguntarse: Si Dios pudo hacer eso con Joel, ¿qué podrá hacer por mí?

Quedé un poco sorprendido al ver las reacciones positivas de mi charla en el personal del campamento, en los entrenadores y en los campistas (muchos varios años mayores que yo). Un gran número de ellos se me acercó para agradecerme y decirme que los había inspirado, o simplemente para desearme lo mejor en la vida.

Tal vez haya sido la primera vez que comencé a darme cuenta del poder de contar con una plataforma. Mi experiencia de vida siempre me ha hecho sensible a las reacciones de la gente frente a mi persona. Y había tratado de aprender a aceptar y vivir con esas reacciones, ya fueran positivas o negativas, porque estaban fuera de mi control.

No obstante, parecía que unos pocos minutos de pie frente a un público hablando acerca de mí y de mi experiencia me daba un cierto grado de control. La gente todavía respondía de diversas maneras, la mayoría de las veces de manera positiva, pero parecía haber menos incomodidad, tal vez porque me veían como una persona. Y en todas las reacciones sentía latir una actitud alentadora de respeto.

****

Ese mismo verano, nuestro grupo de jóvenes de la Iglesia Presbiteriana de Montreat me brindó un tipo de oportunidad diferente para hacer un impacto en la vida de otros. Desde que integré la comisión que me entrevistó para el puesto a nuestro nuevo director de jóvenes, Shawn Steward, yo había sido un gran admirador de él.

Como parte del proceso de integración, varios miembros de nuestro grupo de jóvenes salimos a comer con Shawn. Durante la cena de algún modo terminamos conversando acerca de las verduras que más odiábamos. Shawn se rió y dijo que comer las verduras más detestables no era ningún problema:

—Lo único que tienes que hacer es apretarte la nariz con los dedos mientras las tragas.

Acababa de hacer el comentario cuando de pronto me miró, era obvio que deseaba no haber dicho esas palabras.

—Será fácil para ustedes —bromeé. Y todos se rieron.

Más tarde, Shawn me llamó aparte y me preguntó con timidez:

—¿Cuánto tiempo le suele llevar a la gente decir algo tan estúpido como lo que dije?

—No mucho —le sonreí en respuesta. No solo había votado por este individuo, sino que a partir de ese día me tendría de su lado. Por lo tanto, cuando desafió a la juventud de nuestra iglesia a hacer del servicio y las misiones una prioridad, fui uno de los primeros del grupo en anotarme para lo que fuere necesario.

Ese verano, antes de mi primer año en la escuela superior, Shawn llevó a un grupo de unos veinticinco jóvenes a un barrio pobre en el centro de Savannah, Georgia, para pasar una semana construyendo casas con la organización Habitat para la Humanidad. La experiencia resultó ser más emocionante que lo planeado porque nuestro grupo pasaría toda la semana trabajando en los techos.

Nunca había hecho ese tipo de trabajo. Pero aprendí. Sospecho que algunos de los líderes de Habitat al principio tenían sus dudas sobre si me dejarían subir las escaleras. Pero el hecho de que tenía muy buen equilibrio resultó ser una ventaja cuando había que trepar y bajar por los techos muy empinados.

Clavar tejas es esencialmente un trabajo para dos manos. Si bien había llegado a dominar tareas más difíciles en la vida, pronto decidí que no necesitaba idear la manera de ubicar y sostener una teja mientras martillaba el clavo. Podía ser de más ayuda, y al mismo tiempo aumentar la eficiencia de todos, subiendo las pilas de tejas al techo y luego sentándome en la cúspide, desde donde deslizaba las tejas a todos los demás trabajadores a medida que las necesitaban. Al final de la semana me había hecho de un nombre: el «maestro de tejas».

No todas mis energías estaban enfocadas en tales causas nobles. Cuando comencé noveno grado me sumergí de lleno en la vida típica de la escuela superior estadounidense. Me postulé y salí elegido tesorero de mi clase de primer año. Y después de que en el otoño de ese mismo año me nombraran «el mejor delantero del seleccionado junior», tenía planes de seguir jugando en el equipo de fútbol durante el resto de mis años en la escuela.

A medida que se acercaba el invierno recordé la promesa que el entrenador de baloncesto de la Escuela Superior de Owen me había hecho durante el Campamento de Baloncesto Brad Dougherty. Pero decidí no aceptar su ofrecimiento de un puesto en su escuadra. En cambio, hacia fines de otoño durante mi primer año, fui a verlo y le pregunté si necesitaba un manager para el equipo. Me dio el trabajo en el acto. Es cierto, era mucho trabajo. Pero disfruté ser parte del equipo: no solo en las noches que había partido sino en el autobús, en los vestuarios, y en las prácticas todos los días después de clase.

****

Nuestro grupo de jóvenes me proporcionó otra oportunidad para el liderazgo al verano siguiente, entre noveno y décimo grado, cuando fui a América del Sur con otros veinte jóvenes y varios adultos acompañantes en un breve viaje misionero. Nuestro equipo asumió una diversidad de proyectos de construcción y de mantenimiento para un campamento de jóvenes en Bolivia. Hice diversos trabajos, pero mi principal tarea era ser el capataz del grupo: asegurarme de que todos las brigadas tuvieran la mano de obra, el equipo y los materiales necesarios para completar sus tareas. También hablé en público, con los servicios de un traductor, cuando ayudamos a dirigir el culto de adoración.

Durante un mes nuestro grupo vivió y trabajó con los bolivianos. Eso nos dio tiempo suficiente y oportunidades para desarrollar relaciones con los niños y los adolescentes del campamento y con la gente de las iglesias locales encargadas de la administración y el cuidado de las instalaciones.

Disfruté del compañerismo y la calidez de la gente. Pero también quedé un poco desconcertado por la reacción que provocaba cuando estaba en público. A diferencia de en los Estados Unidos, la gente no hacía el más mínimo esfuerzo por disimular su curiosidad. Para ellos no era mala educación mirar fijo a una persona o señalarla con el dedo.

La mayoría de las veces me las arreglé no haciendo caso a esa atención no buscada. Pero recuerdo una tarde, cuando un grupo de nosotros salimos a caminar después de la cena, que pasamos junto a un puesto de venta de flores en la calle y el hombre joven que vendía rosas comenzó a caminar detrás de nosotros. No demoré en percatarme de que no estaba tan interesado en hacer una venta como en llegar cerca de nuestro grupo hasta donde pudiera verme bien. Cada vez que volteaba la cabeza estaba un poco más cerca y me miraba. No dije nada ni di señales de darme cuenta de lo que pasaba hasta que estuvo justo detrás de mí. Entonces me di vuelta, levanté los brazos, y emití el mejor sonido de monstruo que pude. El pobre individuo gritó: «¡Ninja! ¡Ninja!» y se dio contra un cerco metálico antes de incorporarse y salir corriendo en dirección contraria.

Es probable que esta no fuera la técnica evangelizadora más eficaz;

nunca más volví a ver al individuo. No obstante, llegué a conocer bastante bien a muchos otros bolivianos. Vimos cómo vivían. Visitamos sus hogares e incluso compartimos su comida. Como resultado de ver sus vidas, regresé a los Estados Unidos con una nueva perspectiva acerca de mi estilo de vida. Incluso antes de comenzar mi segundo año de la escuela superior en Carolina del Norte continué preocupado por mis nuevos amigos bolivianos, y eso me llevó a comenzar una campaña en la iglesia para recaudar fondos para una cocina nueva en el campamento de jóvenes donde había trabajado nuestro equipo misionero.

Como estudiante de segundo año, además de participar en el programa de deportes de la Escuela Superior de Owen —comenzando en el equipo seleccionado de fútbol y luego como manager para el equipo de baloncesto masculino— me habían elegido presidente de mi clase. Mi obligación principal como presidente, aparte de dirigir un par de reuniones de clase, era planear y organizar el baile anual de primer y segundo años.

Supongo que podría decirse que era una ironía que fuera el hombre principal encargado de planear uno de los eventos sociales más grandes del año en la Escuela Superior de Owen. Nunca me había caracterizado por ser alguien que le gustara salir con el sexo opuesto. En realidad, casi nunca había salido. No era que no pudiera, sino que no quería. En cambio, estudiaba a las muchachas desde lejos, esperando el momento hasta que llegara la elegida para mí, lo que al final ocurrió en décimo grado.

No me había fijado en ella en la escuela media, pero ahora definitivamente sí. Se sentaba justo detrás de mí en la clase de literatura. Además de su sonrisa deslumbradora tenía una personalidad que acentuaba su belleza. Hablábamos todo el día en clase. Nos pasábamos notitas. En ocasiones, mientras el profesor daba la clase, podía escucharla reírse en voz baja de algo que le había escrito. Me encantaba ese sonido.

Aparentemente a ella le parecía bien pasar tiempo juntos fuera de la escuela. Y yo estaba más que dispuesto a darle el gusto. Salíamos de picnic, de caminata, íbamos a ver películas, e incluso, jugábamos juntos al fútbol. En general, la pasábamos muy bien.

Es cierto, la mayoría de los muchachos esperan y se preguntan si estará bien y cuándo será conveniente pasarle el brazo por el hombro mientras ven una película, cuándo será el mejor momento de tomarla de la mano mientras caminan, cuándo no habrá inconveniente en besarla por primera vez ... y cuánto tiempo besarla. Pero la verdad era que yo además tenía algunas preocupaciones exclusivas. ¿Cómo tomar a alguien de la mano cuando no se tienen manos? ¿Cómo besarla cuando no se tienen labios? Si no puedo hacer las cosas «naturales» para mostrarle que la quiero, ¿qué tengo que se pueda amar?

Dicen que «el amor se las arreglará». Y supongo que debe ser verdad.

La pregunta más importante era qué hacer con las nuevas emociones que estaba experimentando durante aquellas primeras semanas de nuestra relación. Jamás había sentido algo igual, ni siquiera me había imaginado que pudiera experimentarlo.

No era que no me sintiera aceptado en la escuela. Me aceptaban. Pero ahora me sentía aceptado de verdad, o tal vez aceptado pero de una manera diferente. Estaba sorprendido del impacto que la atención y el afecto de una muchacha encantadora tenían en mí. ¡En todo!

Por ejemplo, mi estrategia primaria para tratar con la atención no buscada y las miradas fijas había sido no hacerles caso. Había algunas raras ocasiones en que me enfrentaba directamente a la impertinencia de alguien y decía algo, pero la enorme mayoría de las veces mi costumbre era no prestar atención cuando alguien no me quitaba los ojos de encima o cuando me señalaban con el dedo.

De pronto me di cuenta de que no era capaz de hacer eso. No podía desestimar las miradas y volverme inmune a ellas porque ya no se trataba de «mí» sino de «nosotros». Y al ser sensible a los sentimientos de mi amiga, estaba muy consciente de sus reacciones. Incluso cuando ella intentaba no prestarle atención a las miradas, yo me daba cuenta de su esfuerzo. Lo cual hacía imposible que yo hiciera caso omiso a esas miradas.

Aun cuando ella les restaba importancia, sabía que sí importaban. E incluso, si no le interesaban

Si no puedo hacer las cosas «naturales» para mostrarle que la quiero, ¿qué tengo que se pueda amar?

a ella, ahora me afectaban a mí. Por eso, por primera vez en mi vida, me encontré mirándome con regularidad al espejo. Por razones obvias solía evitar mi imagen reflejada en los espejos, ya que me recordaba lo diferente que era de las demás personas. Y ellos nunca reflejaban con exactitud la imagen total que tenía de mí mismo y de la persona que era por dentro.

Por lo tanto, pasaba muy poco tiempo delante de los espejos, excepto si era para pararme detrás de una de mis hermanas y mirarlas cuando se quejaban de un granito incipiente.

—¡Ustedes por lo menos pueden tener granitos! —les decía. (Solo los familiares y los amigos más cercanos sabían que era imposible que tuviera granitos debido a mis cicatrices.)

—¡Qué suerte tienes! —me decían mis hermanas.

—¡Ya sé! —sonreía. Los pequeños defectos faciales no me preocupaban. Mis deformaciones eran demasiado evidentes. Lo que menos necesitaba era un espejo para recordarme cuáles eran.

Sin embargo, a diferencia de mi actitud despreocupada, ahora que tenía una novia había desarrollado de pronto una inexplicable preocupación por la apariencia, como si el mirarme en el espejo de algún modo pudiera cambiarme o mejorar mi aspecto.

Un día mi hermana Sommer me vio de pasada evaluando mi imagen. Se detuvo y mirando mis ojos en el reflejo dijo:

—Hmmm. Pareces diferente en el espejo, Joel —dijo pensativamente.

—¿Qué quieres decir?

—No sé —dijo—. Extraño.

Me reí.

—Gracias, Sommer.

Ella sonrió.

—Quiero decir que la imagen reflejada no se parece a ti. Luces mejor en persona.

—¿En serio?

¿Qué querría decir? ¿Por qué mi imagen no le parecía bien a Sommer, que me veía directamente todos los días?

Entonces me di cuenta. Mi cara no es simétrica. Nadie tiene las facciones perfectamente simétricas, pero las mías distan mucho de serlo. En el accidente, el lado izquierdo de mi cara se quemó mucho más profundamente que el derecho.

Muchas personas, cuando se toma una fotografía, se ríen y comentan que tienen un lado bueno y otro malo, incluso cuando la diferencia es insignificante. Puede que yo no tenga ningún lado bueno, pero sí tengo un lado mejor que el otro. Nunca me había preocupado antes por este detalle. Ahora sí. Y en el espejo, la imagen era la opuesta a lo que otras personas veían de frente. Eso era lo que le parecía «extraño» a Sommer cuando me vio en el espejo.

Solo me restaba esperar que su evaluación fuera cierta: que parecía mejor en persona.

No sé cuánto de mi apariencia le importó a mi primera novia de verdad. Había muchas otras diferencias entre nosotros, a las cuales, en ese momento, no me molesté en prestarles atención: nuestros antecedentes y nuestros valores. Con el tiempo, a medida que las diferencias en nuestros valores se hicieron más patentes, nuestra relación terminó.

Aunque la relación solo había durado unos pocos meses, durante aquellos gloriosos días ella había colmado mi mente y mi corazón. Me había hecho conocer algo en la vida que nunca había experimentado antes. Por lo tanto, después de terminar me pregunté: ¿Habrá salido conmigo por el glamour de alguien como yo?

Puede parecer absurdo, pero llamo a esto, parte de mi «condición de famoso». Por ejemplo, yo era bien conocido en la comunidad y en el colegio. Dondequiera que fuera llamaba la atención, para bien o para mal. Y había una pequeña cuota de beneficio en salir con alguien como yo: la muchacha parecía más fuerte y más hermosa cuando estaba junto a mí. ¡Y en lo que a mí respecta no podía estar más de acuerdo!

Pero en el terreno del amor, cualquiera de estos motivos acaba por ser superficial. La realidad pega muy fuerte. Es increíble lo rápido que se puede esfumar el glamour cuando todos los días se le pide a una muchacha que nos ate los cordones de los zapatos o nos coloque una curita sobre una cortada.

Tal vez deseó esta relación para ver qué podía sacar de ella o solo para sentirse mejor.

Estas especulaciones no sirvieron de nada para que me sintiera mejor.

Capítulo 15

Dicen que con el tiempo todas las heridas se sanan. Tal vez sea verdad. Pero mantenerse ocupado también sirve. Al menos es una distracción. Y hay momentos en la vida en que las distracciones vienen bien.

Además de todas mis actividades en la escuela y en la iglesia, durante el segundo año de la escuela superior también tenía un empleo: trabajaba doce horas por semana de lavaplatos en la cafetería de Montreat College, donde enseñaba mi padre. Fregar, lavar y desinfectar los platos en cualquier cocina comercial es un trabajo sucio y maloliente. Y el ambiente lleno de vapor era un problema especial en mi caso. El tejido cicatrizado que cubre la mayor parte de mi cuerpo no tiene glándulas sudoríparas funcionales, por lo que es fácil que me recaliente. Sin embargo, en cierto sentido quedé muy contento y satisfecho con esta experiencia laboral, supongo que debido a la posibilidad que me dio de probarme que era capaz de tener un empleo «normal» como cualquier otra persona.

Mi relación imperecedera con mi mejor amigo, Ryan, también me proporcionó una «distracción» beneficiosa para superar el rompimiento de mi relación romántica. Ryan fue muy importante para hacerme salir de nuevo de mi cuarto y para que dejara de andar alicaído y comenzara a participar otra vez de la vida.

Es irónico, pero Ryan tampoco tenía idea acerca de las muchachas, aunque, por su buena apariencia, que hacía que ellas se volvieran para mirarlo. Y no de la misma manera que me miraban a mí. Al tener una hermana mayor y otra menor, creo que tenía una buena idea de qué era lo que las muchachas consideraban buen mozo. Y Ryan reunía todas las condiciones. Pero el pobre muchacho era dolorosamente tímido para saber qué hacer con su figura.

Yo lo animaba todo el tiempo para que invitara a salir a esta muchacha o aquella, porque me daba cuenta de que estaban interesadas. Pero él no me creía. O tal vez era porque se ponía a sudar, literalmente, ante el solo hecho de pensar en acercarse a una muchacha para invitarla a salir.

Los dos pasábamos casi todos los viernes y sábados en la noche juntos en su casa o en la mía. Jugando, mirando partidos en la televisión y pasando el rato.

Nuestras familias se llevaban bien. Yo llamaba a su casa, y si me atendía su mamá, preguntaba: «¿Queda algún lugar libre esta noche en el Campamento Councill?» Ella se reía y decía: «Por supuesto, Joel. Puedes venir».

Ryan tenía dos hermanos y ninguna hermana, así que le gustaba conversar con Jami y Sommer cuando venía a casa. Ellas lo consideraban uno más de la familia, y a menudo lo llamaban «la otra mitad de Joel» o «nuestro medio hermano Ryan». Pero la interacción distendida, natural y positiva que tenía con mis hermanas (y a veces con las amigas de ellas) no se transfería con éxito a otras situaciones y experiencias que Ryan y yo tuvimos con el sexo femenino.

Nos gustaban las muchachas. Nos fijábamos en ellas. Las mirábamos. Incluso hablábamos de chicas. Pero la mayoría de las veces no pasábamos de eso.

Permítanme darle dos ejemplos de nuestra «experiencia» con las mujeres:

Ryan y yo no salíamos mucho a pasear en auto. Pero una noche que habíamos salido juntos, nos detuvimos ante un semáforo en rojo. Un auto lleno de muchachas adolescentes se detuvo a nuestro lado. Cuando giré la cabeza e hice contacto visual con una de ellas, vi la cara de sorpresa que puso mientras le cuchicheaba algo a sus amigas. Era una reacción conocida, así que me concentré en la luz del semáforo y en lo que había delante, evitando instintivamente las miradas que sabían que vendrían.

Sin embargo, casi en el mismo momento Ryan miró por la ventana y gritó: «¡Qué bueno! ¡Ey, Joel! ¡Mira esas chicas! Creo que quieren saber si tienen chance conmigo!

Yo sabía que no se trataba de eso, pero no dije nada porque Ryan estaba sonriéndoles y saludando con la cabeza y no quería desilusionarlo.

«¿Viste eso?», preguntó Ryan, después de que las muchachas se habían ido y nos habían dejado atrás, parados ante la luz del semáforo. «Creo que les gustaba». Ni me molesté en explicarle.

Pienso que las impresionamos más la vez que Ryan y yo fuimos a esquiar a una pista que se llamaba Hawk's Nest, no lejos de Asheville. Nuestra pista favorita tenía muchos desniveles, lo que nos daba mucha oportunidad para hacer alarde de nuestras habilidades con los esquís.

Como la mayoría de estas pistas, Hawk's Nest tenía uno de esos puntos donde hay un desnivel un poco más grande que los comunes, el que los esquiadores han gastado hasta formar una rampa que permite elevarse un poco más en el aire que lo planeado por los diseñadores de la pista, o de lo que las aseguradoras contra todo riesgo en la operación de la pista desearían que los esquiadores experimentaran. Naturalmente, siempre que íbamos buscábamos ese lugar.

Creo que tenía demasiada confianza en mí y decidí mostrarle a Ryan lo que un buen esquiador podía hacer. Alcancé la rampa a plena velocidad y me elevé perfectamente, pero tan alto y lejos, que cuando caí perdí el control y choqué contra una de las barreras de seguridad con tanta fuerza que rompí una de las vallas. Por suerte, el único daño serio fue a mi ego, así que me incorporé de un salto y traté de alejarme caminando, como si la colisión no hubiera sido nada, solo un percance menor y rutinario que le podía suceder a un esquiador experimentado como yo. Solo que es casi imposible actuar convincentemente como si no hubiera pasado nada y hacerse el hombre cuando nuestro mejor amigo está desternillándose de risa.

Ryan me debía una. Y encontré la manera de cobrármela esa misma tarde.

Todo el día Ryan se lo había pasado hablando de una muchacha despampanante que veía siempre en las pistas. «¿La viste, Joel? ¡Mira qué espectacular!» Estábamos subiendo en el funicular y poco antes de llegar a la cima él decía: «¡Allí está! Acaba de comenzar a descender. ¡La muchacha con los esquís rosados!» (Con esa indicación vaya si era fácil de reconocer.)

Todo el día Ryan había estado intentando calcular los descensos para poder estar en la línea al mismo tiempo que la muchacha. Hablaba tanto de ella que al final le dije: «Si piensas que es tan buena, ¿por qué no te presentas?»

No había manera de que lo hiciera.

Pero mientras descendíamos vi la silueta familiar con los esquís rosados que venía subiendo a pie, justo debajo del desnivel con la rampa.

Detuve a Ryan y se la señalé: «Esta es tu oportunidad para causar una buena impresión», le dije. «Yo iré primero y te esperaré justo debajo de la rampa. Cuando ella esté cerca del desnivel, tu comienzas a descender, saltas por la rampa, y así causarás una buena impresión».

Ryan sonrió y asintió. «Está bien».

Así que me fui, tomé la rampa a una velocidad moderada, caí perfectamente y me detuve para esperar a Ryan. Allí venía, a toda velocidad por la pista. Había calculado el tiempo a la perfección. La muchacha iba a estar precisamente allí cuando él saltara. Ryan flexionó las piernas en dirección a su punto de salto. Cuando llegó a la rampa, apenas una milésima de segundo antes de que se elevara por el aire, yo grité: «¡ESQUÍS ROSADOS!»

Ryan perdió por completo el dominio. Se elevó por el aire, pero en vez de hacerlo con gracia lo hizo con los brazos y las piernas abiertos, y más o menos aterrizó de la misma manera. Yo comencé a reírme y todavía estaba riéndome cuando llegué a donde él estaba, inmóvil, con la cara hundida en la nieve.

Cuando levantó la cabeza, vi con alivio que Ryan también estaba riéndose. «¡Buen trabajo!», le dije. «Seguro que se fijó en ti».

Me lanzó un puñado de nieve y me volví a reír.

A pesar del poco éxito que teníamos con las muchachas, Ryan y yo nos divertíamos con cualquier cosa. Teníamos una amistad que progresaba sin esfuerzo. No teníamos que hacer nada especial. Disfrutábamos el tiempo que pasábamos juntos.

Además, nos beneficiábamos mutuamente. Dada la dificultad de aprendizaje de Ryan, tenía que esforzarse muchísimo para conseguir buenas calificaciones en la mayoría de los cursos. Cuando llegaba a su casa en la tarde, iba directo a su habitación y no salía hasta haber terminado de hacer todas las tareas y de estudiar. Gracias a su ejemplo yo aprendí mucho de lo que es tener disciplina. Y creo que fui una buena influencia en cuanto a la espontaneidad y al estímulo que le daba para que dejara su ámbito familiar y se animara a correr riesgos.

Nuestras personalidades se complementaban. Yo era bullicioso y extrovertido; Ryan era tímido y reservado. Yo solía ser la persona de las ideas; Ryan era más un seguidor. Y sin embargo, él era increíblemente meticuloso. Tenía un fuerte sentido del bien y del mal, y consideraba con cuidado las consecuencias de todas las acciones. No podría decir la cantidad de veces que su indecisión sirvió para evitar que mi impulsividad nos metiera en problemas. Nunca tuve otro amigo como Ryan. Y como ambos éramos cristianos y teníamos muchos intereses, valores y compromisos en común, nos ayudábamos de forma mutua para apoyar nuestra fe espiritual. Éramos lo suficiente íntimos para ser uno la conciencia del otro, lo que en una amistad es una gran ventaja.

Ryan pertenecía a otra iglesia en Black Mountain, incluso a otra denominación. Pero a menudo participaba de las actividades de mi grupo de jóvenes y yo participaba de las del grupo de él.

Sin embargo, no recuerdo si estaba conmigo cuando mi congregación, la Presbiteriana de Montreat, celebró el «Domingo de los Jóvenes» en abril de 1994. Era el día en que los miembros del grupo de jóvenes se encargaban del culto matutino, de la música, de los anuncios, de la oración, de la ofrenda y del sermón. Así que aquella primavera, en el segundo año de la escuela superior, me ofrecí para hablar, y junto con una muchacha mayor del grupo de jóvenes fuimos seleccionados para predicar el sermón.

Mientras aguardaba mi turno para hablar, quedé sorprendido de lo nerviosos, que estaban mis compañeros. Usaban tarjetas con notas, y a pesar de ello, de vez en cuando se quedaban en silencio, tartamudeaban o se perdían. No obstante, todo salió bien. Pero sus nervios me resultaban muy obvios.

Al ver a mis amigos recordé lo humillado que me había sentido con el programa *The Maury Povitch Show*, y cómo me había dicho a mí mismo: *¡Nunca voy a volver a pasar por la vergüenza de verme tan nervioso! ¡JAMÁS!* Incluso había orado y le había pedido a Dios que me ayudara a tranquilizarme. Algunas personas tal vez se sintieron más alteradas porque el Dr. Billy Graham y su esposa, Ruth, estaban presentes esa mañana. Pero como eran miembros regulares de nuestra congregación siempre que estaban en la ciudad, no me fijé en ellos en particular aquel día. En realidad me sentí relajado cuando me llegó el turno de subir al púlpito para dar un sermón de tres puntos titulado: «El mejor amigo, la mejor amistad».

Comencé diciendo: «La mejor amistad con el mejor amigo tiene un enorme PRECIO». Y luego referí la historia del accidente, que la mayoría de la congregación ya conocía:

Me llevaron en ambulancia de New Hampshire a Boston, donde me internaron en el Hospital de Niños de Boston y me dieron un diez por ciento de probabilidad de sobrevivir ... Después de unos días a mis padres les informaron que tendría más probabilidad de supervivencia si pudiera ser transferido al Instituto de Quemados de Shriners, donde se especializaban en casos severos de quemaduras en niños.

Pero había un problema. Solo había cuatro camas en todo el Hospital Shriners para niños con quemaduras graves como las mías... ¡y estaban ocupadas! Todos se pusieron a orar, y después de unos días más, una cama quedó libre y yo comencé el largo tratamiento de injertos de piel y cirugías que, junto con la intervención del Señor, salvaron mi vida.

Después de varias semanas mis padres se enteraron por qué había quedado libre una cama. Un niño, con el noventa por ciento de su cuerpo quemado, había luchado por su vida durante cuatro meses y luego había muerto de forma trágica. Para que yo pudiera ingresar al hospital de investigación donde me salvaron la vida, un niño tuvo que morir. Por lo tanto, siento que tengo una bendición doble. Un niño murió para que yo pudiera vivir en la tierra. Jesús murió para que yo pudiera vivir para siempre con él. La mejor amistad con nuestro mejor amigo tiene un precio muy elevado.

Luego hablé de que en la mejor amistad que podemos tener hay un JEFE, como Jesús dice en Juan 15:14: «Ustedes son mis amigos si hacen lo que yo les mando», y del privilegio que tenemos de poder ser amigos del Rey del universo. Nuestro mejor amigo es también el mejor jefe.

Concluí diciendo que «nuestra mejor amistad tiene un precio, un jefe y un grupo muy selecto de gente ESCOGIDA para ser parte de esta relación especial: NOSOTROS. Y Jesús tiene un propósito muy especial, como dice en Juan 15:16: «Los comisioné para que vayan y den fruto, un fruto que perdure». El precio, el jefe y los pocos escogidos son todos elementos de la mejor amistad. El mejor amigo, la mejor amistad. ¡Oh, qué amigo nos es Cristo!»

De nuevo recibí muchos comentarios positivos después de mi predicación. La gente hacía fila para felicitarme después del culto. Irónicamente, la única respuesta que no me gustó fue la del pastor, quien me puso una mano en el hombro y me anunció: «Creo que has sido llamado, Joel».

Sabía que se refería al «llamado» de Dios a convertirme en predicador. Y eso me molestaba. Sabía que el pastor había intentado estimularme, pero sentía que era como si alguien me mirara y deseara encasillarme. Recuerdo que me dio rabia y pensé: *¿Acaso nadie me va a preguntar qué pienso yo?*

Uno o dos días más tarde recibí otra respuesta, que me cayó un poco mejor. Ruth Graham se había tomado la molestia de escribirme una nota y entregarla en nuestra casa. Decía lo siguiente:

> *Querido Joel:*
>
> *¡Quisiera agradecerte de corazón tu predicación emotiva y clara del evangelio! Nunca lo escuché explicar con tanta sencillez, y estoy de nuevo enormemente agradecida de que alguien muriera para hacerme un lugar. Nunca lo olvidaré. La mano de Dios está sobre ti. No importa lo que te depare el futuro, serás un verdadero seguidor ... con el don de la comunicación. Y al mismo tiempo te divertirás.*
>
> *Con afecto,*
> *Tu amiga, Ruth Graham*

A pesar de lo mucho que aprecié el estímulo de parte de la señora Graham, creo que su nota fue más importante para mis padres. La guardaron en algún lado para la posteridad.

La combinación de sentirme espiritualmente bien (al predicar por primera vez en la iglesia) y en otras ocasiones mal (como me sentí después de romper con mi primera novia de verdad) me ayudaron a considerar mi fe de una manera nueva por completo y más seria. En realidad, la diferencia entre mis valores y los de mi novia, mientras salíamos, me había hecho dar un paso a un costado para reflexionar. Mi participación en el grupo de jóvenes, y en especial las oportunidades que tenía de servir en los proyectos de misiones, también influyeron. Me había considerado cristiano desde que le pedí a Jesús que viniera a mi vida mientras íbamos al hospital, aquella vez cuando solo tenía cuatro o cinco años. Pero había llegado a una madurez en la vida en la que comenzaba a darme cuenta de lo que implicaba un compromiso cristiano de verdad.

Por eso, cuando mi hermana Jami vino a casa ese verano después de su primer año en la universidad y anunció que deseaba bautizarse, mi respuesta fue: «¡Yo también!»

Puede parecer un poco extraño que nos criáramos en el seno de una familia cristiana y que fuéramos toda nuestra vida a la iglesia pero que nunca hubiéramos sido bautizados. Sin embargo, de niños habíamos asistido a una iglesia bautista, antes de ser lo suficiente mayores para pasar por el proceso formal de hacernos miembros y bautizarnos. Cuando nos mudamos y comenzamos a asistir a la iglesia presbiteriana de Montreat, muchos de los niños de nuestra edad ya estaban bautizados. Así que no hubo un momento programado para el bautismo, o para un proceso de bautismo común a todos cuando llegaban a determinada edad.

Había muchas otras cosas que hacer, por lo que no pensé mucho en ello. Cuando sí me dediqué a pensarlo, no estaba muy interesado en ser simbólicamente salpicado, que es la manera como la mayoría de las iglesias presbiterianas realizan este sacramento. Quería un bautismo de inmersión, y estaba dispuesto a esperar hasta que se presentara el momento y la oportunidad.

Mis padres creían que cuando fuéramos lo suficiente mayores para entender el significado del bautismo, pasaríamos por la experiencia. Y eso fue justo lo que sucedió.

Mamá y papá hablaron con el pastor emérito de nuestra iglesia, el Dr. Calvin Thielman, quien dijo que con gusto nos bautizaría a Jami y a mí por inmersión y que conocía el lugar perfecto para hacerlo.

Los Thielman vivían a unas cuadras de distancia de nuestra casa, en el fondo del valle, con el arroyo Flat Creek corriendo por detrás de su casa. Yo había crecido jugando y caminando a lo largo de ese hermoso arroyo de montaña. Había en realidad una pequeña cascada detrás de la casa de los Thielman, donde el agua clara y fría saltaba entre los rápidos y corría por una roca maciza hasta un hermoso estanque natural, lo bastante ancho y profundo para servir de pila bautismal.

Cuando me enteré del plan me sentí complacido porque no podía imaginarme un lugar más hermoso y significativo. Mis padres hicieron los preparativos, invitaron a muchísimos amigos y parientes para que nos acompañaran en una comida y un servicio de bautismo en la tarde del 18 de agosto de 1994. Organizamos el programa del culto, e incluso, lo mandamos a imprimir.

Después de la comida comenzamos el servicio con una oración y un tiempo de alabanza. Primero cantamos «Padre, te adoro» y luego «Como el ciervo al agua va», cuyas palabras parecían muy apropiadas al entorno con el sonido del agua corriendo por los cantos rodados del valle.

Cual ciervo jadeante en busca del agua,
así te busca, oh Dios, todo mi ser.
Mi alma tiene sed de Dios
y mi anhelo es adorarte.
Tú eres mi fortaleza, mi escudo,
solo a ti me rindo.
Mi alma tiene sed de Dios
y mi anhelo es adorarte.
Tú eres mi amigo, tú eres mi hermano,
aun cuando eres un Rey.
Te amo como a ningún otro,
Te amo más que a todo.
Tú eres mi fortaleza, mi escudo,
solo a ti me rindo.
Mi alma tiene sed de Dios
y mi anhelo es adorarte.

También cantamos el himno tradicional «Cuán firme cimiento» y escuchamos varias lecturas de las Escrituras. Más tarde Jami y yo dimos nuestro testimonio espiritual y recitamos el Credo Apostólico. Y luego llegó la hora del bautismo.

El Dr. Thielman estaba de pie en medio del estanque con una vestimenta impermeable hasta la cintura, de las que se usan para pescar. Después me dijo que no podía creer que fuera un día tan perfecto cuando una semana antes los bomberos voluntarios habían golpeado a su casa para evacuarlos a su esposa y a él debido al riesgo de inundación de este mismo arroyo en que ahora íbamos a bautizarnos. Es más, el día anterior él todavía no estaba seguro de que el nivel del agua descendiera lo suficiente para poder tener el servicio. Pero había descendido... justo apenas. Lo que solía ser una corriente mansa y tranquila, corría con fuerza y salpicaba más agua que otras veces mientras circulaba por el habitualmente sereno estanque natural formado entre los macizos de roca. Me di cuenta de que mis pantalones y mi camisa blanca no me iban a proteger mucho de lo que sabía por experiencia era un agua helada. Pero ni siquiera era muy consciente de la temperatura mientras entré al arroyo. Estaba demasiado emocionado e inmerso en el significado de lo que estaba haciendo. Mi corazón y mi mente estaban por completo en otra cosa. Estaba por participar de una ordenanza milenario, hacer una confesión pública de mi fe personal. Quería que el mundo supiera que mi deseo era seguir a Cristo y vivir el resto de mi vida en obediencia a él y a su Palabra.

Mientras mi pastor se preparaba para hundirme de espaldas en el agua, recuerdo que me cruzó por la mente una pregunta extraña: *¿Tengo que cerrar los ojos o dejarlos abiertos cuando esté sumergido?* Rodeado de una bruma de gotitas, escuché que el Dr. Thielman decía: «Joel Michael Sonnenberg, hijo del pacto, te bautizo en el nombre del Padre, del Hijo y del Espíritu Santo». En ese momento resolví que como no puedo cerrar los ojos por completo, los mantendría bien abiertos para no perderme detalle de lo que resultó ser una de las experiencias más memorables y significativas de mi vida.

En los días subsiguientes no podía dejar de reflexionar acerca del simbolismo inusual en todas las visiones y sonidos de aquel día. La corriente impetuosa que corría a mi lado me recordaba la necesidad presente de tener la paz de Dios en mi vida. Las ondas de la corriente me recordaban del poder purificador de la presencia de Dios. Y la bruma que nos envolvió a Jami y a mí mientras nos sumergían en el agua pareció unirnos en otro acontecimiento profundo de la vida, el cual tuvimos el privilegio de compartir. Habíamos sobrevivido a las llamas. Ahora Jami y yo habíamos sido bautizados en agua juntos, lo cual significaba nuestra dedicación como discípulos de Jesucristo.

No tengo palabras para expresar a la perfección los sentimientos que tuve cuando salí del agua a la luz. Pero si tuviera que elegir tres palabras, estas son las que diría: vivo, renovado, purificado.

Me sentía listo para un nuevo comienzo.

Capítulo 16

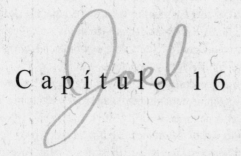

A primera vista, este compromiso más firme de seguir a Jesús puede parecer estar en contradicción con mi intención de probar y desarrollar mis dones de liderazgo. Pero la verdad es que mi deseo de seguir a Cristo le dio nueva dirección y propósito a mis ambiciones de liderazgo.

Mi ministro de jóvenes, Shawn Stewart, tenía un concepto del liderazgo que yo adopté, aun antes de comprenderlo cabalmente. Decía que los líderes no siempre tienen que ocupar un lugar visible al frente y tener al resto del mundo detrás. También es posible «liderar desde el centro». Estar entre todos, participar en la organización desde el medio, y desde ese punto liderar, dando el ejemplo a los demás. Tal vez hasta podría usar una presión grupal positiva para guiar a otros a Cristo con mi ejemplo. Toda mi vida había sobresalido, ahora quería sobresalir con un propósito.

Al destacar a Jesús como nuestro ejemplo supremo, Shawn dedicó mucho tiempo y energía a enseñarnos y dejarnos practicar un estilo, un principio y una filosofía encarnada en Jesús: el liderazgo del siervo. Así como es posible liderar dando el ejemplo desde el centro, también es posible ser el líder de un grupo de personas, no dirigiéndolas, sino sirviéndolas. Practicamos el concepto en nuestros viajes misioneros durante el verano, pero Shawn también nos retó a poner en práctica el liderazgo del siervo en nuestro diario vivir.

Mi hermana Jami también influyó mucho en mis metas de liderazgo y mis experiencias durante mis años de la escuela superior. Cuando yo todavía estaba en la escuela media y ella se postulaba para algún órgano oficial de los estudiantes de la escuela superior, recuerdo que la ayudé haciendo carteles para su campaña, y mientras estábamos trabajando juntos nos pusimos a conversar.

—Cuando llegue a la escuela superior, creo que me postularé para ser presidente de la clase todos los años —le dije.

Jami me dijo que eso tal vez no era una buena idea.

—¿Qué quieres decir?

—Lo último que desearías es ser presidente de la clase en el último año. Porque entonces tendrás que planear las reuniones anuales de la clase por el resto de tu vida.

Dijo que lo mejor sería incorporarse al gobierno estudiantil poco a poco. En el primer año, tal vez postularse para un cargo que pocas personas desean, como el tesorero de la clase, pero que permite involucrarse en el tema y conocer el terreno. Luego, usar esa experiencia para postularse como presidente de la clase en el segundo año. Más tarde en el tercer año, pasar del liderazgo de la clase al gobierno de todo el orden estudiantil, tal vez de nuevo como tesorero, y postularse entonces para presidente de los estudiantes en el último año de la escuela superior.

Esta era solo una conversación casual mientras estábamos sentados en el cuarto de mi hermana cuando yo estaba en octavo grado. Pero nunca la olvidé. Lo que había dicho Jami tenía tanto sentido que cuando llegué a la escuela superior seguí su consejo al pie de la letra: tesorero de la clase en mi primer año, presidente de mi clase en segundo año, un lugar en el gabinete del gobierno estudiantil como tesorero en tercer año, y con planes de postularme para presidente al año siguiente.

Estas posiciones formales de liderazgo en el gobierno estudiantil me permitieron ganar otros premios y me brindaron otras oportunidades de liderazgo. Después de mi segundo año, me seleccionaron para ser el embajador HOBY de la Escuela Superior de Owen, el único delegado de nuestra escuela a la conferencia estatal Hugh O'Brian Youth Leadership (HOBY), una conferencia de líderes jóvenes a celebrarse en Charlotte, Carolina del Norte. También asistí a la conferencia de líderes de la «Unión de Deportistas Cristianos». Así que tuve mi cuota de oportunidades de liderazgo «visible». No obstante, hubo muchas más oportunidades de «liderar desde el centro» al participar e intentar ser un ejemplo positivo en todo lo que hacía, ya que durante la escuela superior participé en casi todas las actividades.

Además de los deberes propios del gobierno estudiantil, me capacité y participé del programa de nuestra escuela «Peer Helper», diseñado para escuchar y apoyar a los compañeros, y fui activo en el comité de Estudiantes Contra la Conducción en Estado de Ebriedad (Students Against Drunk Driving [SADD]), de la Escuela Superior de Owen. Recaudé fondos para un programa de intercambio de estudiantes que traía niños de las zonas en conflicto de Irlanda para que visitaran y estudiaran en los Estados Unidos. Fui quien más comestibles reunió para una colecta de alimentos de Navidad, y nuestro club vocacional de la escuela luego los donó a un ministerio local cristiano que ayudaba a los pobres de nuestra comunidad. Trabajé como voluntario en las Olimpíadas Especiales. Una vez, hasta acepté hablar en la capilla de Montreat College.

Y siempre estaba presente en los deportes. El fútbol era mi primer amor. Era más hábil que rápido. Pero a pesar de mis instintos competitivos innatos y de la considerable habilidad desarrollada con los años, gran parte de mi éxito en este deporte era resultado, tanto de mi actitud, como de mi habilidad atlética. El fútbol me resultaba más difícil de lo que dejaba traslucir.

Al pensar en el pasado, puedo entender por qué mis padres estaban preocupados de que jugara al fútbol. Como el tejido que recubría mis músculos y huesos era muy fino, me podía lastimar con facilidad. Como la coronilla del cráneo se había quemado más de la mitad de su grosor, papá siempre quería que usara un casco para protegerme la cabeza y para que el tejido cicatrizado del cuero cabelludo, delgado como un papel, no se abriera cuando cabeceaba la pelota. Cuando me resistí porque no quería ser el único jugador con casco, hizo una campaña en la liga para que todos tuvieran que usarlo, pero la idea nunca prosperó. Accedí a usar un gorro de béisbol para tener una capa más de protección.

Pero la susceptibilidad a las heridas no era mi preocupación mayor. La ausencia de glándulas sudoríparas sobre la mayor parte de mi cuerpo era un problema más importante en un partido de fútbol, que es largo y agotador. El riesgo de sobrecalentamiento estaba siempre presente. Por eso, durante un partido, tenía que encontrar el momento de poder salir de la cancha y tener a alguien que me lanzara agua para refrescarme.

Otro problema era la inflexibilidad de mis tobillos. Como no se podían doblar normalmente, siempre tenía que correr sobre los talones de mis pies y de puntillas, lo que implicaba tener que soportar una dolorosa inflamación de los tendones si deseaba jugar.

Mis discapacidad tenía algunas ventajas. Por ejemplo, cuando el árbitro me cobraba una «mano», tenía una razón legítima para quejarme. Además descubrí que, al comenzar un partido, muchos contrarios que no me conocían no se animaban a marcarme, como si tuvieran miedo a lastimarme. Por lo tanto, me di cuenta de que si marcaba a mi hombre desde el principio de cualquier juego, tenía una ventaja hasta que mi oponente se percatara de que no me iba a quebrar, y lo que es más, de que iba a quedar «quemado» si no se ponía a jugar en serio, al fútbol de verdad.

Jugué fútbol lo bastante bien durante el otoño del tercer año de la escuela superior como para ser mediocampista titular del equipo confederado. Otra manera de «liderar desde el centro», literalmente.

Incluso en mi función como manager del seleccionado de baloncesto, un puesto que por lo general se considera más de servicio que de liderazgo, procuraba encontrar la forma de hacer las cosas de otra manera, de cambiarlas para mejorarlas. Ryan se ofreció como voluntario para ser el anotador del equipo, así que los dos íbamos a los partidos y viajábamos en el autobús con todo el grupo. Juntos decidimos ponerle algo de vida y entusiasmo a las ceremonias antes de los partidos. Animamos el espectáculo haciendo una grabación con una selección de canciones populares, alegres y apropiadas a la ocasión, y las pasábamos por los altavoces del gimnasio durante el calentamiento de nuestro equipo. Los jugadores y los aficionados quedaron encantados.

A pesar de todas estas actividades extracurriculares mis estudios no se vieron perjudicados. Siempre había sido un alumno sobresaliente. En la escuela media y en los primeros años de la enseñanza superior, obtuve calificaciones excelentes sin tenerme que matar en lo absoluto estudiando. Durante toda la escuela las matemáticas siempre habían sido una de mis fortalezas. Incluso ayudaba a otros alumnos que tenían problemas con esta asignatura. Sin embargo, en el otoño de mi tercer año tuve mis propios problemas con un curso de Álgebra II.

Apenas podía seguir el ritmo de la clase cuando tuve que faltar dos semanas para una operación en el brazo y el hombro, la que los médicos decían que aumentaría la amplitud del movimiento. Pero debido a que la Escuela Superior de Owen tenía las clases en bloque y cada clase duraba dos horas, faltar a dos semanas de clase significaba que me atrasaría cuatro semanas. Cuando regresé a la escuela, apenas me las arreglé para salvar Álgebra II. Pero cuando comencé el curso de precálculo en el segundo semestre, me sentía irremediablemente perdido. El profesor intentó ayudarme. Mis padres me consiguieron un profesor particular. Hice ejercicios adicionales. Durante semanas luché por ponerme al día. Pero a pesar de todo lo que intenté, cada vez estaba más y más rezagado del resto de la clase.

Hasta que al final decidí: *Haré lo que pueda. No necesito este curso para graduarme.* Y tiré la toalla. Dejé de intentarlo.

Sé que solo era una clase. Pero para mí fue un gran cambio en mi vida. No recordaba jamás haberme dado por vencido. Había nacido con una veta testaruda. Mi perseverancia no solo había cumplido una función primordial en mi supervivencia después del accidente; también me había permitido recuperar mi salud y aprender a lidiar con mis discapacidades. Nunca, nunca, nunca me había dado por vencido. Algo que la gente siempre decía que admiraba de mi persona era mi tenacidad. Consideraba que la determinación era uno de mis principales rasgos de carácter, un factor importante de orgullo personal, de confianza y de la opinión que tenía de mí mismo.

Darme por vencido, por lo tanto, me parecía tan extraño, tan poco natural, que me planteó serias inquietudes. Tal vez no era una persona con tanta determinación después de todo; quizás solo me había engañado y me lo había creído. Por supuesto, una vez que comencé con ese tren de pensamiento, me inundaron las dudas. ¿En realidad me conocía? Si era alguien que se daba por vencido, ¿estaba en verdad calificado para ser un líder? Era evidente que no tenía dotes para ser un líder académico. Tendría que encontrar otras maneras de dejar mi sello en el mundo.

> *Darme por vencido, por lo tanto, me parecía tan extraño, tan poco natural, que me planteó serias inquietudes.*

Todavía estaba tan ansioso por hacer un impacto, por ser un líder en todo lo que fuera posible, que cuando terminó la temporada de baloncesto esa primavera me ofrecí para ser el manager del equipo de fútbol femenino de la Escuela Superior de Owen.

Al principio, creo que Ryan y algunos otros de mis amigos dudaron de mi salud mental por ofrecerme a quedarme un par de horas más todo los días, acarreando botellas de agua y bolsas de pelotas de fútbol por la cancha. Pero pronto tuvieron que reconocer: *Vaya, Joel se pasa un par de horas todos los días mirando a chicas guapas corriendo de aquí para allá en la cancha de fútbol. Y después viaja con ellas y las acompaña a los partidos, y es el único muchacho en el autobús. ¡Ey! ¡Joel no es ningún tonto!*

Mi creatividad a la hora de acercarme a las muchachas quedó demostrada con un plan que ideé y que me garantizaba pasarla bien durante la fiesta del penúltimo año de la enseñanza superior.

Decidí invitar a una de las amigas universitarias de Jami. Mucho antes de que Jami y esta chica fueran juntas a la Universidad Taylor, su familia había sido amiga de la nuestra a través de los años en el CAMP-of-the-WOODS en Nueva York. Su padre era mariscal de campo cuando mi padre era abanderado en el equipo de fútbol americano de la Universidad Taylor, allá por 1960. Conocía a Jordan y ella me conocía a mí; nos tratábamos de toda la vida. Pensé que ella sería *la* compañera perfecta para la fiesta de fin de curso. Ya éramos amigos. No habría ninguna incomodidad «romántica». Podía estar tranquilo y simplemente divertirme en la fiesta.

Había, por supuesto, un par de consideraciones menores. Como el prestigio que sería entrar al baile de fin de curso acompañado del brazo de una joven universitaria. Y el hecho de que pensaba que Jordan Jerele Berner era tal vez la soltera más despampanante que hubiera conocido.

Además de un detalle nada menor: estaba casi seguro de que si le pedía a Jordan que me acompañara a la fiesta, me diría que sí.

Comenté mi plan con mis padres y con mi hermana Jami. A todos les pareció bueno. Así que llamé a Jordan para preguntarle si deseaba ser mi compañera. Dijo que me acompañaría.

Casi no podía esperar que llegara el día.

La noche prometía ser más especial de lo que imaginé cuando me enteré de que era uno de los candidatos para el «Príncipe de la fiesta». La tradición en la Escuela Superior de Owen era elegir cada otoño una reina y un rey para la fiesta de bienvenida a los alumnos, y luego una princesa y un príncipe para la fiesta de fin de curso en primavera.

De por sí, ya era un honor el solo hecho de que mi nombre estuviera entre los miembros de la Corte Shawana, pero por alguna razón falté el día que nuestra clase votó por el príncipe y la princesa. Me pareció raro que al día siguiente el profesor de la clase insistiera en que llenara la boleta para votar por el príncipe y la princesa de la fiesta. Más extraño fue su comentario «casual» de que no necesitaba sentirme mal si votaba por mí. No obstante, marqué el nombre de uno de mis compañeros. Y luego me olvidé del asunto, mientras terminaba de planear lo que esperaba fuera una maravillosa y memorable velada.

Jami viajó a casa con Jordan el fin de semana de la fiesta. Como mi hermana y mi madre pasaron gran parte de ese sábado ayudando a mi compañera a prepararse para la fiesta, comencé a darme cuenta de una ventaja no prevista de mi plan. Tendría que vérmelas con las expectativas de una sola madre. Y mi madre estaba más preocupada con Jordan que conmigo. Lo que no me molestaba en absoluto.

Llegó la hora de salir. En la sala de estar de los Sonnenberg solo se escuchaban los ooohhhs y los aaahhhs, acompañados de los destellos de las cámaras antes de que pudiéramos irnos. Luego acompañé a mi compañera al Jaguar elegante y marrón que un amigo me había prestado para esa noche. Al final de la calle detuve el auto, y Jordan y yo oramos para que Dios bendijera toda la velada.

Después de una cena tranquila con algunos amigos en un restaurante de lujo, Jordan y yo regresamos al Jaguar y nos dirigimos a la elegante Mansión Biltmore. En un tiempo la Mansión Biltmore había sido la residencia palaciega de la familia Vanderbilt, en Carolina del Norte, siendo ahora una de las atracciones turísticas de más renombre de Asheville, y esta noche, sería el magnífico escenario para la fiesta de fin de curso de la Escuela Superior de Owen.

Con distinción, llegamos a Biltmore tarde. La mayoría de mis compañeros ya estaban dentro. Al entrar en el salón de baile —Jordan luciendo espléndida en su deslumbrante vestido, mientras que yo, hacía girar mi bastón con despreocupación e intentaba adoptar un aire distinguido con mi sombrero de copa y mi frac— nos detuvimos un instante para contemplar la escena de opulencia.

Nuestra «entrada» a esta escena de libro de hadas parecía haber sido tomada de un clásico del cine. Porque mientras estábamos parados en el umbral, observando a la gente que iba y venía, alguien anunció: «¡Miren! ¡Ahí está Joel!» Todas las cabezas parecieron girar al unísono, y todas las miradas se posaron en nosotros. No podría haber protagonizado un momento mejor si lo hubiera intentado. Supe entonces que nunca olvidaría esa noche. La noche podría haber terminado en ese momento, y todo el esfuerzo habría valido la pena.

En cambio, me volví a Jordan y le sonreí. «Vamos», le dije, «quiero presentarte a mis amigos».

Antes de que la velada terminara, me coronaron copríncipe de la fiesta, un honor que compartí con el compañero por quien había votado. Otro detalle que sirvió para hacer que la velada fuera en verdad mágica e inolvidable.

Sin embargo, la fiesta no fue el único recuerdo ni el más importante que me llevé de los últimos meses de mi penúltimo año en la escuela superior.

Mi instructor de dibujo, el señor Morgan, ya me había pedido que participara en una demostración de AutoCAD para una conferencia técnica de alcance estatal. Yo me había anotado en una clase de dibujo sin ninguna idea de cuánta destreza física se requería para manipular reglas, compases y una diversidad de otros instrumentos necesarios para producir dibujos técnicos que no solo fueran reproducibles sino milimétricamente exactos. Con solo una mano y ningún dedo, la clase me hubiera resultado imposible de no haber sido por un instructor muy paciente y un programa de computación que me permitía usar el ratón y el teclado para crear digitalmente en la pantalla los dibujos que mis compañeros producían en sus mesas con lápiz y papel. Como llegué a dominar tan bien el programa, recibí el honor de demostrar las posibilidades a los profesores de otras escuelas del estado.

Poco después de eso, el director, el señor Randolph, me dijo que deseaba pedirme un favor. Él y yo siempre nos habíamos llevado muy bien, por lo que acepté su invitación para dar una charla a los estudiantes de un curso de posgrado sobre «La sicología de los niños especiales», que él estaba recibiendo en la Universidad de Carolina del Sur. Siendo estudiante de la escuela superior el solo hecho de tener la oportunidad de dar una presentación a una clase de estudiantes graduados ya era de por sí un honor, pero el pensar que el director de la escuela hubiera confiado lo suficiente en mí para pedirme que enseñara una clase de graduados me hacía sentir todavía mejor. Además demostraba que me respetaba lo suficiente para creer que tenía algo que valiera la pena decir.

Tuve otra experiencia significativa esa primavera después que uno de los consejeros vocacionales de la escuela me sugiriera postularme para un programa de becas especiales llamado «Tribute Award», patrocinado por la tarjeta Discover en cooperación con la Asociación Americana de Administradores de Escuelas. Estos tributos son especiales, porque honran a los alumnos que además de tener un buen rendimiento escolar han demostrado realizaciones sobresalientes en la comunidad y en sus vidas personales.

Pasé horas y horas completando todo el papeleo preliminar. Mis padres me ayudaron a pensar y a hacer una lista de todas las organizaciones en las que había participado, de mi experiencia laboral y todos los esfuerzos como voluntario en los que había estado involucrado, de todos los premios que había recibido en mi vida, de la mayoría de las charlas que había dado, y de las apariciones en televisión y las entrevistas para los periódicos con el fin de relatar mi historia. Me llevó un buen tiempo.

Luego tuve que reunir cartas de recomendación que se refirieran a mi carácter, mis logros y mis capacidades de liderazgo. Pero el principal requisito era escribir una serie de breves ensayos acerca de los obstáculos que había superado, de mi experiencia como líder, de mi servicio comunitario, mis talentos especiales y mis metas para el futuro.

Una pocas semanas después de completar y presentar la carpeta, recibí una llamada telefónica en la que me notificaban que con lo que había escrito había merecido el primer lugar, el Premio de Oro para el estado de Carolina del Norte en la categoría de Ciencia, Negocios y Tecnología del programa Discover Card Tribute Award correspondiente a 1995. Eso significaba que había ganado una beca por dos mil quinientos dólares y que estaría compitiendo por el premio nacional.

A mediados de mayo, recibí la notificación escrita de Discover Card, felicitándome por ser el ganador del premio nacional. Era uno de los nueve estudiantes de la escuela superior cuyos ensayos habían ganado el Tribute Award Silver, que sería entregado en una ceremonia especial en Chicago, al mes siguiente.

A fines de junio, Discover Card nos pagó el viaje por avión a Chicago a mí y a mis padres, nos alojó en el hotel Ritz-Carlton, nos paseó por la ciudad durante tres días, y agasajó a los nueve ganadores de los ensayos. El banquete de la entrega de premios contó con la presencia del entrenador de fútbol americano Lou Holtz como maestro de ceremonias, con videos producidos profesionalmente como tributo a cada uno de los ganadores, y con celebridades como el gran patinador sobre hielo Scott Hamilton y la presentadora Trisha Yearwood, quienes nos entregaron nuestros premios. Fue una experiencia fenomenal, donde pude conocer a personalidades interesantes y recibí otra beca por quince mil dólares como parte del premio nacional.

La mayoría de los artículos escritos con relación a este premio eran citas del ensayo que había escrito, el que comenzaba así:

¿Alguna vez has entrado en una habitación y todas las miradas se posan sobre ti? Imagínate esto: estás delante de un público de cientos o hasta de miles de personas. De pronto todos giran la cabeza y ahogan un grito de asombro al verte. Tal vez para ti sea un sueño; esta es la pesadilla con que vivo a diario. Los pequeños lloran y huyen cuando me ven. Los niños mayores dicen: «¡Miren a ese mono!» Los adultos me han dicho: «¡Quítate esa máscara!» Otros se han retirado de los restaurantes con disgusto, afirmando que les arruinaba la comida.

Cuando tenía veintidós meses sufrí quemaduras graves en un accidente automovilístico. Solo me quedaron muy pocos centímetros del cuerpo con apariencia normal. La coronilla de la cabeza estaba tan quemada que el cráneo quedó expuesto durante años. Al principio, los médicos no me dieron mucha probabilidad de vida, y si sobrevivía, dijeron que no podría llevar una vida normal. El accidente me dejó con lesiones que los expertos describen como unas de las peores sobre las que se tenga conocimiento. Además de las lesiones en el cráneo, perdí la nariz, las orejas, los párpados y los labios. La piel tersa, todos los dedos de las manos y de los pies, y una mano quedaron calcinados. Ahora, quince años después, he sido intervenido cuarenta y cinco veces y he pasado dos años de mi vida en el hospital. No obstante, sigo viviendo la vida con la cara y el cuerpo desfigurado.

Cuando se ha perdido la belleza, ¿qué se hace? De forma consciente e inconsciente he resaltado mi personalidad más que mi apariencia. Cuando todo lo que había era un obstáculo que debía vencer, desarrollé lo que podía e intenté olvidarme de lo que me era imposible. A pesar de las quemaduras profundas en mis piernas aprendí no solo a caminar sino también a correr. Desde mis primeros años como preescolar he jugado al fútbol y soy buen jugador (la pasada temporada tuve el honor de jugar en el seleccionado de la confederación).

Aprender a andar en bicicleta fue difícil, pero lo logré. Aprendí a sostener el manubrio sin dedos. Ahora disfruto de las bicicletas de montaña. Aprender a nadar parecía imposible. Sin embargo, conseguí nadar y bucear, y ahora disfruto del buceo con tanques de oxígeno y con tubo de respiración, del esquí acuático de rodillas (detrás de una lancha) y del bodyboarding (en las olas) Soy un competidor...

Para superar la barrera de mis deformaciones aprendí a ayudar a otros a sentirse más a gusto cuando están conmigo. Trato de crear un ambiente entretenido con un poco de humor para distenderlos. También he aprendido a reírme de mí mismo y de mi condición. Y, deliberadamente, he aprendido a jugar al ping-pong, al billar y al futbolín de mesa para tender puentes con los demás.

Mi fe en Dios y mi convicción de que él me ha salvado para su propósito, es la luz que ilumina lo que a menudo parece un mundo oscuro. La promesa de que él siempre está conmigo, de que no ve las apariencias sino el corazón de todas las personas, es la razón que me ha hecho capaz de superar las extremas barreras físicas y mentales impuestas por mi propio cuerpo, los cambios geográficos y el rechazo de la sociedad.

Algunas personas se esfuerzan toda su vida para que al entrar en una habitación puedan ser reconocidas por un gran número de personas. Yo ya cuento con esta habilidad porque de niño sobreviví heridas que pusieron en riesgo mi vida. ¡Ahora solo tengo que preocuparme por recibir los aplausos!

Regresé de Illinois a casa sintiéndome halagado y agradecido por el reconocimiento nacional que había recibido y ansioso por el último año de la escuela superior que estaba por comenzar. Ahora estaba firmemente convencido de una de las cosas que había escrito en ese ensayo: «Había sido salvado para ser un líder».

No obstante, mientras pensaba en el último año que me esperaba en la escuela superior y el último año que viviría en casa, no podía dejar de pensar: *Es imposible que pueda haber un año mejor que el que acaba de pasar.*

Me equivoqué.

Capítulo 17

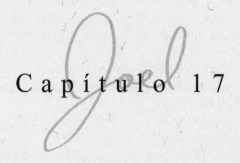

U na de las mejores cosas sucedió, aún antes de que comenzara el año escolar, cuando planifiqué, organicé y dirigí un equipo de misiones de verano formado por jóvenes de la Iglesia Presbiteriana de Montreat y un grupo de una iglesia hermana de Harlem, Nueva York. Nuestro equipo reparó las casas y limpió las propiedades de dos mujeres mayores de la región de Black Mountain. Mi supervisión y participación en el esfuerzo contribuyó a mi proyecto Eagle, el último requisito para el rango de más jerarquía de los exploradores.

Luego comenzó el año escolar, y mi último año en la escuela superior resultó ser el más activo de mi vida. Siguiendo el consejo que Jami me había dado hacía cuatro años, me postulé para presidente del estudiantado, lo que implicaba que tendría un papel visible en muchas actividades del colegio. Además de presidir las reuniones del consejo ejecutivo y estudiantil, siempre que había una asamblea en el auditorio también me sentaba en la plataforma con los directivos y los invitados. De forma habitual me encontraba al lado del micrófono para hacer uso de la palabra durante las asambleas en el gimnasio.

Luego estaban las visitas diarias a la oficina del director, donde me sentaba de un lado de la mesa y el señor Randolph del otro mientras me pasaba el micrófono de los altavoces y decía: «Ahora, con los anuncios del día, el señor Sonnenberg».

Un día, poco después de comenzar el año, cuando el señor Randolph estaba fuera de su oficina, tomé la iniciativa de hacer los anuncios al final de las clases por mi cuenta. Cuando terminé, continué y les di permiso para retirarse sin darme cuenta de que faltaban quince minutos para terminar la jornada escolar.

Mis compañeros no se molestaron en absoluto. En realidad, prácticamente salieron corriendo del edificio, con la esperanza de llegar a sus autos antes de que alguien los hiciera volver. La reacción sorprendida del personal administrativo hizo que me diera cuenta de mi error incluso antes de que un señor Randolph alarmado entrara en la oficina. «¿Cómo vas a estar dándoles permiso para retirarse?», exigía saber. «¡Los autobuses todavía no han llegado!»

¡Ayy! Hice un esfuerzo por no reírme, mientras le explicaba con sinceridad que se había tratado de un error inocente.

El señor Randolph al principio debió tener algunas dudas acerca de mi inocencia, pero creo que lo convencí de que no me había dado cuenta de la hora que era. «Está bien», concedió al final, mirándome a los ojos, «pero más vale que no se repita».

Me llevaba muy bien con el señor Randolph. Al día siguiente él estaba riéndose de todo el asunto. No obstante, me aseguré de nunca más darles permiso para retirarse antes de hora.

No porque no me hubiera venido bien contar con algún tiempo extra la mayoría de los días. Mientras todavía era alumno de la Escuela Superior de Owen, también me enrolé en un par de cursos en Montreat College ese año. Las clases que tomé de redacción en inglés y esquí, eran válidas para computar créditos en lengua y educación física para obtener mi diploma de enseñanza superior, y al año siguiente, cuando comenzara la universidad, podría transferirlos y contar con algunos créditos ya ganados.

Además de las clases, el fútbol me ocupaba casi todas las tardes. Mis compañeros me eligieron para ser cocapitán del seleccionado durante mi último año de escuela, y gané todo los honores como el mejor mediocampista del equipo. Durante el otoño tuve la ceremonia de Eagle Scout, la culminación de todos esos años en el movimiento y todo lo que había trabajado con los exploradores. En noviembre, también me pidieron que hablara en una sesión plenaria del Congreso Mundial de Quemados de la Sociedad de Phoenix, celebrada ese año en St. Louis. Hablé sobre el tema de la conferencia: «Cómo crecer después de sobrevivir».

****

No sé qué fue lo que despertó de nuevo su interés, aunque pudo haber sido la cobertura en las noticias por causa de la beca Tribute Award de la tarjeta Discover que había ganado en el verano, pero la presentadora de las noticias de la NBC de Chicago, Carol Marin, la misma periodista que había incluido mi historia en su programa especial para la televisión acerca de la desfiguración facial cuando tenía cinco y ocho años, pidió permiso para venir a Carolina del Norte con el objetivo de filmar un seguimiento de la historia.

Los dos días que estuvo acompañándome por los pasillos de la Escuela Superior de Owen —filmando mis prácticas de fútbol, conversando con los profesores y amigos, realizando entrevistas tanto a mí como al resto de nuestra familia en Montreat— me hicieron apreciar a Carol Marin como periodista. Parte de la cobertura de noticias con respecto a la beca de la tarjeta Discover no me había gustado. Los titulares del tipo «Víctima de un incendio prospera con los desafíos» o «Adolescente quemado vence a pesar de todo», como muchas historias en el curso de los años, parecían centrarse más en lo que me había sucedido hacía dieciséis años que en lo que era hoy. Se me retrataba como (1) una víctima digna de lástima por las cosas horribles que me habían sucedido, o (2) una víctima digna de admiración, casi divinificada, por haber superado la terrible tragedia que había «arruinado» mi vida. Ambos enfoques se centraban en la lástima, porque me consideraban principalmente como una víctima... ya fuera una víctima sufrida o una victoriosa.

Carol Marin pareció no conformarse con estos lugares comunes. Por supuesto, relató lo que me había sucedido en el peaje de New Hampshire en 1979, pero su interés no era solo superficial. En vez de retratarme como alguien «diferente» en peores condiciones que todos los demás, o como alguien que es mejor que todos debido a lo que había tenido que superar, ella quería ahondar. Estaba más interesada en saber quién era yo en realidad.

Carol no parecía interesada en escuchar los detalles de las respuestas crueles de las personas hacia mí sino, en mis propios sentimientos frente a las miradas y los comentarios insensibles.

—Cuando eso pasa, me duele en lo más profundo. Solo que no lo demuestro —tuve que reconocer.

—Nunca te puedes acostumbrar, ¿no? —preguntó.

—¡Todavía no! —le dije.

Me hizo otra pregunta difícil

—¿Y qué de salir con chicas y tener novias?

—No es tan malo como algunas personas tal vez piensen.

—¿Quisieras casarte y tener hijos algún día? —me preguntó.

—Espero —respondí—. Oro...

—Quería saber también algo mas. ¿Alguna vez te has preguntado: «Si Dios es un Dios tan misericordioso y bueno, ¿por qué le hace la vida tan difícil a algunas personas?».

Dios nunca nos da más que lo que podamos soportar.

—Dios nunca nos da más que lo que podamos soportar —le respondí.

—¿Crees eso?

Le aseguré que sí.

Me han hecho muchas entrevistas en el curso de los años para saber que no es posible estar seguro de cómo resultará la producción final, hasta tanto no la leamos en el periódico o la veamos en la pantalla. Pero cuando la NBC me envió una copia de la historia en dos partes que transmitirían ese noviembre en Chicago, me sentí satisfecho de que Carol Marin hubiera entendido y de que hubiera plasmado fielmente cómo soy, y lo que deseaba decir.

Sentí que la historia estuvo bien resumida por uno de los asistentes del director, quien apareció ante cámaras diciendo: «Joel es la persona más normal que conozco. ¿Perfecto? Eso no podría decirlo. ¡Pero normal, sin duda!»

Eso me hizo sentir bien.

La atención pública que recibí pareció multiplicarse en las semanas y meses subsiguientes.

Primero me informaron que sería portador de la llama olímpica cuando pasara por la región oeste de Carolina del Norte, de camino a los Juegos Olímpicos de Atlanta el verano siguiente. La organización filantrópica United Way había comenzado su búsqueda para identificar y seleccionar cuarenta «héroes comunitarios» locales y conferirles ese honor. Era uno de los nominados y después de fin de año sabría si me habían elegido.

Poco después de informarme de la posibilidad de llevar la antorcha, me enteré de que también había sido nominado para Ciudadano del Año 1995 por el diario Asheville Citizen-Times en una encuesta anual que el periódico hacía entre sus lectores. Más tarde, me comunicaron que estaba entre los finalistas. A mediados de diciembre el Citizen-Times comenzó la votación, lo que implicaba que mi fotografía, junto con la de los otros diez finalistas, aparecía todos los días en el diario en un recuadro bajo el encabezado:

Vote por su héroe de 1995
Ciudadano del año

El periódico también hacía circular en primera plana un artículo en dos partes, acompañado de fotos mías con mi pequeño hermano Kyle, con mi familia, interactuando con mis amigos en la secundaria, jugando al fútbol y todo lo demás. La primera parte, titulada «Mucho perdido», me presentaba del siguiente modo:

Ver a Joel Sonnenberg por primera vez no es fácil.

Muchos miran para otro lado. Otros ahogan un grito y se van. Algunos pequeños lloran y se aferran a sus madres.

La mayoría de las personas lo miran fijamente. Lo miran hasta que pueden procesar la imagen en su mente, para encontrarle sentido a lo que tienen ante sus ojos.

Joel sabe que es difícil. En vez de vivir su vida preparándose para el mundo, ha pasado sus años preparando al mundo para él...

Gran parte del artículo estaba dedicado a relatar los hechos del accidente y sus consecuencias, con los detalles físicos y los hechos de mi vida. Pero también presentaba una imagen halagadora de mi vida actual:

Aquí, entre las bellezas y los galanes de la escuela superior, Joel sobresale, es sin duda el líder de la escuela. Es un héroe. Es el presidente del estudiantado, el cocapitán del equipo de fútbol, corriendo por la cancha a pesar de no tener dedos en los pies, con sus piernas y tobillos doloridos por el movimiento forzado debajo de cicatrices inflexibles.

Fue el baterista de la banda, a pesar de faltarle la mano izquierda y no contar con dedos en la otra mano. Pero siguió intentándolo hasta que el director de la banda lo nombró «el baterista más destacado».

Todos los días continuó creyendo, diciéndose que podía hacer cualquier cosa que quisiera, cualquier cosa que los demás muchachos hicieran...

La segunda parte, con el título «Mucho para dar», apareció al día siguiente y profundizó en el tema, hablando acerca de mi experiencia actual en la escuela superior y de mis planes para el futuro. Es posible que exagerara mis logros al referirse a todas las actividades en que participaba. Sin embargo, dejaba bien en claro que no lo había conseguido todo solo por mérito propio:

«La perspectiva de mis padres era que tendría que demostrar que lo podía hacer», dice [Joel]. «Todo lo que he logrado supera por un gran margen sus más audaces sueños. Ellos solo esperaban que sobreviviera».

Joel les da todo el crédito, y dice que si ellos no lo hubieran animado, él no habría tenido la voluntad para seguir adelante.

Pero la verdadera prueba de toda esta enseñanza y estímulo, todavía está por venir. En el otoño, Joel ingresará a la Universidad Taylor, una universidad privada en Indiana donde su hermana mayor, Jami, cursa primer año.

Por primera vez en su vida tendrá que valerse por sí solo, lejos de una familia que lo protegió y preparó, lejos de los amigos que veían más allá de las cicatrices.

Será una nueva etapa. Y no será fácil: las explicaciones, los preparativos, la enorme cantidad de energía que debe invertir para ganarse a los demás.

«Estoy listo», dice. «Deseo ver cómo me va solo. Mis padres siempre han estado a mi lado para protegerme. Es hora de emprender nuevos caminos».

Joel ha encontrado una metáfora para ilustrar sus sentimientos con respecto a dejar su hogar. «Es como un trapecio», dice. «Hay que soltarse de una cuerda para aferrarse a la otra».

Cualquiera sea la cuerda que tome, aquellos que lo miran dirán que él es un milagro.

Es un milagro porque Joel Sonnenberg está vivo.

Pero un milagro mayor es que un pequeño que perdió mucho sea ahora un hombre que tiene mucho para dar.*

---

*Susan Reihardt, «Mucho perdido ... Mucho para dar», Asheville Citizen-Times, 17-18 de diciembre de 1995. Copyright © 2004, Asheville, N.C., Citizen-Times. Reproducido con permiso.

En general creo que fueron artículos buenos, equilibrados, que no procuraban despertar solo simpatía. No tengo idea de cuánto influyeron en la votación para Ciudadano del Año. Durante un tiempo ni siquiera estaba seguro de que la gente se fijara en la votación del periódico. Pero un día estaba en la oficina de la escuela cuando la señora Jonson, una de las asistentes del director, me dijo que esperaba que ganara. «Yo ya voté por ti cinco veces», me dijo.

«¿En serio? ¡Muchas gracias!» Me sentía honrado. No me había imaginado que alguien como ella estuviera llamando al diario para votar por mí. Era evidente que muchas otras personas lo hicieron. Pronto me informaron que el Asheville Citizen-Times me reconocería como el Ciudadano del Año del oeste de Carolina del Norte, en un banquete especial el primer sábado del año nuevo. No lo podía creer. Estuve aún más emocionado, a las pocas semanas, cuando me enteré que también estaba entre los cuarenta «héroes comunitarios» que tendrían el honor de llevar la antorcha olímpica que vendría en el verano. Una vez más, publicaron un artículo y mi fotografía en el diario.

En el invierno y la primavera de ese año, también recibí más publicidad en otras partes del país. Cuando me pidieron que hablara como parte de una serie especial de conferencias en Georgetown College (Kentucky), los medios de Lexington cubrieron mi visita. Y luego tuve la oportunidad de hablar a todos los estudiantes en un servicio de capilla en la Universidad Taylor en Upland, Indiana, donde Jami era estudiante y donde yo tenía planes de ingresar al año siguiente.

* *

A pesar de todas las cosas que me sucedían fuera de la escuela, me había propuesto hacer un buen último año en la Escuela Superior de Owen. Mi término como presidente del estudiantado fue más especial porque mi amigo Ryan era el vicepresidente, y Barrett McFatter, quien había sido un gran amigo nuestro desde tercer grado, era el tesorero. El gobierno estudiantil no era algo que Ryan hubiera considerado fácilmente por sí solo. La idea de tener que pararse ante un público y dar un discurso lo atemorizaba. Le prometí que yo dirigiría las reuniones y sería la cara visible. Le aseguré que si salía de su cascarón y me respaldaba podríamos divertirnos mucho dirigiendo juntos el gobierno estudiantil.

Como yo, Ryan no tuvo oposición. Así que ahí estábamos.

La escuela nos permitía un período libre de clase todos los días para dedicarlo al gobierno estudiantil. Esto era más que suficiente para tener reuniones «oficiales» del gabinete con la secretaría y la tesorería. Eran sesiones de opiniones abiertas para intercambiar ideas, planear actividades para el gobierno estudiantil, llevar a cabo diversas obligaciones oficiales, y en general pasarla muy bien. Casi nos encargábamos de la dirección de la escuela.

Mientras estaba en la escuela superior me había dado cuenta de que el gobierno estudiantil, en especial las reuniones del consejo, no inspiraban mucha participación ni respeto. Gran parte de las actividades parecían carecer de imaginación, casi podría decirse que eran aburridas. Por ello, uno de mis objetivos fue hacerlas más animadas y agradables.

¿Por qué había que tener todas las reuniones del consejo estudiantil en la biblioteca? ¿Qué podía ser más aburrido que eso?, pensaba. Por lo tanto, decidimos tener las reuniones al aire libre. Una vez incluso tuvimos un consejo estudiantil y nos quedamos a dormir en la escuela. Cualquier cosa que sirviera para animar el espíritu del colegio y hacer del consejo estudiantil algo más divertido y diferente, era buena. Inclusive incorporaba algunas bromas o pensamientos para el día cuando daba los anuncios diarios... cosas como estas: «¿Los vegetarianos pueden comer galletitas con forma de animales? Si las comen, ¿empiezan por la cabeza?»

Comenzamos varias tradiciones que todavía continúan hoy. Antes del gran partido anual de fútbol americano contra nuestros archirivales, la Escuela Superior de Reynolds, compramos un auto viejo de la chatarrería local, lo pintamos con los colores de la escuela de Reynolds y lo llamamos «La máquina verde». Recaudamos fondos para el consejo estudiantil cobrando a los estudiantes de la Escuela Superior de Owen un dólar por el derecho a darle un mazazo al auto.

Estábamos discutiendo posibles ideas para realizar o beneficiar al consejo estudiantil y que así más personas se interesaran cuando se nos ocurrió otra idea que también ha continuado. Los espacios de estacionamiento para los estudiantes de la Escuela Superior de Owen eran siempre un lugar muy apreciado. Algunos estudiantes llegaban veinte o treinta minutos antes todas las mañanas, en especial si hacía mal tiempo, para conseguir los lugares más cerca de la entrada. Para que más estudiantes se afiliaran al gobierno estudiantil en el futuro, solicitamos y obtuvimos la aprobación de la escuela para que hubieran lugares de estacionamiento reservados para los líderes del gobierno estudiantil a partir del año siguiente.

El mejor estímulo hubiera sido que Ryan y yo les dijéramos a los estudiantes lo bien que lo estábamos pasando. Pero no queríamos arruinar la diversión.

Cuando dije que dirigíamos la escuela, esto debe tomarse literalmente. Si no teníamos un asunto urgente para tratar, durante el período para el gobierno estudiantil nos íbamos al gimnasio a tirar al aro, o nos sentábamos en la sala de profesores a tomar café y a pasar el rato con nuestros profesores preferidos. Ryan y yo nos tuteábamos con el personal de limpieza. Y las mujeres del comedor también nos adoraban.

El período de gobierno estudiantil era justo al mediodía, así que íbamos a la cafetería entre los turnos de almuerzo. De esa manera Ryan y yo podíamos servirnos cuando el comedor estaba vacío, conversar con las mujeres que nos atendían, y tener toda la cafetería para nosotros. Un día, hacia fines de año, fuimos de mañana a la cocina de la cafetería y les pedimos a los cocineros si podían prepararnos una comida especial para nosotros. Se rieron y nos preguntaron qué deseábamos. Pedimos uno de nuestros platos favoritos: ravioles.

Chequearon y nos dijeron que les quedaba una caja en la despensa. «Pero solo si vienen entre los turnos de comedor, cuando no haya nadie más, pueden comer sus ravioles».

No sé cuál fue el menú para el resto de la escuela ese día. Tal vez algo misterioso. Pero nosotros nos sentíamos como de la realeza con nuestro menú exclusivo. ¡Y hasta pudimos repetir!

Cuando teníamos tiempo libre, Ryan y yo nos ofrecíamos para ayudar en la oficina. Las secretarias casi siempre podían encontrarnos algo para hacer. En especial, disfrutábamos distribuyendo y colocando el correo en las casillas de los profesores. En una ocasión, juntamos todo el correo de propaganda de toda la escuela y lo pusimos en la casilla del señor Morgan, nuestro profesor favorito de dibujo técnico. Luego nos quedamos por ahí esperando para ver su reacción cuando viniera por su correspondencia.

El director, el señor Randolph, también fue víctima de algunas de nuestras chanzas. Un día rodeamos su auto con conos de tráfico, de modo que no podría salir de su estacionamiento sin recogerlos todos. Otra vez, estacionamos un auto detrás del suyo, y no se pudo ir hasta que salimos y movimos el vehículo a otro lugar.

En otra ocasión en que él no estaba en el edificio, arrojamos no recuerdo cuántos rollos de serpentina en su oficina. Cuando terminamos parecía como si el Hombre Araña hubiera enloquecido dentro de la habitación. Esa vez no pudimos quedarnos para ver su reacción. Pero no tuvimos que esperar mucho. Apenas el señor Randolph regresó y abrió la puerta de su oficina se escuchó su voz severa en el intercomunicador: «¡Joel Sonnenberg! ¡Preséntese en la dirección!»

No sé por qué pensó que había sido yo. Por suerte, estaba riéndose cuando me decía: «¡Muy gracioso, Joel! ¡Ahora retira toda esta porquería de aquí dentro!» Yo había previsto su respuesta, por eso había usado la serpentina. Impresiona muchísimo cuando uno la ve, pero no es tan difícil de recoger.

Capítulo 18

Cuando Ryan y yo fuimos al cine unas semanas antes de la fiesta de fin de año, bromeamos acerca de la posibilidad de filmar un aviso solicitando compañeras para la fiesta y pagar la tarifa que el cine cobraba para que lo incluyeran entre los espacios publicitarios que mostraban antes de la película. La verdad era que no teníamos idea de a quién invitar para la última fiesta de nuestra carrera en la escuela superior. Y solo restaban un par de semanas.

Por suerte, a la semana siguiente había una conferencia de los gobiernos estudiantiles en la Escuela Superior de North Buncombe. Los líderes estudiantiles de varias escuelas de la región habían sido invitados para asistir y compartir ideas. Una de las estudiantes de North Buncombe, donde tenía lugar la conferencia, era Allison Randolph, la hija de mi director. Ya nos conocíamos, así que durante la conferencia estuvimos juntos y conversamos.

Allison, además de ser simpática e inteligente, era encantadora. Pensé en invitarla ese día pero luego decidí que no la conocía tan bien, y no sabía cómo se sentiría al invitarla a la fiesta de la escuela donde su padre era el director. Sin embargo, me animé el día después de la conferencia cuando regresé a la Escuela Superior de Owen y el señor Randolph me dijo especialmente: «Fuiste un interesante tema de conversación durante la cena la otra noche en casa, Joel». De la manera que sonrió mientras lo decía, me hizo suponer que tal vez Allison me había encontrado tan interesante como yo la había encontrado a ella.

Llamé y la invité. Me dijo que sí. Ya tenía una compañera para la fiesta, una semana antes. Y Ryan había conocido a una amiga de Allison durante la conferencia. Así que serví de mediador para animarlo a que la invitara. Cuando ella aceptó, nuestros planes quedaron listos.

Casi.

El año pasado la había pasado tan bien que deseaba que esta fiesta fuera igual de especial. Ya tenía un plan, y decidí que necesitaba un poco de ayuda para implementar solo una parte.

Debo reconocer que el Jaguar que conduje para ir a la fiesta el año anterior había sentado un precedente importante. Así que este año le dije a mi padre: «Quiero ir a la fiesta en un convertible. No tiene que ser nuevo ni lujoso. Pero que sea un convertible con clase». Era algo que deseaba de todo corazón.

Me reí cuando papá puso los ojos en blanco. Ambos sabíamos que no sería fácil. «Veremos que puedo encontrar», dijo.

«¡Eso es, papá!», festejé.

Y él comenzó a hacer llamadas telefónicas a sus amigos y distribuidores locales para encontrar a alguien que nos prestara o arrendara un vehículo para esa noche. Creo que llamó prácticamente a todas las personas que conocíamos y a casi todos los distribuidores de autos que figuraban en las páginas amarillas, pero de modo infructuoso. Al final, pudo hablar con el gerente de ventas del distribuidor de BMW de la cercana ciudad de Fletcher. El individuo no parecía tener muchas esperanzas al principio, pero papá, sin cejar en su empeño, le explicó que era lo único que le había pedido para la fiesta del último año de la escuela superior. Supongo que le dijo algo acerca de mí, que me habían nombrado Ciudadano del Año y que estaba seleccionado para llevar la antorcha olímpica ese verano. Entonces se mostró más interesado, tal vez porque la BMW era uno de los patrocinadores de los relevos de la llama olímpica, o quizá porque esperaba conseguir un poco de propaganda gratis con el gesto.

—Está bien —le dijo a mi padre—. Creo que podremos ayudarlos.

—¿Un convertible? —quería saber mi padre—. Joel dice que tiene que ser un convertible.

—No hay problema. ¿Cuándo me dijo que era la fecha?

Papá se lo informó, y el hombre le dijo que pasara temprano en la tarde del día de la fiesta que él le tendría un auto listo.

Al fin llegó el gran día, y yo me levanté increíblemente temprano para poner mi plan en acción y hacer de esta una ocasión memorable tanto para Allison como para mí. Mi plan contaba con el visto bueno del señor Randolph, así que él y su esposa me esperaban cuando llegué a su casa a las siete de la mañana del sábado. Me acompañaron a su comedor formal y puse la mesa para dos con la mejor porcelana de mi madre, los cubiertos de plata, servilletas de tela y copas de cristal.

Además le entregué un ramo de flores a la señora Randolph.

Después de desempacar el resto de mis provisiones en la cocina, me puse a trabajar para prepararle a Allison un desayuno muy especial. Y cuando ya estaba casi listo, el señor y la señora Randolph llamaron a Allison que, sorprendida y medio dormida, bajó al comedor, donde le di una sola rosa, la invité a sentarse a la mesa, y luego le serví unos waffles calientes con fresas frescas y crema batida. Creo que estaba deslumbrada. Esa había sido mi intención. Quería que todo el día fuera especial.

A modo de conclusión, después de disfrutar el desayuno, limpié la cocina, empaqué mis utensilios culinarios, y le dije a Allison a qué hora la pasaría a buscar esa tarde. Luego, después de regresar a casa, papá y yo fuimos a encontrarnos con el distribuidor de BMW en Fletcher, Carolina del Norte.

Ninguno de los dos tenía idea de qué tipo de vehículo nos aguardaría.

—Yo le dije lo que querías. Él me dijo que tenía un auto —me aseguró papá—. Tendremos que esperar a ver qué tiene.

Me temía lo peor. Será el único BMW convertible herrumbroso que he visto en mi vida.

El gerente de ventas estaba esperándonos cuando llegamos a su tienda. Papá me presentó.

—Mi hijo, Joel.

Nos estrechamos la mano.

—Creo que tengo algo que le vendrá como anillo al dedo —dijo el hombre sonriendo—. Por aquí.

Nos condujo al salón de exposición, descendimos unas escalinatas hasta un nivel inferior que estaba oscuro y en sombras. Tragué saliva. Cuando abrió una puerta que daba al exterior para que entrara un poco de luz, se volvió y me sonrió.

—Es tu día de suerte, Joel.

Señaló detrás de mí, y cuando me volví, no podía creerlo. Delante de mí estaba el nuevo BMW Z-3, flamante, reluciente, rojo, exactamente el mismo modelo de la última película de James Bond. Era el primer año que la BMW fabricaba este modelo. Eran imposibles de encontrar, por todo el país había gente en lista de espera para adquirirlo. Era uno de los vehículos más impresionantes del planeta. ¡¿Esto es lo que voy a conducir para la ir a la fiesta?!

Miré a papá. Sacudía la cabeza y se sonreía.

—¡Parece mentira! ¡No lo puedo creer! —me dijo.

Lo único que yo podía decir era:

—¡Es una hermosura!

—Estas son las llaves, Joel —dijo el gerente de ventas—. Espero que tengas una gran velada. Puedes traerme el auto en la mañana.

—¡GRACIAS! —dije—. ¡Esto es fantástico! Era lo último que me hubiera imaginado…

Temblaba literalmente mientras conducía el auto de la distribuidora a casa. Papá me seguía detrás. Y cada vez que miraba por el espejo retrovisor podía ver una enorme sonrisa de incredulidad esbozada en su rostro.

Después de vestirme para la fiesta, y antes de pasar a recoger a Allison por su casa, llamé a su padre.

—Tal vez le interese asomarse cuando pase por su casa, señor Randolph —dije. Pero no le dije para qué.

A los pocos minutos, cuando me detuve frente a su casa, el señor Randolph se dio prisa por saludarme.

—¿Qué le parece? —sonreí, mientras descendía del auto.

—¡Sensacional!

A Allison también le gustaba el auto, aunque no creo que estuviera tan impresionada como su padre o el mío. Supongo que esas cosas nos interesan más a los varones.

Tuvimos una memorable velada que comenzó cuando nos reunimos con una docena o más de mis amigos para una cena elegante en un restaurante de lujo. Ryan estaba allí con la amiga de Allison. Mi compañera conocía a alguna gente de la Escuela Superior de Owen. Cuando se la presenté a los que no la conocían, la hija del director pareció causar una buena impresión. Al menos yo estaba muy impresionado. Y no solo porque lucía espectacular.

Después de la cena fuimos a la Mansión Biltmore para la fiesta propiamente dicha. Cuando la velada terminó, nos habíamos llevado tan bien que decidí volverla a invitar. Y estaba bastante seguro de que a ella le agradaría.

Pensé que si iba a seguir saliendo con la hija del director, me convenía dejarla en su casa a la hora que había prometido. Fue lo que hice. Pero aunque ya eran altas horas de la madrugada mi noche todavía no había terminado. Eran las cuatro y media de la mañana cuando llegué a casa de Ryan. Él todavía no había regresado de llevar a su compañera a su casa, así que mientras lo aguardaba llevé a su mamá a dar una vuelta en el BMW. Ryan entró en el garaje casi al mismo tiempo en que yo volvía con su mamá, así que le pregunté:

—¿Quieres dar una vuelta?

—¡Seguro! —respondió.

Subió de un salto y fuimos a la tienda de comestibles, donde dejé que condujera un poco por el estacionamiento antes de que diera su veredicto:

—¡Impecable!

Unos minutos más tarde lo dejé en su casa y volví a la mía para disfrutar de unas horas de sueño antes de devolver, sin muchas ganas, el vehículo al distribuidor, regresando a mi hogar en la calabaza de mi padre, un Honda.

Allison y yo seguimos saliendo por un par de meses. Y luego seguimos siendo amigos. Pero como ese otoño íbamos a mudarnos a distintas universidades en diferentes lugares, acordamos mutuamente que no intimaríamos más en nuestra relación.

El día de la graduación llegó antes de que pudiera darme cuenta. Como presidente del gobierno estudiantil estaba sentado en el estrado del auditorio Thomas Wolfe en Asheville, junto con diversos funcionarios de la escuela y los dignatarios invitados, luciendo el birrete y la toga, con cintas de honor de diversos colores colgando del cuello.

Las palabras de la ceremonia de graduación estuvieron a cargo de nada menos que de la popular escritora de novelas de detectives Patricia Cornwell, antigua alumna de nuestra escuela. Cuando me enteré que cumplía cuarenta años, la sorprendí después de mi discurso encendiendo una velita en un pequeño pastel y dirigiendo a todo el público para que cantara «Que los cumplas feliz». Después de la ceremonia, regresé a casa con mi familia y mis amigos para una gran fiesta, donde teníamos toneladas de comida y también música en vivo en nuestros jardines iluminados con antorchas.

Más importante todavía que la ceremonia de graduación fue el viaje especial que una semana más tarde tuve con mi padre y mi abuelo. Me dieron a elegir el destino, pero yo sabía que abuelo siempre había querido visitar Alaska. Me parecía una buena idea. Por lo tanto, allá fuimos.

Pasamos una semana de exploración, viajamos a Fairbanks en tren, observamos al águila calva y los alces en su hábitat natural, vimos el Monte McKinley, y disfrutamos de la naturaleza. El resto del tiempo lo pasamos de pesca. Hicimos pesca de altura y atrapamos meros en el Golfo de Alaska. Después fuimos a pescar salmones en los ríos interiores.

Esa excursión de pesca única en la vida fue seguida de otra emoción diferente justo después de un par de semanas de nuestro regreso de Alaska con dos neveras llenas de pescado congelado para compartir con la familia y los amigos. La llama olímpica venía recorriendo el país, y los organizadores del tramo oeste de Carolina estaban puliendo los últimos detalles. Para llevar la antorcha me dieron instrucciones oficiales acerca de todo: cómo vestirme, cómo sostener la antorcha, cómo pasar la llama, etc., etc.

Mi uniforme oficial para llevar la antorcha olímpica me llegó por correo. No me imaginaba con el uniforme puesto, pero con cada día que pasaba, la llama se acercaba cada vez más. Más tarde llegó mi antorcha. ¡Qué hermosa! Me imaginé cómo sería tener mi propia antorcha olímpica colgada de la pared de mi cuarto... quedaría estupenda. También levanté varias veces la antorcha en alto, para estar seguro de que podría correr y llevarla sin problemas. Pero todavía no sabía en qué lugar de nuestras montañas me correspondería correr.

Al fin llegó la carta por correo, mostrando la ruta de la llama, con cada tramo indicado. «Joel», anunció mi madre, «¡es increíble! Te tocó el primer tramo, después de que la llama llegue a la Plaza Principal de la ciudad! ¡En los tribunales!» Eso significaba que estaría en el centro de toda la actividad de la ciudad. ¡Qué honor haber sido elegido para correr ese primer tramo!

Incluso había una hoja impresa oficial para cada participante, con un horario establecido minuto a minuto, con indicaciones precisas del lugar donde debía comenzar mi carrera de un kilómetro, y en qué lugares y hacia dónde debía girar. Ningún detalle quedaba librado al azar. Los organizadores tenían todo cronometrado al minuto. Así decía mi copia del cronograma oficial para el «Relevo de la llama olímpica 1996, Región 5: Día 61, miércoles, 26 de junio / Greenville a Knoxville».

A pesar de todo, cuando llegó el gran día, la llama tenía unos veinte minutos de retraso cuando llegó a la plaza principal frente a los tribunales en el centro de Asheville para la ceremonia con el alcalde y los miembros del Comité de los Juegos Olímpicos de Atlanta. Pero no me importó la espera. Me dio más tiempo para observar la escena y anticipar lo que estaba por suceder.

Por una parte, hacía varios meses que esperaba este día. Pero como todas las demás cosas que habían pasado en mi vida, creo que lo consideraba otro honor más en una larga lista de oportunidades especiales que se me habían dado. No capté toda la importancia del hecho hasta que me vi parado en la plaza central, esperando la llegada de la antigua llama que había venido desde Grecia e iba camino a la ceremonia olímpica de Atlanta, la cual sería vista por millones de personas de todo el mundo. Esto era más que un honor individual. Ese día yo era solo una pequeña parte de algo más grande, mucho más grande que yo.

Además de haber sido seleccionado entre millones de estadounidenses para llevar la llama en uno de los tramos de su recorrido, el comité me había elegido para encender mi antorcha del caldero durante la ceremonia oficial en Asheville y llevar la llama en el primer tramo que salía de la plaza. Mientras aguardaba en el borde del estrado, esperando la llegada de la llama, observé los miles de espectadores emocionados que llenaban la plaza central y me imaginé cómo sería salir de allí con la antorcha en alto. ¡Va a ser espectacular!

Y lo fue.

No puedo describir la descarga de adrenalina que sentí mientras subía al estrado en la Plaza Principal de Asheville. Luego vino la señal que todos esperábamos, la llama apareció asomándose entre la cabeza de la gente. Olas rítmicas de sonidos, aplausos, gritos y exclamaciones llenaban el aire que nos rodeaba. El corredor inclinó su antorcha para encender el caldero gigante delante de nosotros. Y con eso se dio comienzo a las formalidades.

Cuando terminó la ceremonia de quince minutos, encendí mi antorcha con el fuego del caldero. Mientras alzaba esa llama milenaria, miles de caras animadas suspiraban, exclamaban y gritaban en señal de aprobación. Con el rugido de la multitud elevé la llama sobre mi pecho como si convocara a otros a tomarla y correr conmigo.

Luego bajé los escalones con la llama en alto, alejada de la cara y de los ojos, mientras miles aplaudían. Giré por la calle College y comencé a correr por el centro de Asheville.

El rugido de la multitud de la plaza se apagó detrás de mí, la gente agolpada a ambos lados de la calle comenzó a aplaudir y a celebrar en una onda de aclamación que me estimulaba, me llevaba y me seguía en todos los pasos de mi carrera. Me sentí como un héroe conquistador aclamado por las legiones agradecidas mientras pasaba corriendo al lado de una continua línea de desconocidos en la que, de vez en cuando, asomaban caras conocidas de mis vecinos de Montreat, profesores, compañeros de clase, amigos y familiares. Ryan y algunos otros amigos corrían junto a mí, a veces por la acera de la calle, esquivando y serpenteando entre los espectadores, intentando mantener el paso para compartir este momento conmigo.

Casi antes de que me diera cuenta había llegado a Haywood y pasado la llama a la siguiente corredora, Lydia Gould, quien había sido amiga mía desde tercer grado. Ella había sido seleccionada por sus excelente logros como alumna y deportista de la escuela superior. Lydia me dio un abrazo y luego me quedé mirándola mientras se fue con la llama encendida, con la consiguiente compañía de aclamación. Así de rápido había terminado todo. Mi momento de gloria olímpica había pasado. Salvo por las veces que lo reviví para la multitud de amigos que pronto me rodearon y me felicitaron, y por supuesto, para los reporteros que deseaban un comentario mío que describiera la experiencia.

«Fue todo increíble», dije al Asheville Citizen-Times. «Saber que esta llama seguirá hasta Atlanta y que vino desde Grecia, y que ha pasado de mano en mano, de uno a otro... es indescriptible. Nada podrá reemplazar estos recuerdos ... nada. No se pueden comparar con nada, y no hay palabras para describirlos».

Gran parte de este verano después de graduarme de la enseñanza superior lo pasé reviviendo los recuerdos pasados y soñando acerca de mi futuro. Durante gran parte de mi vida me había sentido como si el mundo me considerara una especie de monstruo. Luego, recientemente, no solo en el relevo de la antorcha olímpica sino con todos los demás honores y elogios recibidos, me habían tratado más como un héroe.

Esto era suficiente para que un individuo tuviera una imagen esquizofrénica de sí mismo. ¿Cuál debía ser? ¿Quién soy? ¿Soy el monstruo que espanta a la gente? ¿O soy el héroe que se agolpan en la calle para aclamar?

Dentro de poco tiempo dejaría mi hogar y me llevaría esas preguntas conmigo. Dondequiera que fuera sabía que habría nuevas personas, situaciones y circunstancias que me pondrían frente a multitudes que nunca antes había visto. Sabía que la gente me iba a mirar. Y sabía que me iba a doler.

Pero de alguna manera saber cómo reaccionaría la gente me facilitaba el enfrentar los nuevos desafíos. Tendría que resignarme y avanzar. Cuando no es posible esconderse, no hay razón para intentarlo. Esto me permite ser yo mismo, y de esa manera me daba cuenta de que era más libre que muchas personas a quien conocía.

Cuando entro en una habitación sé que todos me mirarán. Algunos me volverán la espalda, para ellos soy un monstruo. Otros me reconocerán como un héroe, para ellos soy alguien que ha pasado a través de un tremendo sufrimiento y de adversidades, y las ha superado.

No me resulta fácil convivir con ninguna de estas reacciones.

Pero cuando me siento con ganas de tenerme lástima, de hundirme en la conmiseración, entonces sé que tengo que depender de mi fe.

Es cierto, es difícil vivir siendo el centro de la atención pública. El rechazo y el juicio pueden ser dolorosos. Pero tampoco es fácil que nos pongan en un pedestal, porque entonces hay que cumplir con las expectativas.

¿Monstruo o héroe? No sabía cuál era más difícil. Pero tampoco quería otra vida porque sabía que Dios me había permitido vivir para un propósito. Y realmente creía mis declaraciones al periódico de Asheville: «Dios me ha dado una bendición no un defecto».

Mientras evocaba mis recuerdos e intentaba pensar en lo que me depararía el futuro, me di cuenta de que Dios es constante: yo había sido hecho a su imagen, y eso era lo que importaba. Él no cambiaría. Él sabía cuáles cosas podría hacer y cuáles no. No tenía que hacer cosas para él. No tenía que preocuparme de lo que otros pensaran de mí sino de lo que Dios pensara de mí. Yo podía simplemente existir. Y cualquier cosa que fuera, Dios estaría junto a mí. Siempre.

> *Me di cuenta de que Dios es constante: yo había sido hecho a su imagen, y eso era lo que importaba. Él no cambiaría.*

Mis años de secundaria habían sido más que provechosos y beneficiosos. Y tenía confianza en mí... ¡todavía me esperaba lo mejor!

Capítulo  19

Una tarde tibia de agosto en el norte de Indiana, me senté con mis padres en un auditorio lleno de estudiantes universitarios recién llegados y sus padres, esperando escuchar al presidente de la Universidad Taylor, el Dr. Jay Kesler, dar su discurso de bienvenida a los alumnos que ingresaban a primer año. Sin duda que mis futuros compañeros se sentían algo aprensivos. Quizá hasta tristes. Pero yo estaba entusiasmado. ¡Era la noche antes de comenzar la universidad! Mañana en la mañana, todos los padres ahora presentes, estarían regresando a sus hogares y quedaríamos solo nosotros. Conocería a mucha gente y me divertiría en el proceso. Los estudios podían venir después.

Esperaba que comenzara el programa, previendo las experiencias que tendría en el futuro, cuando uno de los directivos de la universidad caminó por el pasillo hasta la fila donde yo estaba sentado. Se presentó y me estrechó la mano. «Quisiéramos que vinieras al estrado para decir unas palabras a tus futuros compañeros de estudio».

Estaba tan sorprendido que no recordaba ninguno de los parámetros que me dio con respecto al tiempo de que disponía ni el tema. Mi mente de pronto trabajaba a mil. Tampoco creía que estuviera en una situación para excusarme del honor. Pero faltaban dos minutos para dar comienzo al programa, y no tenía idea de lo que iba a decir.

Momentos después me encontré sentado en el estrado junto con el presidente de la universidad, mirando a todos los desconocidos sentados delante de mí. Mis pensamientos seguían a mil. ¿Qué podía decirles a mis nuevos compañeros, muchos de los cuales esperaba serían mis amigos para toda la vida? ¡Nunca había sido estudiante de primer año en la universidad! ¡Qué sabiduría podría tener para compartir con ellos que pudiera ayudarlos para la transición que nos esperaba a todos?

Solo unos segundos antes de que me presentaran decidí qué decir. Por eso, cuando fui al podio, di un informe de mis vacaciones durante el verano. Bueno, algo así...

Uno de mis regalos de graduación de la secundaria fue un viaje de dos semanas a Alaska, con mi padre y mi abuelo, una verdadera experiencia de «camaradería masculina». La primera semana viajamos y fuimos de excursión a varios lugares. Durante la segunda semana, pescamos.

Comenzamos con la pesca de altura, embarcados para pescar meros en el Golfo de Alaska. Papá pescó varios, incluyendo una pieza de treinta y cinco libras que parecía un monstruo. Mi abuelo pescó uno que pesaba más de veinte libras. El único mero que yo pesqué se parecía más a un pez de acuario que al atrapado por mi padre, por lo que decidimos devolverlo al mar.

Esperaba que mi suerte cambiara cuando fuéramos tierra adentro a pescar salmón real en el Río Kenai. Pagamos para detenernos en tres lugares sobre un bote de pesca contratado que remontaba río arriba por ese paisaje natural, con frondosos bosques verdes y agrestes montañas en ambas márgenes del río, y con águilas calvas planeando sobre nuestras cabezas.

Confiando en la experiencia de nuestro capitán y guía, navegamos contra la corriente y luego nos dejamos llevar río abajo, buscando los bancos de salmón real que se daban en esa época del año, mirando y esperando ver cuándo se hundirían las cañas para saber que habían picado.

Mientras los anzuelos con la carnada de huevas de salmón se deslizaban por el lecho rocoso, a menudo quedaban enganchados en las rocas, hundiendo la caña antes de poder quedar de nuevo libres y flotando. Muchas veces tomé mi caña, ansioso por demostrar mis proezas, simplemente para ver cómo el anzuelo se desenganchaba de esas malditas rocas y solo me quedaba reconocer que había sido otra alarma en falso y volver a mi asiento con las manos vacías.

Antes de terminar nuestro primer día en el río, vi cómo papá sacaba un salmón real de entre veinte y veinticinco libras que al parecer le daría el derecho a jactarse por la pesca del salmón más grande además del premio por el mero. El abuelo pescó algunos salmones, pero ningún salmón real. Con todo, le iba mejor que a mí.

De pronto mi caña se dobló casi por la mitad. Me había desilusionado tantas veces que simplemente sabía que el anzuelo de nuevo se había enganchado en el fondo. Pero cuando tomé la caña, la línea se aflojó y se desenrolló. «¡Tengo uno!», grité, y todos recogieron sus líneas para darme lugar. Durante un momento me pregunté si sería un pez o un tronco. Sea lo que fuera parecía lo suficiente pesado para tirarme al agua.

«¡Creo que es uno enorme!», me aseguró el capitán. Necesitaba ánimo porque la lucha con ese salmón pronto hizo que mis brazos me resultaron pesados como plomo. Cuando el pez al fin se dejó ver, el capitán exclamó: «¡Debe pesar unas cuarenta libras!» Era enorme. Lo bastante enorme para darme el honor de haber pescado el salmón más grande del viaje, eso era seguro. Traje el pez hasta el borde del bote, pero volvió a hundirse en las aguas claras y glaciales. Mis brazos estaban tan cansados que casi estaba por pasarle la caña a papá cuando el capitán tomó la malla y se preparó para retirarlo. De pronto la línea dejó de estar tensa y mi corazón dio un vuelco. Había perdido el anzuelo. Había perdido mi trofeo. Adiós a mi gran oportunidad de ganarle a mi padre.

El segundo día todavía estaba tratando de sobreponerme a mi desilusión. ¡Si solo no hubiera perdido ese tremendo pez! Le pregunté al capitán qué había hecho mal. Él me dijo que el problema es que los peces grandes necesitan estar bien enganchados. «Cuando tomes la caña, asegúrate de dar un tirón bien fuerte, como si quisieras arrancarle la mandíbula al pez».

Me propuse que eso sería lo que haría ese día… si tenía otra oportunidad.

Papá pescó otro salmón de unas treinta o treinta y cinco libras de peso. Abuelo y yo pescamos uno de veinte libras cada uno. Nadie había pescado otro tan grande como el que había perdido.

El capitán estaba a punto de emprender el regreso, pero yo no estaba listo para darme por vencido. Todavía sostenía la caña, preparado para dar todo de mí al primer indicio de una picada. La punta de la caña se inclinó levemente. «Tengo uno», grité, tirando de la caña hacia arriba cuanto pude. La línea no se tensó.

—¡Falsa alarma! —comentó el capitán.

—No creo —le dije. Nuevamente el extremo de mi caña se había hundido y doblado como un bastón de golosina, y el pez casi me arranca la caña de mis manos.

—¡Parece que no! —sonrió el capitán mientras tomaba una gran red y la sostenía verticalmente en el centro del bote, como señal para las demás embarcaciones de que un pez había picado y que necesitaban dejar el canal libre mientras intentábamos pescarlo.

Comencé a enrollar la línea tan de prisa como pude, levantando la caña solo lo suficiente para acercar al pez, luego recogiendo la línea lo más rápido posible hasta que el extremo de la caña casi rozaba el agua. Levantar y recoger. Levantar y recoger. No iba a perder tiempo con este.

En menos de cinco minutos alguien gritó: «¡Ahí está!» El pez había aflorado justo junto al bote, y parecía enorme. «¡Por lo menos cincuenta libras!», juzgó el capitán. Estaba seguro de que también lo iba a perder. Pero esta vez mi compañero le puso pronto la red debajo en la primera ocasión que pudo. Pesaba tanto que tuvo que apoyarse con todo su cuerpo en el extremo del mango de la red para hacer palanca y poder sacar al pez del agua. Papá y el abuelo lo ayudaron a subir el pescado a bordo. ¡Buenísimo! Media un metro veinte de largo y pesaba sesenta y tres libras. Cuando lo pusimos en la nevera, era dos o tres veces más grande que cualquiera de lo otros salmones que habíamos pescado.

Mientras luchaba con la pesca de mi salmón nos habíamos dejado llevar por la corriente, por lo que ahora el capitán encendió el motor y remontamos de nuevo río arriba. Mientras navegábamos entre la pequeña flota de botes contratados que también pescaban en las mismas aguas, nuestro capitán gritó a su competencia: «¡Este muchacho acaba de pescar un salmón real de sesenta y tres libras, y ni siquiera tiene manos!»

Cada vez que hacía ese anuncio, los demás pescadores y las tripulaciones en los otros botes se volteaban y miraban para nuestro lado. Pero esas miradas no me molestaban en lo más mínimo. Por el contrario, yo estaba en la cubierta, sonriendo orgulloso, incluso saludando en ocasiones cuando alguien con un poco de sana envidia me deseaba suerte: «¡Bravo!» «¡Así se hace!» «¡Dale, muchacho!»

No fue hasta después de un rato que la realidad se hizo patente. Cuando atracamos, papá tuvo que buscar una rama fina que pudiera pasar por las branquias de mi pez, pero lo suficiente fuerte para aguantar el peso, mientras nos tomábamos las fotografías de rigor. Con un palo balanceándose sobre nuestros hombros, la cola del pez casi tocaba el piso. Era casi tan largo como yo de alto.

Otro pescador me dijo que una vez había pescado uno de cuarenta libras y que había estado luchando más de dos horas antes de poder subirlo a cubierta. Sabía que yo no hubiera podido aguantar dos horas. Por suerte, no tuve necesidad. De alguna manera logré pescar mi salmón de sesenta y tres libras en solo cinco minutos. Lo tengo montado en la pared de mi casa ahora. Y cada vez que lo veo, todavía me resulta increíble que lo hubiera logrado. Me parece imposible.

Esta noche estoy contándoles esta historia de nuestra aventura en Alaska porque todos estamos por comenzar una aventura de cuatro años. Estoy seguro de que en algún momento todos tendremos que enfrentarnos a un desafío que nos parecerá imposible, a una situación que requerirá más de lo que somos capaces de dar. Cuando eso suceda, vamos a necesitarnos unos a otros. Y precisaremos recordar que Dios puede encontrar la manera de darnos las fuerzas que necesitamos para tener éxitos aun mayores, los que ni siquiera podemos imaginar.

****

Esa fue mi presentación ante la mayoría de mis compañeros, y fue así como los conocí. Incluso mientras regresaba a mi asiento, rodeado de los aplausos del público, sentí que pertenecía a la Universidad Taylor.

Había elegido esta universidad por diversos motivos. No deseaba estudiar en una gran universidad estatal. Sabía que si estudiaba allí me encontraría todos los días con gente nueva y tendría que enfrentarme de continuo con las mismas cosas. En Taylor, solo había dos mil doscientos estudiantes, lo que me pareció un número razonable para que los pudiera conocer y también para que la mayoría de los estudiantes supieran quién era. Si bien puede parecer una desventaja ir a una universidad rodeada de planicies de maíz, extendiéndose más allá del horizonte, consideraba que el entorno rural y protegido de Taylor era una de sus fortalezas. También decidí que Taylor representaba lo que yo más deseaba: una universidad que prometía ser una comunidad creativa de gente joven comprometida con la excelencia académica. Además del compromiso de la institución con la fe y la educación, había lazos familiares con el centro. Mis padres se habían conocido allí, y ahora mi hermana estaba cursando el último año mientras yo ingresaba en primero.

Mi discurso a los estudiantes de primer año durante la ceremonia de bienvenida no fue mi primera visita al campus de la Universidad Taylor. Una vez que decidí estudiar allí, durante mi último año de la escuela superior, mis padres encontraron la manera de que conociera el campus y de darme a conocer. Mamá y papá no enviaron a un asistente social para mostrar videos el primer día, como lo habían hecho cuando comencé la escuela. No fueron e intentaron educar a la facultad y al decano antes de que yo llegara, como habían hecho cuando comencé la secundaria. Hicieron algo mucho más efectivo. Me enviaron a mí.

Había tenido la oportunidad de presentarme ante toda la comunidad universitaria. Fue durante el semestre de primavera, mientras estaba en el último año de la escuela superior, cuando hablé en un servicio regular en la capilla de Taylor. La capilla se realizaba tres veces por semana y casi siempre estaba muy concurrida, aun cuando los estudiantes y la facultad tenían la opción de no asistir.

El presidente, el Dr. Jay Kesler, me entrevistó delante de una gran concurrencia de mis futuros compañeros. Recuerdo la primera pregunta:

«Joel, ¿por qué elegiste la Universidad Taylor?

Sin titubear respondí: «¡Por las muchachas!» Mientras resonaba una estruendosa carcajada, recuerdo que pensé: *¡Esto no va a ser tan malo!*

Recibí una buena respuesta en esa ocasión, pero el verdadero resultado vino al siguiente otoño. Como había compartido mi historia en la primavera durante la capilla, cuando ingresé con el resto de los estudiantes de primer año, la mayoría de los demás estudiantes de la universidad ya sabían quién era y conocían lo que me había sucedido, por lo que ya tenían una actitud positiva hacia mí. Esto, me dio la oportunidad no prevista, de presentarme a todos mis compañeros de primer año durante la reunión de bienvenida. Esas dos experiencias combinadas me dieron la posibilidad de responder a las preguntas antes de que me las hicieran. Además, me dieron un sentido de control sobre la manera en que me presentaba (y finalmente me aceptaban) en el campus de la Universidad Taylor.

La otra medida inteligente que mis padres y yo consideramos con anticipación fue la elección de mi compañero de dormitorio. En vez de dejarlo librado a la suerte y aceptar la persona que el colegio me asignara, solicitamos un compañero que ya conocía. Jason Martinson y yo nos conocíamos desde hace años de los campamentos de CAMP-of-the-WOODS en Nueva York. Nuestras familias eran amigas desde que su padre y el mío jugaban al fútbol americano para Taylor allá por los años sesenta.

Por supuesto, el hecho de que hayamos ido juntos a un campamento de por sí no era garantía de que fuéramos a ser compatibles como compañeros universitarios de dormitorio. Era de esperar que tendría que haber concesiones y adaptaciones. Ese siempre es el caso. Pero al menos Jason y yo no tendríamos que enfrentar la extrañeza o la incomodidad de llegar a la universidad y que se sorprendiera al verme. Yo no tendría que preocuparme ni preguntarme cuánto tiempo le llevaría a mi compañero de cuarto dejar de ver las cicatrices y ver mi verdadero yo. Y sabía que tendría un compañero de dormitorio que no le molestaría que le pidiera que me hiciera el nudo de la corbata o que me atara los cordones de las zapatillas.

Estaba tan preocupado por cómo mi compañero de dormitorio se adaptaría a mí que no pensé con igual antelación cuánta adaptación tendría que haber de mi parte.

Por ejemplo, me llevó un tiempo acostumbrarme al hecho de que Jason era un compañero de dormitorio con dos despertadores. Dormía tan profundamente que tenía que poner dos despertadores para despertarse y poder llegar en hora a clases todas las mañanas. Si eso ya no era bastante molesto, usaba el botón de repetición de alarma de ambos despertadores... todas las mañanas, varias veces.

Ni siquiera sabía cómo funcionaba este botón antes de tener a Jason como compañero de dormitorio. Pero pronto aprendí.

Una vez Jason decidió que se levantaría a la una de la mañana y que estudiaría el resto de la noche para una prueba que tenía a las ocho de la mañana. Puso ambos despertadores para la una de la madrugada. Lo sabía porque escuché la alarma de ambos relojes y me desperté para escuchar cómo mi compañero apretaba los botones para que se repitiera la alarma en ambos. Una vez. Y otra vez. Y otra vez.

No le dije nada porque sentía curiosidad, deseaba ver cuánto le llevaría a su sistema de dos despertadores sacarlo de la cama. Al final me cansé y me cubrí la cabeza con las mantas, dejé de escuchar las alarmas y continué durmiendo. A las nueve de la mañana escuché un despertador, seguido del ruido de los pies de mi compañero sobre el piso y una exclamación al darse cuenta de lo que había sucedido: «¡No lo puedo creer! ¡Me perdí la clase de las ocho!»

No saqué la cabeza de debajo de la manta, y procuré no reírme. ¡Yo tampoco lo podía creer! Tal vez tendría que haberme puesto en contacto con el libro Guinness. Mi compañero debió haber roto alguna marca mundial, durmiendo con el ruido de fondo de dos despertadores cuyas alarmas sonaban cada nueve minutos durante ocho horas continuas. Además, se perdió la clase y la prueba para la que tenía la intención de estudiar durante toda la noche.

Aparte de algunos pequeños ajustes que ambos tuvimos que hacer, la decisión de tenerlo como compañero de dormitorio fue buena. La mayoría, si no todas, de las ventajas que había previsto dieron su fruto. A pesar de nuestras diferencias, Jason y yo nos llevamos lo bastante bien para compartir el mismo dormitorio durante dos años.

Por desgracia, ningún compañero de dormitorio me podría haber ayudado con el problema mayor que tuve ese otoño. La adaptación a la vida universitaria es un desafío para casi todos los estudiantes de primer año. La mía fue mayor debido a lo que ahora me doy cuenta eran expectativas muy altas con respecto a mí y a Taylor. Y de eso creo que mi familia, en parte, tiene algo de culpa.

Mis padres habían tenido una maravillosa experiencia universitaria en Taylor hacía muchos años. Además de conocerse allí, se hicieron amigos para toda la vida de otros estudiantes y profesores de la facultad, amistades que con los años se profundizaron y enriquecieron. Los días universitarios en Taylor los encaminaron en la vida tanto desde un punto de vista vocacional como espiritual.

Lo mismo sucedió en el caso de mi hermana Jami. Había visto cómo durante gran parte de sus años de enseñanza superior hacía lo que la mayoría de los adolescentes hace: esforzarse por saber quién es, procurando cultivar relaciones significativas y un lugar en el mundo.

Cuando comenzó la universidad, mi hermana pareció florecer —espiritual, emocional e intelectualmente— y convertirse en una mujer joven que llamaba la atención. Le envidiaba las profundas relaciones que había cultivado con sus compañeras de residencia y con sus amigas.

Yo tenía metas similares para mi experiencia universitaria. Y como en el caso de Jami todo había parecido avanzar tan rápido y sin esfuerzo, suponía que todo me saldría bien también a mí. Cuando las cosas no sucedieron como había previsto, no pude dejar de preguntarme cuál sería el problema.

Esos pensamientos e inquietudes me hacían sentir indeciso e inseguro. Y ese tipo de sentimientos me condujeron a una experiencia que, tal como la recuerdo, ahora me causa gracia. Sin embargo, en su momento parecía personificar las luchas que tenía.

Una tarde a principios de otoño, en primer año, unos individuos que conocía me preguntaron si quería ir a patinar con ellos por el parque de la universidad con unas muchachas que habían invitado. En casa, si un amigo me hubiera invitado le habría agradecido la invitación, y luego le hubiera explicado que los patines en línea, como los Rollerblades, me resultaban muy dolorosos, más que los patines comunes, porque a pesar de las operaciones a que había sido sometido para tener mayor flexibilidad, no podía extender los tobillos para apoyar los pies, un movimiento necesario para poder frenar con los patines. Así que... muchas gracias por invitarme, pero no puedo ir, pero tal vez podamos hacer alguna otra cosa juntos en otra oportunidad.

Sin embargo, como deseaba integrarme y salir con potenciales amigos universitarios, no quería correr el riesgo de tener que admitir la verdad: que hacía mucho tiempo que no había patinado. *Nunca se sabe; tal vez esta vez sea diferente,* pensé. Así que dije: «¡Que bueno!» y acepté la invitación.

Pedí prestados unos patines y seis compañeros nos fuimos a la residencia de las muchachas, en el otro extremo del campus. Cuando salieron nuestras seis compañeras, decidí que la idea no había sido mala.

Nos calzamos nuestros patines. Pero al incorporarme, se me abrieron las piernas, patiné, y caí estrepitosamente al suelo. Si no hubiera extendido mis brazos en el último segundo, hubiera dado de bruces contra el pavimento. Solo la rapidez de reflejos evitó que lo único que saliera lastimado fuera mi orgullo.

—¿Estás bien, Joel?

—Sí, todo bien —me reí despreocupadamente.

¡Bueno, esta sí que es una manera de romper el hielo!, pensé, mientras me incorporaba con cuidado.

—¿Listos? —alguien preguntó.

Se oyó un coro de asentimientos y arrancamos.

Al igual que en la pista de patinaje en Black Mountain cuando todavía estaba en la escuela primaria, había dos tipos básicos de patinadores. Los individuos con gracia y movimientos suaves y elegantes, que patinaban a velocidad increíble al parecer con poco esfuerzo y movimientos imperceptibles del cuerpo. Y luego los individuos como yo, el tipo de patinador que no patina sino que se tambalea sobre los patines, moviendo todos los músculos del cuerpo para tomar velocidad, con movimientos estrambóticos, y que luego se deja ir con el impulso. Por supuesto, todos parecían patinar bien mientras que yo lo hacía laboriosamente a la zaga, con un estilo torpe y tosco.

Fuimos varias veces por las aceras de un lado a otro del campus. Las pocas veces que tuve que parar me dejaba deslizar hasta detenerme gradualmente, o frenaba más rápido yendo hacia el césped.

Después de veinte o treinta minutos sin mayor percance, comencé a sentirme mejor. No creo que haya llegado a la etapa de patinar con gracia, pero al menos había logrado un ritmo en los movimientos que hacía que mi estilo fuera menos tosco.

Patinamos para un lado y para el otro, serpenteando entre los edificios, entrando y saliendo de las sombras, a velocidades que parecían incrementarse más y más. En ocasiones íbamos en un pelotón. Otras veces sentía que me quedaba muy rezagado, y tenía que esforzarme por no perder de vista a la última persona de la línea.

En un momento, mientras miraba hacia delante, vi que la línea se dividía. Una persona giró a la izquierda y subió a la acera, la otra giró a la derecha en una senda paralela. La siguiente, a la izquierda. Una más, a la derecha. Izquierda. Derecha. Izquierda. Derecha. Izquierda. Yo fui hacia la derecha.

Precipitándome por la calle para alcanzar a mis nuevos amigos, de pronto me di cuenta de que toda la línea se había detenido en seco en el medio de la calle. No había césped que pudiera usar para detenerme, pero al menos logré girar y evitar embestir a otro patinador. Hice lo mejor que pude para detenerme por completo.

Mis patines se detuvieron momentáneamente. Luego me siguieron mientras volaba por el aire, y en ese instante tuve una revelación aérea de que estaba a punto de estrellarme contra el cemento.

Acababa de encontrarle un nuevo sentido a la expresión «detenerse en seco» cuando me rodearon los demás patinadores. Me recosté de espaldas y lentamente me senté para evaluar los daños. Nada parecía haberse quebrado. Pero tenía unas feas rozaduras por todo el cuerpo. Lo peor era un rasguño de diez centímetros de largo en mi pierna que estaba sangrando.

En unos segundos todos me rodearon, expresando su simpatía y preocupación. Incluso mientras insistía en que estaba bien no podía dejar de recordar la triste verdad de que las muchachas no suelen sentirse muy atraídas por la sangre. Una persona sangrando puede que llame la atención, pero no el tipo de atención que uno desearía tener.

Definitivamente este no era el tipo de impresión que deseaba causar. Cuando al fin volví solo y rengueando a mi residencia esa noche, mi orgullo estaba herido de forma irreparable.

Por desgracia, el escenario de golpes y sangre fue simbólico de otras relaciones durante ese primer año de universidad. Parecía que cuanto más deseaba tener amigos íntimos que me desafiaran espiritual e intelectualmente, más dificultad tenía para encontrarlos. Y mientras más me esforzaba, más fracasaba. Comencé a tener dudas.

Mi hermana Jami era una mujer hermosa, y no parecía tener problemas para relacionarse en la universidad. Todos en nuestra cultura sabemos que la apariencia importa, incluso entre los cristianos. Tal vez ese era el problema.

Una parte de mí se preguntaba si la razón de mis dificultades para establecer relaciones en la universidad se debía a la residencia en que vivía. El edificio Bergwall tenía una reputación de ser una «residencia de estudiantes aplicados». Quizá si me hubiera tocado una de las residencias que se tomaban el estudio con más calma, donde la mayoría de los deportistas o los grupos populares pasaban el tiempo, me hubiera sido más fácil entablar relaciones de calidad.

No obstante, lo tomé con una actitud positiva, sonreí y me propuse saludar alegremente a toda la gente con quien me cruzaba en la universidad, participando de diferentes actividades dentro y fuera del campus para ejercitar mis dotes de liderazgo. Me afilié al Consejo de Clases (ICC, Inter-class Council) de Taylor y en segundo año me eligieron presidente. En mi segundo año acepté una invitación para ser uno de los principales oradores en el VII Congreso Mundial de Quemados a realizarse en Philadelphia. En la primavera de ese año también di un discurso a cientos de estudiantes en una conferencia de misiones que tuvo lugar en Gatlinburg, Tennessee.

Pero tal vez el desarrollo más singular e importante de mi vida durante esos primeros dos años de universidad no tuvo nada que ver con los estudios. Comenzó con una llamada telefónica estremecedora pocos días después de mi llegada a casa para las vacaciones de verano después de mi primer año en Taylor.

Cuando mamá llegó a casa después del trabajo el 5 de junio de 1997, pulsó el botón para escuchar las llamadas grabadas en la contestadora automática. La voz de un hombre decía:

—Señora Sonnenberg, le habla Roger Talbot del *Union Leader* [un periódico] de Manchester. Han detenido al conductor del camión responsable de las heridas de su hijo...

Mamá quedó helada.

—¡Dios mío! — exclamó, y comenzó a llorar.

Corrió a mi dormitorio y unos minutos después interrumpió una conversación telefónica que tenía con un amigo y me anunció:

—¡Joel! No sabes lo que pasó.

Su voz tenía un tono ensombrecido que me hizo prestar atención de inmediato. La mirada en su rostro y su agitación resaltaba la gravedad de sus palabras.

—¿Qué? —pregunté.

—¡Han arrestado a Reginald Dort!

Y al ver mi rostro inexpresivo, agregó:

—Al camionero que provocó nuestro accidente.

—¿En serio?

No me percaté de las implicaciones del hecho tan a fondo ni tan rápido como mi madre. Me llevó unos minutos hacerme a la idea. Y, no obstante, todavía no me daba cuenta de toda su significación.

Por un momento ninguno nos dimos cuenta. Pero al día siguiente comenzamos a tener algún indicio.

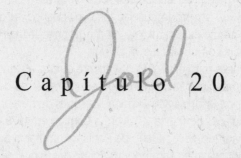

Capítulo 20

E l titular de primera plana en la edición del 6 de junio del *Union Leader* de Manchester, New Hampshire, era: «Camionero fugitivo arrestado después de dieciocho años».[*] El artículo, escrito por el reportero que el día anterior había dejado su nombre en nuestra contestadora, comenzaba de la siguiente manera:

> Un camionero canadiense que hace dieciocho años está fugitivo regresará a New Hampshire para enfrentar cargos por un terrible accidente en el peaje que dejó a Joel Sonnenberg sin dedos en las manos y en los pies, sin la mano izquierda, párpados, nariz, labios y orejas, y con profundas quemaduras en su cráneo.
>
> Reginald Henry Dort, de cuarenta y nueve años, fue encarcelado ayer en Illinois, y se espera que sea trasladado por la policía a New Hampshire.
>
> «Estamos en proceso de extraditar al señor Dort de Illinois a New Hampshire», dijo el abogado asistente del condado de Rockingham, Tracey Connelly.
>
> En una audiencia en los tribunales del condado de Rock Island, según versiones de su abogado, Frank Fuhr, de Rock

---

[*] «Camionero fugitivo arrestado después de dieciocho años», *The Union Leader*, 6 de junio de 1997. Copyright © 1997, *The Union Leader*, Manchester, N.H. Reproducido con permiso.

Island, Illinois, Dort «decidió no ser extraditado y volver voluntariamente a New Hampshire».

Dort, quien conducía para una empresa con sede en Ontario, fue arrestado cuando los funcionarios en una estación de pesaje para camiones de Illinois chequearon su nombre en sus computadoras, dijo Fuhr.

Entonces saltó el pedido de captura que las autoridades de New Hampshire habían ingresado en los registros del Centro Nacional de Información Criminal, después de que Dort pagara mil dólares de fianza y huyera a Canadá en 1979. Ese año un gran jurado del condado de Rockingham había procesado a Dort por asalto en segundo grado, un delito que de ser condenado implicaría una pena de hasta siete años de cárcel. Fue acusado de conducir un camión remolque pesado «en condiciones de mucho tránsito a velocidades excesivas» cuando se aproximaba al peaje de Hampton en la autopista interestatal 95 en dirección al norte el 15 de septiembre de 1979.

El camión que conducía Dort, cargado con más de cuarenta toneladas de cebollas, colisionó con seis vehículos, entre los que se encontraba un Chevrolet 1973 en cuyo interior estaba Joel Sonnenberg de veintidós meses, sujetado a su asiento de bebé...

El artículo continuaba con un resumen de lo que me había sucedido e incluía un par de citas de nuestra vieja amiga Nancy McKenzie, quien explicaba dónde vivía ahora con mi familia y bosquejaba algunos de mis logros en la secundaria y en la universidad. Pero no había más información acerca de Dort o de su arresto. Esos detalles vendrían llegando poco a poco en los días, semanas y meses siguientes.

Al final, Dort fue transferido de Illinois a New Hampshire, donde más adelante en el verano se le presentaron al menos nueve cargos por asalto en segundo grado, además de enfrentar cargos adicionales por no cumplir las condiciones de la fianza y por no presentarse a juicio hacía dieciocho años. Esta vez no iría a ningún lado. El juez declaró que existía el riesgo de que huyera de nuevo y ordenó que fuera mantenido en custodia hasta el juicio, bajo una fianza en efectivo de quinientos mil dólares.

Como familia, hablamos de las implicaciones. Un día le dije a mi madre.

—Si fuera por mí, mamá, no me gustaría que encerraran a este individuo.

—Piensa en lo que podría haber sido tu vida, Joel, si no te hubieras quemado. ¡Quiero que pienses en eso! —contestó mi madre.

—¡Acaba con eso, mamá! —le dije—. No puedo ni siquiera pensar de esa manera. No tengo idea de cómo habría sido mi vida si no me hubiera quemado... Quiero que tú pienses... que pienses en todas las cosas que no habría hecho si no me hubiera quemado. He hecho mucho más, y todavía tengo mucho más por hacer, de lo que hubiera hecho si fuera como todo el mundo.

Tenía que pensar de esa manera. No sabía cómo pensar de otra manera.

Si alguna vez sentí enojo contra Reginald Dort, creo que fue más por el dolor y el sufrimiento que le causó a mi familia durante estos años que por lo que me hizo a mí. Yo no conocía otra existencia.

Mis padres tenían motivos más que suficientes para sentirse amargados y resentidos. Pero no lo estaban. Creo que Dios les permitió librarse de esos sentimientos muchos años antes. No recuerdo ni una sola mención del nombre de Reginald Dort en nuestra casa mientras crecía. Sé que de vez en cuando se preguntaban, como yo, qué habría sido de él. Pero nunca se obsesionaron con el asunto. Y ahora que lo habían detenido, él todavía no era un tema recurrente en nuestras conversaciones.

Cuando expresé mis propias reservas acerca de verlo castigado, mis padres me recordaron que «no estaba en nosotros condenarlo. Eso es competencia del estado de New Hampshire».

«Todas las personas que hacen algo malo necesitan el perdón», me decía papá. Y lo mismo le decía a cualquier periodista que le preguntara. «Creemos eso porque somos cristianos. Y nosotros también necesitamos perdonarlo. Pero es necesario que se haga justicia. Aunque no creo que haya justicia suficiente para todo lo que Joel ha tenido que sufrir».

Cuando los reporteros preguntaban si estaríamos presentes en el juicio, les decíamos que no estaba en nuestros planes. Pero yo sí le dije al *Asheville Citizen-Times*. «Creo que me gustaría hablar con él. De hombre a hombre. Me gustaría ese final porque él ha sido determinante en mi vida, me guste o no me guste. Él me ha hecho pasar por mucho dolor, pero lo que hizo también me convirtió en la clase de persona que soy».

La justicia es lenta. La fecha para el juicio se aplazó unos meses. Antes de que llegara nos enteramos de que Dort se había declarado culpable de uno de los cargos de asalto en segundo grado. Los fiscales habían aceptado la negociación porque les resultaba difícil armar un caso sólido luego de que tantas pruebas, incluyendo los testigos y las víctimas, eran imposibles de ubicar o se habían mudado después de haber transcurrido veinte años del accidente. Prefirieron evitar el costo y la incertidumbre de un juicio, sabiendo que la negociación al menos resultaría en un período de encarcelamiento para el acusado.

Nadie sabía cuánto sería la condena que recibiría Reginald Dort. Eso dependería del juez, quien fijó la audiencia para julio, después de mi segundo año en Taylor.

Cuando llegó la noticia, y en especial luego de que mi familia y yo fuésemos citados a comparecer en la audiencia, comenzó la cobertura en serio de los medios. Además de recibir llamadas telefónicas de reporteros de periódicos de todo el país, nuestra vieja amiga Carol Marin y su productor Don Mosely llamaron y pidieron permiso para acompañarnos a New Hampshire para filmar la conclusión de la historia que venían siguiendo hacía catorce años. (Carol también había figurado en los titulares unos meses antes. Había defendido su integridad periodística y renunciado a su lucrativa posición como presentadora de la filial de Chicago de la NBC, prefiriendo trabajar como reportera para la CBS antes que compartir el noticiero de la noche con el presentador de programas de entrevistas Jerry Springer, quien había sido contratado por la administración del canal en una polémica medida por aumentar los índices de audiencia.)

Cuando se enteró de lo que me estaba pasando, Carol discutió la idea con otro antiguo famoso de la NBC que también trabajaba ahora para la CBS. Cuando le preguntó a Bryant Gumbel si le interesaría un especial para su programa de noticias, *Public Eye*, él de inmediato recordó las anteriores historias que Carol había hecho para el programa *Today*. «¿Hablas en serio?», respondió. «¡Por supuesto que me interesa!»

****

En un hermoso día de verano, a mediados de julio, mamá, papá, mi hermano menor Kyle y yo, subimos a nuestra camioneta con tracción en las cuatro ruedas y tomamos en dirección al norte, hacia New Hampshire. Sommer y Jami se reunirían con nosotros unos días más tarde. Y junta, nuestra familia vería por primera vez al hombre que tan gran impacto había tenido en nuestras vidas.

Las cámaras de CBS viajaban con nosotros, a veces detrás de nuestro auto, otras veces dentro el vehículo.

Mamá y papá hacían memoria de lo ocurrido mientras recorríamos la ruta I-95 en dirección al norte hacia el peaje de Hampton, donde había tenido lugar el accidente. Kyle nos informó que había un camión remolque detrás de nosotros cuando disminuimos la velocidad para pagar el peaje. «Mike, estábamos en la senda más hacia la derecha, ¿no?», preguntó mamá. La memoria de papá concordaba con la de ella, y todos hicimos silencio mientras papá se detenía y entregaba el dinero al empleado.

Un poco después estacionamos delante de los tribunales de Brentwood, New Hampshire. Fuimos recibidos con amabilidad por un abogado de oficio de las víctimas que nos condujo dentro del recinto. Nos sentamos y hablamos con los fiscales antes de la audiencia, y ellos nos volvieron a explicar las dificultades que habían tenido para reunir las pruebas necesarias y el testimonio que les permitiera reconstruir el caso de casi veinte años.

Sin embargo, se aseguraron de hacernos entender lo que habían deducido. Según Dort, sus frenos habían fallado, pero los investigadores del accidente determinaron que los frenos estaban en buen funcionamiento. También confirmaron lo que habíamos escuchado acerca de que Dort conocía a la mujer que conducía el primer vehículo que embistió. Los investigadores y fiscales especulaban que todo el accidente se debió a que él estaba intentando obligar a la mujer a detenerse, alguien con quien él había tenido algún tipo de relación. Era muy posible que estuviera intentando evitar que ella fuera a Canadá y enfrentara a la esposa y a la familia de él.

La mujer les aseguró a los investigadores que nunca había tenido ninguna relación romántica con Dort. No podía dar testimonio acerca de lo que había sucedido ese día en el peaje porque, según aducía, desde el accidente había sufrido de amnesia, y no tenía memoria de la colisión ni de lo que había sucedido el día anterior al hecho.

Esta parte todavía es un misterio. Es posible que nunca sepamos la respuesta a «¿Por qué?» Pero esto fue solo una pequeña desilusión en lo que en otro sentido fue un día memorable y significativo para la familia Sonnenberg.

Unos minutos antes de dar comienzo a la audiencia nuestra familia fue conducida a la sala del Juez de la Corte Superior, Douglas R. Gray. Poco después vimos por primera vez a Reginald Dort, un hombre canoso, espigado, vestido con el mameluco naranja de la prisión y conducido por los asistentes a la mesa de la defensa, donde se sentó entre un par de defensores de oficio.

Todos nos pusimos de pie mientras el alguacil anunciaba la entrada del juez. Y cuando nos volvimos a sentar, el juez golpeó con su martillo para dar comienzo a la audiencia. Los hechos del caso, las acusaciones oficiales y los detalles de la declaración se repasaron someramente. Pero antes de que el juez pronunciara su sentencia todos los miembros de nuestra familia (con excepción de Kyle) tuvimos unos minutos para expresar nuestra opinión con respecto al caso o al castigo que creíamos que merecía Reginald Dort.

Mi hermana Sommer fue la primera en subir al estrado, de frente al juez y a la mesa de la defensa. Esto fue lo que dijo:

Me presento como miembro de una familia que ha sufrido y soportado muchísimo en los pasados dieciocho años. Esta mañana comparezco ante esta corte con una perspectiva diferente por completo. No conozco un «antes» del accidente, solo conozco el «después». No conocí a Joel con pelo, con piel suave, con dedos en las manos y en los pies, solo lo conocí como se presenta esta mañana ante ustedes.

… las innumerables horas que he visto pasar a Joel en el hospital … ver el dolor físico antes y después de las internaciones en el centro médico … y el dolor emocional: las miradas … las explicaciones constantes … la ausencia frecuente de mis padres y la atención dirigida regularmente a las necesidades de Joel…

No es posible que esta mañana se haga justicia. No hay condena en prisión que pueda librarnos de todo lo que Joel y mi familia han tenido que sufrir.

Mis padres me han testificado del poder de la cruz. Y con Cristo en el centro de mi vida, y gracias a su amor y su perdón, puedo amar y perdonar a quien tanto daño hizo a mi familia. Sin embargo, eso no justifica sus acciones.

Gracias, mamá y papá, por su amor y su apoyo. Y gracias, Joel, por enseñarme lo que es la verdadera belleza.

Creo que toda la familia estaba sollozando y secándose las lágrimas cuando Sommer terminó y Jami tomó su lugar:

A los veinte años de edad ya he tenido una vida única. Aquel día de septiembre del año 1979 mi familia cambió para siempre. En un instante. No nos quedaba otra opción. Fue entonces, con solo tres años de edad, que comencé mi niñez atípica con numerosos viajes al hospital ... siendo testigo de los aullidos de mi hermano cuando le cambiaban los vendajes ... sufriendo la ausencia de mis padres...

Aunque nunca dejé de ser una niña mimada por sus papás, las necesidades de Joel siempre fueron más imperiosas, más urgentes.

Explicar las deformaciones de mi hermano a mis amigos se volvió tedioso. Era frustrante, porque aceptar a Joel les llevaba más tiempo del que yo hubiera deseado. Era difícil comprender por qué otros tenían tanto problema con mi hermano menor solo porque su apariencia era diferente.

El accidente me hizo madurar rápido. Aprendí a ser fuerte y a defenderme cuando los demás se reían o miraban fijo a mi hermano. También descubrí que mi lugar en la familia no era ser el centro de atención sino que debía ser el apoyo detrás del telón.

Mientras experimentaba todo esto mis padres tenían que atravesar sus propias adversidades y dificultades. He visto de primera mano cómo, cuando sucede algo traumático en la familia, toda la unidad familiar se trastorna. Todo sentimiento, hasta el más pequeño, parece quedar expuesto.

Estoy muy agradecida por mis padres y por su guía para todos nosotros. Siempre dieron todo de sí. Mamá y papá nos enseñaron a perdonar y nos mostraron que una actitud positiva, que no darse por vencido ante nada, sirve de muchísimo.

La vida de Joel es diferente en todo sentido. Lo que él ha sufrido desde aquel día aquí en New Hampshire me es incomprensible... No hay cantidad de años de cárcel que puedan resarcir lo que él perdió y sufrió.

Joel, admiro tu perseverancia, tu empeño por salir adelante, tu amor a la vida, y lo más importante, tu dependencia de Jesucristo. Gracias por enseñarme qué cosas son las que en verdad importan en la vida.

Gracias, mamá y papá, por enseñarnos que a pesar de las cosas horribles que tengamos que pasar, si decidimos confiar en el Señor y tener una sonrisa en el rostro y el gozo en nuestro corazón, al final todo se puede vencer.

Despúes de Jami vino mi mamá. Y ella comenzó dirigiéndose al juez:

Su eminencia:

Desearía expresarle a este tribunal que mi familia y yo estamos contentos con el acuerdo a que han llegado la justicia y el señor Dort. Es un alivio saber que no habrá necesidad de revivir [aquí], en un largo juicio, los detalles del horrendo accidente en el peaje de Hampton hace casi diecinueve años. Es un alivio que el señor Dort se haya declarado culpable de las acusaciones.

Sin embargo, los detalles han sido revividos por esta madre una y otra vez, y una y otra vez, en el curso de estos años…

Ustedes ya han escuchado, en términos muy generales, una fracción muy pequeña del dolor [de Joel]. Como madre, he vivido su sufrimiento, causado parte de su sufrimiento, y hecho todo lo posible por aliviar su sufrimiento.

La belleza de lo que hemos experimentado es que el mal se ha convertido en bien: Dios cambió la peor devastación en belleza, en una poderosa historia que él está usando para sus propósitos.

Podría describirles hoy todo el tratamiento físico que implicó el cuidado de mi hijo en los últimos diecinueve años, el cambio de los vendajes sobre las capas de músculo cubiertas con injertos de piel, la sección de cráneo expuesto del tamaño de una gorra de béisbol en su cabeza, los ungüentos, las lociones, los medicamentos, los ingresos en el hospital, el tremendo esfuerzo organizativo para los padres al tener que coordinar el cuidado de nuestro hijo y de nuestra familia.

De todos los momentos angustiantes, tal vez los más difíciles fueron las preguntas que un pequeño le hace a su madre. Cuando tenía cuatro años: «Mamá, ¿cuándo voy a tener la piel tersa como la tuya?» A los cinco años: «Mamá, ¿cuándo voy a tener dedos?» (Como si se trataran de dientes que pronto le saldrían.) A la edad de ocho años: «Mamá, ¿por qué nos chocó ese camión? ¿Por qué no se detuvo?» Cuando tenía quince años: «Mamá, creo que he sufrido más que Jesús en la cruz».

Su eminencia, no hay nada que pueda reemplazar lo que mi hijo perdió físicamente. Desde el primer momento hemos vivido para el cielo, y para lo que significará para Joel: el fin absoluto de todo el dolor y el sufrimiento, y un nuevo cuerpo glorioso que no podrá ser destruido. La belleza de lo que hemos experimentado es que el mal se ha convertido en bien: Dios cambió la peor devastación en belleza, en una poderosa historia que él está usando para sus propósitos. Hoy lo alabo por haber hecho tanto en la vida de Joel, y en la nuestra.

Perdono la imprudencia del señor Dort y su acción destructiva. Le ruego que escuche la voz de su Creador ... que se vea como Dios lo ve, con tantas cicatrices como Joel, pero en su interior. Sin embargo, el Señor puede darle un nuevo corazón y una vida nueva y con propósito.

Después que mamá regresara a su asiento, papá subió al podio. Él también agradeció a la corte y manifestó que creía que se haría justicia... si bien la verdadera justicia todavía no sería posible.

Luego describió dos días representativos para recordar a la corte y al señor Dort lo que nuestra familia había tenido que sufrir. Primero hizo referencia a su propio dolor físico cuando estuvo internado en el hospital después del accidente. Cómo tenía que guardar cama por causa de sus propias quemaduras y cómo, todos los días, la gente le informaba la cantidad de dedos que su hijo había perdido. Cómo la poca vida que yo tenía la iba perdiendo dedito a dedito. «No podía ver a mi hijo», dijo papá. «No sabía si orar para que sobreviviera o para que muriera. Estaba abatido por la profundidad de mi dolor. Pero mi dolor no era nada comparado con el de Joel».

Llegado ese momento, papá cambió de tema y describió en detalle uno de mis horribles cambios de vendajes cuando tenía entre cuatro y cinco años. Luego concluyó con estas palabras:

Hemos perdido mucho como familia. Hemos sufrido como familia, pero Joel es quien más ha sufrido. Hoy comparezco aquí no tanto para pedir que el señor Dort sea castigado, porque todos cometemos errores y debemos pagar las consecuencias. Pero, señor Dort, vengo para escucharle pedir perdón. Cuando usted me pida perdón, yo lo perdonaré, pero no podré olvidarlo. Cuando usted le pida perdón a Jesús, él lo perdonará, y lo olvidará.

Hace dieciocho años usted caminó hacia la libertad, nosotros quedamos limitados a las habitaciones del hospital y las clínicas de rehabilitación.

En los últimos dieciocho años usted se ha peinado el pelo, mientras que nosotros cambiábamos las vendas en la cabeza sin cabello de mi hijo.

En los últimos dieciocho años usted se ha reído, mientras que nosotros no hemos dejado de derramar lágrimas.

En los últimos dieciocho años usted se ha atado los cordones de sus zapatos, mientras que nosotros hemos tenido que atar los de Joel.

En los últimos dieciocho años usted ha tenido tiempo para sus amigos, nosotros apenas hemos tenido tiempo el uno para el otro.

En los últimos dieciocho años usted ha planeado su futuro, mientras que nosotros apenas podíamos pensar en él, día a día.

Hace dieciocho años usted vivió, mientras que Joel luchó por sobrevivir y casi muere.

Señor Dort, hace dieciocho años usted me quitó a un bebé hermoso y rebosante de vida y me dejó con un humeante trozo de carbón y sus aullidos. A través de los años, la presión, la reconstrucción y la pericia de los médicos, los amigos, la familia y Dios han transformado ese trozo de carbón sin ningún valor aparente en un diamante reluciente, de la más extraña belleza y de un valor incomparable.

Ese es mi hijo, Joel.

Mientras papá regresaba a su asiento, me paré y lo abracé durante un momento que pareció eterno. Luego, mientras ambos nos secábamos las lágrimas de los ojos, él se sentó y yo pasé al frente de esa sala, y por fin pude ver al hombre cuyo delito había impactado mi vida. Abrí un cuaderno de notas y comencé a leer lo que tenía escrito. Mi voz se quebró cuando comencé a hablar, y me preguntaba si sería capaz de seguir adelante. Pero creo que podía sentir que Dios me infundía fuerzas y continué:

Tengo entendido que usted, señor Reginald Dort, se ha olvidado convenientemente de mí por los últimos diecinueve años. Como ya ha escuchado, durante [ese tiempo] mi familia y yo sufrimos inmensamente, mientras que usted, señor Dort, continuaba conduciendo un camión en Canadá.

No recuerdo nada del 15 de septiembre de 1979. Mis primeros recuerdos son de un hospital donde experimenté la peor pesadilla para un pequeño: estar solo e impotente. Esos recuerdos todavía me persiguen hasta el día de hoy...

El único poder que tenía estaba en mi voz, gritando, llorando y suplicando: «¡Por favor, con cuidado! ¡Que no me duela! ¡Que no me duela!» También recuerdo las veces en la noche, cuando mis padres tenían que irse y yo me quedaba a solas en la oscuridad de la sala del hospital, sin nadie con quien hablar, rodeado de los llantos de otros niños.

Señor Dort, si usted me robó algo fue mi infancia. Pero lo que no me pudo robar fueron las miles de oraciones que la gente hizo por nuestra familia... El techo encima de mi cama del hospital estaba cubierto de tarjetas de colores que habían llegado de todas partes del mundo, cada una era de una persona significativa que estaba orando por mí. Este amor, expresado de innumerables maneras, me acompañaría en los años venideros...

Desde el momento del accidente he crecido en un mundo que no me acepta. A primera vista, lo que menos parezco es un ser humano. Fuera de la seguridad de mi hogar soy un blanco vulnerable para los ataques, las miradas sofocantes y un sin número de comentarios como: «¡Miren eso!» «¡Quítate esa máscara!» «¡Qué espanto!»

Piense en la característica personal que más le avergüenza, algo que usted sabe que no es normal. Después que lo piense, quiero que lo escriba en letras de molde en un cartel y se lo cuelgue del cuello durante al resto de su vida. Imagínese lo que es ir al centro comercial, donde todos lo podrán ver. Esto no es un sueño; es mi realidad.

Para mí, Disney World es más un infierno que un país encantado. Ir al cine para pasar un momento ameno, en mi caso nunca es algo placentero. He tenido que convivir con todo tipo de comentarios y reacciones que se puedan imaginar durante los primeros veinte años de mi vida...

Todavía estoy aprendiendo a sonreír ante la curiosidad y la intriga de la gente. Tengo que lidiar con las dudas importantes de la vida: ¿Quién soy?¿Me casaré algún día?¿Cómo puedo relacionarme con la gente cuando se ríen de mí?¿Cómo hago para seguir teniendo una actitud positiva?

Es un milagro que pueda mantener la sanidad mental que me queda.

Muchos dicen: «Joel tiene una tremenda fortaleza de ánimo». Sin embargo, no sería nada si solo dependiera de mí. «Joel tiene una gran familia». No obstante, ellos serían los primeros en reconocer que no serviría de nada sin el poder de la oración...

En 2 Corintios 12:9 dice: «Te basta con mi gracia, pues mi poder se perfecciona en la debilidad». Es maravilloso tener esta revelación en nuestra propia vida. Es un milagro que el Señor pueda transformar nuestra innegable debilidad en una fortaleza. No hay otra manera de describirlo.

Hoy las intervenciones quirúrgicas son menos. Pero tengo en mi haber casi cincuenta operaciones y he pasado dos años de mi vida internado en un hospital.

¿Dónde puede haber justicia para una vida de dolor y sufrimiento? ¿Dónde puede haber justicia para todo el mal?... Para mi familia y para mí. este tribunal no podrá hoy impartir justicia. Pero la justicia completa y perfecta sí existe. Existirá cuando me retire de este recinto. Existirá cuando mi familia y yo podamos continuar con nuestra vida.

Mi oración por usted, señor Reginald Dort, es que llegue a conocer que la gracia de nuestro Señor y Salvador Jesucristo no tiene límites, y que el mundo no tiene sentido sin él. Porque él nos amó primero.

No dejaremos que el odio consuma nuestra vida, porque el odio solo produce miseria. Sin embargo, nos rodearemos con amor, con el amor incondicional de la gracia de Dios.

> *No dejaremos que el odio consuma nuestra vida, porque el odio solo produce miseria. Sin embargo, nos rodearemos con amor, con el amor incondicional de la gracia de Dios.*

Con esas palabras cerré mi cuaderno, miré de nuevo a Reginald Dort, que tenía la cabeza baja, y volví a mi asiento.

Momentos más tarde, el Juez Gray pidió al acusado que se pusiera en pie. Reginald Dort se puso de pie entre sus abogados, mientras el juez lo sentenciaba a tres años en un correccional del estado de New Hampshire. Primero preguntó si el acusado había entendido la sentencia, y luego le preguntó al señor Dort si deseaba decir algo.

La abogada del señor Dort respondió que su defendido entendía y aceptaba la sentencia, pero que al ser un hombre inculto no creía que sus palabras fueran propias para dirigirse a la corte.

—No es muy difícil pedir perdón —dijo el juez Gray desde su estrado.

—Lo siento —respondió Dort.

—No es a mí a quien debe decírselo —amonestó el juez.

Dort se volvió, nos miró por primera vez, y repitió las palabras:

—Lo siento.

Luego el juez nos miró y dijo:

—Debo reconocer que la familia Sonnenberg en verdad es muy fuerte.

Y dejando caer el martillo dio fin a la audiencia.

Así concluyó todo. Fue el cierre de un capítulo que había comenzado hacía más de dieciocho años. La angustia al fin había terminado.

Al menos yo pensé que había terminado.

Capítulo 21

S i alguna vez pensé que Reginald Dort, el accidente y todo lo que había vivido en el pasado quedarían relegados al olvido después de comparecer en la corte, y que nunca más se hablaría de ello ni se pensaría más en el asunto, apenas salí a los corredores de los tribunales tuve que cambiar de idea. Nada había terminado. Por el contrario, parecía como si hubiéramos abierto las compuertas.

Los reporteros rodeaban a todo el mundo. Los periódicos y las revistas de todo el país recogieron y publicaron la noticia.

La primera ola de historias apenas se había apagado cuando el programa Public Eye de la CBS dedicó casi todo los sesenta minutos de su transmisión del 29 de julio de 1998 para la historia. La producción final de Carol Marin refería el accidente, documentaba mi recuperación en el curso de los años, retrataba mi vida familiar en casa y en la actualidad en la universidad, y luego culminaba con tomas de nuestra familia frente a frente con Reginald Dort en la audiencia. El resultado fue una producción tan bien lograda de periodismo televisivo que ganó tanto un premio Emmy como el prestigioso galardón Peabody.

Pero mucho antes de que se anunciaran esos honores, mi familia se dio cuenta del impacto que la transmisión había tenido en los espectadores. Además de otra andanada de cobertura mediática (artículos y entrevistas), el hogar de los Sonnenberg fue inundado de cartas. Recibimos noticias de familiares, amigos y gente absolutamente desconocida que nos escribía para decirnos lo que el programa había significado para ellos, cuánto los había inspirado y cómo sus vidas habían sido impactadas por lo que habían visto y escuchado. Una de esas cartas, que venía de un remitente sorprendente, comenzaba diciendo:

Estimados señor y señora Sonnenberg y familia:

Como juez se supone que en cualquier caso debo sentarme estoicamente y cumplir mi función sin ninguna pasión. Por eso es posible que esta sea la primera carta que he escrito, o que alguna vez vuelva a escribir, a alguien que comparece en uno de mis juicios.

Sin embargo, me siento obligado a escribirles como familia para expresar mi admiración personal por todos ustedes. Muy rara vez las declaraciones de las víctimas afectan a los funcionarios del tribunal o a mí como lo hicieron las de ustedes.

Todas las personas presentes ese día en la sala, incluyendo al señor Dort, se retiraron siendo mejores personas gracias a la presencia de todos ustedes.

El coraje personal y los valores éticos que expresaron produjeron un profundo efecto en todos los que allí se encontraban. Puedo decir, sin sombra de duda, que ustedes les mostraron a todos los presentes allí, así como a los espectadores que anoche vieron el programa de la CBS, cómo debe ser una familia.

Son sin duda una familia extraordinaria, y me siento honrado de que hayan comparecido en mi tribunal un día de julio de 1998.

Les deseo lo mejor para los años venideros, y no olvidaré el día en que nos mostraron a todos el mejor lado de la naturaleza humana y de los valores de la familia.

Con el mayor de los respetos,
Douglas R. Gray

Fue un verdadero honor recibir tantas cartas con este tipo de expresiones de afirmación. Pero también nos animó a ver cómo una vez más nuestra terrible experiencia, en manos de Dios, había obrado para su bien (y para el bien de otras personas).

En cualquier lugar que me encontrara durante las siguientes semanas, ya fuera cerca de casa en Carolina del Norte, de vacaciones en Nueva York, o de regreso en la universidad en Indiana, la gente que había visto el programa me reconocía y deseaba hacerme preguntas.

Por ejemplo, poco después del programa en Public Eye, un amigo de la familia de la iglesia, un individuo llamado Mark, que se postulaba para un cargo público, nos invitó a papá y a mí a Asheville, a una gala de recaudación de fondos para su campaña política. La gala era en honor del Senador de los Estados Unidos, Lauch Faircloth, quien estaba haciendo campaña para la reelección ese año por Carolina del Norte. Papá tenía otro compromiso, pero sugirió que yo fuera y que Ryan asistiera en su lugar. Con toda franqueza, no me entusiasmaba mucho la idea de asistir a un gran evento público, pero papá pensó que sería una buena experiencia educativa para mí. Yo todavía no estaba muy convencido. Solo después de que me asegurara que habría mucha comida gratis, y muy buena comida, accedí a ir.

Desde el momento que entré en la recepción una fila al parecer interminable de gente desconocida comenzó a desfilar para saludarme. «Hola, Joel. Tú no me conoces, pero vi el programa en televisión la otra noche, y debo decirte que...»

«Hola, Joel. Estuviste muy bien la otra noche en la televisión».

«Nuestra cuñada enseñaba en Black Mountain cuando tú estabas en la escuela primaria. No fue maestra tuya, así que tal vez no la recuerdes. Pero hemos oído hablar mucho acerca de ti».

«Me llamo _____, Joel. Quiero decirte que has sido motivo de mucha inspiración».

«¡Joel, qué emoción poder al fin conocerte. Hace años que sigo tu historia en los diarios de Asheville».

Cuando apareció el candidato ya había estrechado tantas manos que comencé a pensar: ¡Tal vez tendría que postularme para algo!

El senador Faircloth llegó finalmente con dos celebridades que apoyaban su candidatura, el senador Bob Dole, que una vez se había postulado a la presidencia por el partido republicano y la estrella profesional de lucha libre Rick Flair. Estaba programado que hablaran los tres hombres.

Mi amigo Mark tenía un interés especial en conocer al señor Dole, que fue el primero en hablar y tuvo que retirarse temprano para cumplir con otro compromiso. Por lo tanto, cuando el senador concluyó sus comentarios y comenzó a pasar por entre la multitud para retirarse, nosotros nos escabullimos por una salida trasera para esperarlo afuera, con la esperanza de poder hablar con él cuando se dirigiera a su auto.

Él salió a los pocos minutos y venía en nuestra dirección. Cuando me vio, de inmediato vino hacia donde estábamos. Casi no lo podía creer, pero el senador Dole me saludó con amabilidad, llamándome por mi nombre, y dijo que había visto el programa en televisión la otra noche. Mientras él me estrechaba la mano derecha con su mano izquierda, recordé que su mano derecha estaba parcialmente paralizada, y me pregunté si su discapacidad era el motivo por el que sentía una conexión conmigo. Después de conversar por un minuto o dos me dijo: «Joel, si alguna vez hay algo que pueda hacer por ti, házmelo saber». Le dio la mano a Ryan y a Mark, se despidió, y se fue… yo quedé preguntándome si había alguien en todo el país que no me hubiera visto en Public Eye.

Hubo tantas personas que dijeron tantas cosas maravillosas después de la transmisión del programa que pronto no sabía qué hacer con tanto «estímulo». Las personas que hacían estos comentarios tenían la mejor intención. Tanto la respuesta al programa del canal como su deseo de felicitarme eran sin duda comprensibles dadas las circunstancias.

Por supuesto, también hubo algunas consecuencias no intencionales que me causaron gracia. Llevaba la cuenta de cuántas proposiciones matrimoniales había recibido por carta. Hasta ese momento llevaba recibidas cuatro o cinco. Cuando les dije esto a mis amigos de la escuela, me reía y citaba la película Tonto y Retonto: «¡Así que me dices que tenemos un chance!»

En un sentido, disfrutaba la atención positiva de que era objeto, pero en otro sentido me resultaba difícil de comprender. Pasar de que la gente se burlara de mí en los centros comerciales a recibir proposiciones matrimoniales por correo parecían ser dos cosas diametralmente opuestas.

Yo, sin embargo, era la misma persona que siempre había sido.

A veces, cuando se transmitía el programa de televisión y surgía la idea de «un gran ejemplo», deseaba decir: Un momento. Perdonar a Reginald Dort no fue tan difícil; era como un experimento en un tubo de ensayo, con todas las condiciones muy controladas. Perdonar en el diario vivir es mucho más difícil. Enojarse con cualquiera que haya dejado el control remoto de la televisión en otro lugar. Gritarle a mamá porque por accidente puso a lavar mi camisa blanca favorita con una tanda de prendas rojas, y la camisa se tiñó de rosado. Entonces es que tengo que poner en práctica el perdón. Y si me conocieran de verdad, lo sabrían.

Poco después del programa en Public Eye, mientras intentaba lidiar con todo el «estímulo» que me daba la gente, busqué sabiduría, ideas claras y consejo de alguien que tal vez supiera un poco lo que era vivir en el centro de la atención pública, ser una «figura pública» ya fuere que lo quisiera o no. Concerté una entrevista para hablar con el presidente de la Universidad Taylor, el Dr. Jay Kesler.

Comencé diciéndole a Jay (porque así lo llamábamos los estudiantes) las dificultades que tenía para aceptar tanta alabanza y estímulo de las personas que habían visto el programa en televisión. Le di varios ejemplos. Le expliqué mis reacciones y mis sentimientos con respecto a esas reacciones.

Después de escucharme hablar, dijo:

—Joel, durante tus años como estudiante aquí en Taylor probablemente hayas impactado más vidas que la mayoría de nuestros graduados en toda su vida…

—Jay —interrumpí—, no está siendo de mucha ayuda.

Ambos nos reímos, pero recuerdo que pensé: ¡Es increíble! ¿Será cierto? ¡Estará Jay hablando en serio?

Continuó hablando acerca del poder de los medios de comunicación en nuestra sociedad, acerca de cómo las personas eran influidas por ellos y cómo la imagen y el poder que conferían a ciertas personas quedaban fuera del control de los propios individuos. (¡Sabía lo que era eso!)

Me sugirió que necesitaba considerar esa atención y aclamación como un honor inmerecido. Luego agregó:

—Dios definitivamente te ha puesto en una plataforma única, Joel.

Sin duda que eso podía creerlo. Y el resto de lo que Jay me dijo ese día fue tanto tranquilizador como desafiante:

—No sé cuál carrera Dios te ha puesto por delante, pero no tengo duda de que él tiene un plan para ti, Joel. Resulta claro que te ha dado muchos dones. Puedes tener la certeza de que, dondequiera que él quiera llevarte, continuarás siendo un instrumento en sus manos, de maneras inusuales y especiales.

No sé cuánto de las palabras de Jay me ayudaron a lidiar con la sucesión de reacciones al programa de televisión, pero es indudable que me sirvieron para pensar más acerca del futuro, mis planes profesionales y otros temas. Su confianza segura en que Dios tenía un plan especial para mí me daba una sensación de calma mientras iba descubriendo poco a poco que Dios estaba más interesado en una relación personal conmigo que en un lugar adonde ir.

Fue durante este tiempo emocionalmente difícil que Dios me atrajo más hacia él. En la Biblia nos dice: «No temas, que yo te he redimido; te he llamado por tu nombre; tú eres mío» (Isaías 43:1-2). Dios no se iba a creer las cosas que dijera un programa de televisión. Dios me conocía tal como era. Por dentro y por fuera. Él sabía todo acerca de mí. Y no obstante me amaba.

> *Dios me conocía tal como era. Por dentro y por fuera. Él sabía todo acerca de mí. Y no obstante me amaba.*

Hay una diferencia entre «pensar que» y «saber que». Yo sabía. Y me sentía increíblemente agradecido de poder tener una relación personal con el Creador del universo… aquel que me amaba.

Una vez más aprendí que en verdad no importa lo que otras personas piensen. No era para el público para quien debía vivir. Yo tenía un solo público de verdad. Y si tenía una relación que le agradara a él, eso era lo que en realidad importaba.

Cuando comprendí mejor por quién y para qué vivía, comprendí mejor los porqués de la vida. Pero conforme esas verdades comenzaron a materializarse, me encontré menos ansioso por mis limitaciones, menos preocupado por las reacciones de otra gente, más contento con quien era, más esperanzado acerca de hacia dónde iba, y más decidido que nunca a fortalecer todas mis relaciones, no solo con Dios, sino con la gente que me rodeaba.

Con el tiempo comencé a ver más conexiones entre mi relación con Dios y mis relaciones con los demás. Había venido a la universidad deseoso y expectante por ver un progreso significativo en ambas. De nuevo me guiaba por la experiencia de mi hermana. Yo también deseaba crecer como persona, tanto desde el punto de vista espiritual como en mis relaciones. No quería ser el mismo individuo que siempre había sido. Deseaba ser más coherente, tener mejores devocionales con el Señor. Deseaba ser más disciplinado. Y una de las razones por las que deseaba tener relaciones más profundas era porque quería contar con una comunidad de amigos ante quienes rendir cuentas. Personalmente. Espiritualmente.

Pasé un año buscándolo e intentando que sucediera. Y eso era en gran parte el problema. Estaba intentándolo. Y cuanto más lo intentaba, menos resultados obtenía.

Pero como ustedes saben, soy un individuo que rinde ciento cincuenta por ciento. Querer es poder. Por la gracia de Dios, he logrado muchísimo en la vida gracias al esfuerzo denodado y a la determinación. Por lo tanto, me llevó un buen tiempo darme cuenta de que no podría crecer por mis propios medios. No lo podía hacer solo por mi cuenta.

Se requería paciencia. Paciencia. Ni siquiera me agrada como suena esa palabra. Mucho menos todo lo que implica.

Estaba en una escuela excelente, había hecho todo lo posible por encontrar a mis amigos ideales. Decidí que comenzaría mi segundo año con la promesa de no desear que nadie tuviera que vivir lo que yo había vivido en mi primer año. Por lo tanto, asumí la obligación de ser intencional con todos los nuevos ingresos de mi piso. Pasaba tiempo con ellos. Comíamos juntos en la cafetería, jugábamos entre nosotros, íbamos de campamento, nos divertíamos con los videojuegos y salíamos juntos los fines de semana.

Luego, en algún momento de mi segundo año, me di cuenta. Desde mi llegada a Taylor había procurado con diligencia establecer relaciones significativas duraderas. De pronto noté (quizá Dios había estado intentando mostrármelo todo el tiempo, pero yo no le prestaba atención) que había relaciones potenciales por todo mi alrededor. Comenzando con los individuos de mi residencia. Si deseaba tener verdaderas amistades, necesitaba ser un amigo de verdad. ¿Quería ser un líder? Necesitaba liderar desde mi lugar.

Y eso fue lo que sucedió. Después de ser un seguidor y haberme metido en problemas hacía muchos años, y después de ser un líder visible en la escuela superior y de acumular mucho reconocimiento por ser tan «exitoso», finalmente, estaba aprendiendo la importancia de liderar por medio del servicio.

Otra posición de liderazgo en la universidad llegó cuando acepté la función de coordinador de discipulado para treinta y siete individuos de la residencia. Ayudarlos a crecer espiritualmente me obligó a crecer a mí. Por lo tanto, crecimos juntos. Más cerca de Dios. Y más cerca los unos de los otros.

La asistencia a las reuniones de oración semanales de nuestro piso había decaído. Entonces instituí una reunión semanal llamada «Oraciones y bolos». Primero nos reuníamos y conversábamos acerca de nuestras inquietudes y orábamos los unos por los otros; luego íbamos a las pistas de bolos de la localidad, donde era posible alquilar unos zapatos especiales por un dólar y jugar partidas de bolos, también por otro dólar.

Tuvimos algunos retiros e hicimos algunas otras cosas para promover en específico el crecimiento espiritual. Pero fundamentalmente patrocinábamos actividades que promovían la interacción entre todos los estudiantes del piso de nuestra residencia. Por ejemplo, cuando cumplí veinte años, pedí y me regalaron, una máquina de hacer pan. Después de eso, horneaba pan con regularidad en mi dormitorio. Se sorprenderán de la cantidad de gente que uno puede atraer con el aroma del pan casero, fresco y recién horneado, propagándose por los corredores de una residencia de varones a altas horas de la noche. Cuando hacía pan, todos eran bienvenidos en mi habitación. Mis compañeros de dormitorio y yo teníamos solo una condición: si deseabas comer pan, tendrías que sentarte y conversar mientras comías. Fue sorprendente la cantidad de conversaciones importantes que tuvimos mientras partíamos el pan en mi dormitorio. Muchas de esas conversaciones se extendían hasta altas horas de la madrugada.

No todas nuestras interacciones eran en particular profundas o espirituales. Los compañeros de mi residencia también se involucraban en muchas diversiones típicas de los estudiantes: pelear con bombitas de agua o llenar un vehículo de periódicos enrollados. Y dado que la Residencia Bergwall no tenía muchas tradiciones, nosotros creamos algunas. Por ejemplo, quienes no teníamos citas los viernes en la noche (por lo general, la mayoría de nosotros) salíamos a jugar tenis. Nunca había sido muy competitivo jugando al tenis, porque se requerían ambos brazos para sostener la raqueta y pegarle a la pelota. Pero como siempre me gustó la diversión y pasar un buen rato, ideé la manera de mejorar mi juego. Me prestaron una vieja raqueta de tenis que pertenecía a otro jugador, y la sujetamos a mi brazo derecho y la mano con cinta adhesiva para conductos. Todavía no estaba listo para jugar en Wimbledon, pero la primera vez que probé jugar con mi estrategia de cinta adhesiva mi juego mejoró mucho. También aprendí que era una idea brillante cubrirme la mano y el brazo con una media vieja tubular la próxima vez que usara medio rollo de cinta para sujetar cualquier cosa a mi brazo.

La cinta adhesiva para conductos también cumplió una función importante en otra actividad de la residencia. Las competencias intramuros eran importantes en la Universidad Taylor. Todos los dormitorios del campus participaban de diversas competencias, pero la más importante era la liga anual de fútbol con banderas. Yo era lo suficiente rápido para alcanzar a cualquier corredor contrario. Pero, debido a mi desventaja, cuando tenía que tomar una bandera, no me quedaba otra cosa que interrumpir y demorar el juego hasta que un compañero de equipo pudiera llegar y capturar la bandera del contrario. Hasta que a alguien se le ocurrió la brillante idea de enrollar mis dos brazos con cinta adhesiva para conductos, pero con el lado pegajoso hacia fuera. No sé si habré capturado más banderas, pero sin duda que era más intimidante.

Con o sin la cinta adhesiva, había otra ventaja para mi equipo de fútbol con banderas. En vez de lanzar una moneda al aire antes de comenzar el partido para ver qué equipo sería el primero en patear, los delegados de cada equipo jugaban una vuelta rápida de «piedra, papel o tijera». Yo representaba a mi equipo porque con mi mano derecha siempre le ganaba a lo que el contrario eligiera. Si él elegía papel, yo movía ligeramente el pulgar para significar «tijera». Si él elegía «piedra», yo ponía mi «mano» abierta sobre su puño y decía «papel». Y si él abría los dos dedos para hacer la «tijera», yo levantaba la mano (que nunca podía cerrar en un puño) y gritaba: «¡Piedra!»

Nunca perdí una rueda, lo que mis compañeros de equipo y yo considerábamos muy divertido, porque una vez que nuestros contrarios aceptaban el desafío, no podían arrepentirse.

Además de toda la diversión y los juegos, muchos de los estudiantes de nuestra residencia deseábamos instaurar una tradición de servicio dentro del recinto universitario y en la comunidad. Por lo tanto, codirigí un programa de jóvenes Gran Hermano/Gran Hermana en el campus en el que participaron un grupo de muchachos de nuestra residencia. Durante la temporada de Navidad y Semana Santa, un grupo de muchachos de nuestro piso cantábamos canciones navideñas e himnos y luego nos quedábamos acompañando a algunas de las personas internadas en un hogar de ancianos de la localidad.

Tal vez uno de los esfuerzos comunitarios más singulares tuvo lugar cuando nuestra residencia adoptó a la Escuela Superior de Mississinewa, en la cercana ciudad de Gas City, Indiana, como nuestra segunda almamáter. Íbamos en masa a muchos de los partidos de fútbol de la escuela. Nos disfrazábamos, nos sentábamos en las gradas para los estudiantes, alentábamos con entusiasmo a las Ratas de Río de Mississinewa (sí, así se llamaban, Ratas de Río), y por lo general hacíamos todo lo que fuera para mantener en alto el espíritu de la escuela. Formábamos una caravana de autos en el estacionamiento de la escuela antes de los partidos de fútbol americano e inventábamos nuestras propias canciones para alentar a los jugadores (incluso para el muchacho que les alcanzaba el agua). Los demás aficionados de Mississinewa, los alumnos y el personal de la escuela al principio no supieron qué pensar cuando vieron a cuarenta extraños disfrazados desfilando dentro del gimnasio de la escuela y sentándose junto a los demás aficionados de las Ratas de Río para alentar apasionadamente a su equipo de baloncesto. Pero pronto les caímos bien y al poco tiempo ya nos hacían pedidos: «Mi hijo es el número treinta y cinco. ¿Podrían hacerle una canción para alentarlo?» o «La animadora en el extremo derecho es mi hija y hoy cumple años. ¿Podrían cantarle "Que los cumplas feliz" en el próximo entretiempo?»

No pasó mucho tiempo antes de que la escuela y la comunidad estuvieran encantados de tenernos; cuando su equipo de baloncesto llegó a las semifinales durante mi último año, el director de deportes contrató un autobús escolar para asegurarse de que nuestra banda de Bergwall tuviera transporte para el partido. Y otros estudiantes de Taylor, tanto chicos como chicas de otras residencias, nos pidieron unirse para ser parte de nuestra tradición.

En una ocasión, las residencias abrieron sus puertas a las visitas, y nuestro edificio decidió que la decoración temática sería Mississinewa. Una parte del corredor se parecía a la calle principal de Gas City. Incluso fuimos al departamento de obras públicas de la ciudad para que nos prestaran señales de calles (viejas o nuevas) para crear un buen efecto. El resto del edificio representaba a la Escuela Superior de Mississinewa. Delante de nuestro edificio estacionamos un verdadero autobús de la escuela y decoramos muchos dormitorios para que representaran las aulas, la oficina del director, e incluso la enfermería. Nuestra sala de estar se convirtió en la cafetería de la escuela, y la madre de uno de los estudiantes hacía como si la atendiera y servía guisos a nuestras visitas.

Cuando abrimos las puertas de nuestra residencia recibimos muchas visitas de los estudiantes de Taylor; pero habíamos distribuido volantes en los partidos de Mississinewa, y también vinieron varios estudiantes de la escuela superior para acompañarnos. La pasamos sensacional.

****

Durante el receso de otoño, treinta y cinco de los treinta y siete individuos de mi piso vinieron a casa en Carolina del Norte. Nos quedamos todos con mi familia. Había muchachos durmiendo en el piso por toda la casa. Todos estaban encantados con la comida de mamá. Yo les presenté a Ryan. Pasamos juntos todas las horas del día, explorando las montañas Great Smoky, de caminata, escalando y bajando en balsa por los ríos de montaña.

Estos individuos me enseñaron que, si nos interesamos en las personas que nos rodean, podremos encontrar una cantidad ilimitada de relaciones valiosas. Y espero que muchas de esas amistades que cultivé durante mis dos últimos años en Taylor durarán durante toda mi vida... con muchachos como Johnny A, Block, Player, Seah Waga, Bob el alto, Dave el grande, Phil el dulce, Hat, AP, G, Fish, Crazy, Crosswalk, Turbo, Hot Tub, Big T, Mitch, Drewski, y Lucky Number 7. («El primero de Berg» no escatimaba sobrenombres.)

Al sentirme más contento con mis relaciones también comencé a sentirme mejor con toda mi experiencia en la universidad. Aunque nunca sobresalí académicamente, mis calificaciones continuaron siendo aceptables.

No podría decir que tuviera una vocación profunda o una visión clara y cierta de mi futuro en cuanto a mi carrera. Decidí que parte de mi dificultad para elegir una carrera durante los primeros dos años fue mi resistencia al encasillamiento. Había conocido esa sensación demasiado a menudo en mi vida, lo que podría explicar por qué ahora me sentía a gusto con estudiar comunicaciones. Me permitía optar por diversas direcciones, mientras que no limitaba mi potencial.

Es cierto, las ventas y las relaciones públicas también parecían buenas posibilidades. Toda mi vida la había dedicado a promoverme y a perfeccionar mis dotes de relaciones públicas.

Incluso bromeaba diciendo que podría ser el presentador perfecto de los programas matutinos. Ni siquiera tendría que decir nada. Podrían enfocarme con las cámaras y solo me quedaría sentado sonriendo. Eso sí que despertaría a la gente. Y además curaría de espanto a cualquiera que se levantara de mal humor. Con solo mirarme, ya se pondrían a pensar: Tal vez mis problemas no sean tan malos.

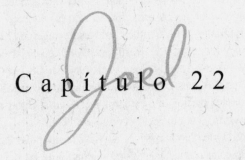

Capítulo 22

L os dos últimos años de vida universitaria no podrían haber sido mejores. Después del programa *Public Eye*, uno de los principales ejecutivos de una compañía de California, Electronic Arts, me llamó por teléfono para decirme que estaba muy impresionado por todo lo que había visto y oído acerca de mí. Pensé que no perdía nada con solicitar un empleo temporal en la compañía durante los meses de verano. Así fue como pasé el verano antes del último año trabajando en la hermosa región de la Bahía de San Francisco, desarrollando las relaciones públicas, probando diversos productos y recibiendo un sueldo por jugar juegos de computadora para, aunque parezca increíble, EA Sports. «Es un trabajo difícil, pero alguien tiene que hacerlo», podría decirse.

La noche que llamé a casa para decirle a mi padre que estaría probando unas nuevas características de la última versión de un juego de béisbol, el cual no estaría en venta hasta dentro de unos meses, se rió de la idea de que a su hijo, un fanático de los juegos de computadora, le pagaran por jugar ese tipo de juegos. ¿Quién lo hubiera creído? Por cierto, no mi padre, que a menudo me había visto jugando con mis amigos y había dicho: «Uno no se puede ganar la vida jugando videojuegos, Joel». Ahora estaba demostrándole que se había equivocado.

Pero yo tampoco lo podía creer. Tenía que pellizcarme casi todos los días. Si alguien me hubiera preguntado: «Si pudieras conseguir cualquier trabajo en el mundo, ¿cuál sería?», es probable que hubiera dicho: «Jugar videojuegos».

Vale la pena soñar a lo grande. Porque los sueños a veces se hacen realidad.

La verdad es que no solo tuve la oportunidad de jugar videojuegos en los que los jugadores eran deportistas famosos, sino que la compañía hizo arreglos para que pudiera conocer en persona a muchos deportistas que aparecían en sus juegos. Una día, cuando los Chicago Cubs estaban en la ciudad, fui al estadio Candlestick Park, estuve en la cancha durante la práctica, y luego fui a los vestidores para conversar con individuos como Barry Bonds, Sammy Sosa y el manager de los Giants en ese momento, Dusty Baker. Los Giants, además de darme asientos de primera plana para el partido, me enviaron a casa con pelotas autografiadas, gorras, camisetas y cuanto recuerdo pudiera llevarme.

¡Vaya vida! Qué bien la pasé durante esa temporada. Pero al final del verano, cuando mi jefe en EA Sports me habló de las oportunidades de empleo después de mi graduación, sabía que tenía que ponerme a pensar en serio y a orar con respecto a mi futuro.

Un poco de diversión por un tiempo no estaba mal, en la universidad estaba aprendiendo que la mejor diversión era disfrutar uno mismo y glorificar a Dios al mismo tiempo. Si bien podía hacer eso en EA Sports, también sentía que Dios me llamaba a ser algo fuera de lo común, algo diferente a un empleo de ocho horas. Como le había dicho al reportero de un canal de televisión de San Francisco que me hizo un reportaje mientras vivía allí: «Mi ministerio puede ser en cualquier lado. Como atraigo la atención dondequiera que voy, puedo influir en la gente, y Dios puede influir en las personas a través de mí. En cualquier lado. En todo lugar».

«Mi ministerio puede ser en cualquier lado. Como atraigo la atención dondequiera que voy, puedo influir en la gente, y Dios puede influir en las personas a través de mí. En cualquier lado. En todo lugar».

Debido a que creía esto, continué aceptando las oportunidades para compartir mi historia y ejercitar mis dotes de liderazgo dentro y fuera del campus durante el resto de mi estancia en Taylor. Hablé a un grupo de doctores, enfermeras y otros especialistas médicos de emergencias en el Simposio de Trauma Rural en Portland, Indiana. Departí en una gran iglesia de Ann Arbor, Michigan, y fui el principal orador en la Gala de Bomberos de Indiana en Indianápolis y en una convención internacional de la Cruzada Estudiantil en Colorado. En el verano de 1999, Dan Rather, del canal de televisión de la CBS, actualizó el reportaje de Public Eye, volviendo a relatar mi historia en su programa *48 horas*. Hubo artículos sobre mí en el *Indianapolis Monthly,* la revista *Campus Life,* y *The Christian Reader*. Mis compañeros me eligieron vicepresidente de mi clase en el último año, y el gobernador de Indiana me condecoró con el premio «Persona distinguida de Indiana». Pero el honor que más me enorgulleció fue cuando los estudiantes de la Universidad Taylor votaron para que recibiera el premio anual John Wengatz por el liderazgo espiritual en el campus.

Sin embargo, a pesar de todos estos honores y oportunidades, llegó el último semestre de mi experiencia universitaria sin que tuviera más certezas acerca de mi futuro que cuando había llegado a Taylor en el otoño de mi primer año. Aunque parezca extraño, mi aprendizaje en EA Sports había sido un punto de inflexión en el proceso de búsqueda personal. Durante y después de esa temporada «de ensueño», en realidad tuve muchas interrogantes con respecto a mi carrera en el futuro y a cómo Dios quería que usara los dones que me había dado. Si bien no había nada de malo en desear trabajar en Electronic Arts (una opción que me atraía), no me sentía llamado a estar detrás de un escritorio todo el día, al menos no todavía.

Pero mi propia convicción de que Dios tenía un plan definido para mi futuro y el estímulo de otras personas que me lo confirmaban (entre los que se contaban mis padres y Jay Kesler) no siempre eran fáciles de recordar. En especial, después de una experiencia que tuve unas pocas semanas antes de la graduación.

Uno de mis compañeros de dormitorio en el último año, John Aoun, venía de Francia. Desde que nos conocimos en primer año hablamos acerca de la posibilidad de visitar su casa en París. Pero no fue hasta la primavera, cuando estábamos en el último año, que finalmente pusimos el plan en acción. John y yo, junto con otros seis amigos de Bergwall, pasaríamos las últimas vacaciones de primavera en París.

Reservamos el vuelo internacional más barato que encontramos desde una ciudad estadounidense. Y como dos de nosotros teníamos amigos en otra universidad cercana a la ciudad desde donde partiríamos, decidimos pasar de visita por ese campus antes de ir al aeropuerto.

Sin saberlo, nos aparecimos en esa institución justo durante un fin de semana en que todo el campus estaba inmerso en planes y actividades para una gran fiesta anual en la que todas las residencias participaban. Todos los salones y los edificios estaban decorados. Mucha de la gente que vimos estaba muy bien vestida y elegante. Otros se habían puesto diversos disfraces.

Tan pronto nos dimos cuenta de lo que estaba sucediendo, tendría que haber previsto que habría problemas, dada mi historia con Halloween. Pero era primavera. No sabíamos nada de esto antes de venir, y nuestra idea era solo pasar a saludar a un par de amigos.

Mientras nuestro compañero subió al piso de una de las residencias para buscar a un amigo, me quedé con los demás en una entrada ampliamente decorada y muy mal iluminada, examinando el entorno y observando a los transeúntes. Con la facilidad que tengo para darme cuenta de las reacciones de la gente, oí a algunos de los estudiantes que pasaban decir cosas como «¿Vieron eso?» y «Es un espanto».

No obstante, no pensé que desearan ofender. De la manera en que me miraban, me pareció que se trataba de otra cosa. Pero estaba seguro de que ninguno de mis amigos se había percatado. Le dije entonces a uno de mis compañeros:

—Johnny, creo que alguna de esa gente piensa que tengo puesta una máscara.

Me miró extrañado, como si no entendiera de qué le hablaba. Así que dejé pasar el asunto.

Pero como yo sabía lo que había escuchado, me senté un poco más alejado del lugar de tránsito e intenté pasar desapercibido. A los pocos minutos se acercó un individuo. Se detuvo justo delante de mi asiento y dijo:

—Ese es el disfraz más asqueroso que haya visto.

Todos mis compañeros quedaron helados. Estaban escandalizados. No sabían qué hacer ni qué decir. Yo sentía el juicio de este individuo delante de mí y la presión de mis compañeros para que hiciera algo. Entonces traté de disminuir la tensión de la situación y encontrarle el lado gracioso. Le sonreí y dije:

—¡Muchas gracias!

Sabía que si se daba cuenta de la verdad, tal vez le pesaría en su conciencia durante toda la vida. Y no se lo merecía. Si hubiera pensado que solo deseaba ofenderme, lo hubiera hecho sentir como basura. Pero creo que se trataba de un error sincero, y haría lo mejor de mi parte para olvidarlo.

Se acercó a mí en la penumbra, dio un paso hacia delante, y dijo:

—¿No te conozco de algún lado?

—No sé. ¿Me conoces? Puede ser —contesté encogiéndome de hombros.

Silencio. Mis amigos estaban con la boca abierta. Podía sentirse la tensión flotando en el ambiente.

El individuo no se movía. Me miraba.

—No sé. Di algo —dijo luego.

Repetí lo que acababa de decir.

—¿Me conoces? Puede ser.

—Estoy pensando. Parece como si te conociera. ¿Quién eres? —preguntó de nuevo el individuo sacudiendo su cabeza.

Yo asentí y susurré.

—Más tarde te lo diré.

Entonces el individuo se fue. Mis amigos y yo nos reímos, sabiendo que nunca más lo volveríamos a ver.

Traté de restarle importancia al asunto diciéndome que era por estar en el lugar equivocado en un mal momento. El individuo no quiso tratarme mal. Él y los otros que habían hecho aquellos comentarios pensaban que solo estaban expresando su opinión con respecto a mi gusto para los disfraces de terror. Habría pasado una vergüenza horrible, tal vez quedaría emocionalmente devastado si se hubiera dado cuenta de que era una opinión acerca de mi apariencia diaria.

Pero el asunto fue que este incidente que tuvo lugar en el campus de otra universidad me hizo preguntarme: *¿El mundo de verdad siempre será así? ¿Algún día cambiará?*

Quería creer que sí.

Sin embargo, logré olvidarme bastante antes de la graduación de esta experiencia y centrar mi atención en mis perspectivas para el futuro. Por eso, cuando mis compañeros de clase me eligieron para ser el delegado estudiantil que hablara en la ceremonia de graduación, no tuve ningún inconveniente en preparar un discurso que fuera sinceramente optimista y esperanzador.

****

Sentado en el estrado con todos los dignatarios, frente a un auditorio en una calurosa tarde a fines de mayo, no podía sino comparar esta escena con mi experiencia similar durante la reunión de orientación al entrar en primer año. Esta vez había tenido semanas y no minutos para decidir qué decir, pero no estaba seguro de que el disponer de más tiempo hubiera contribuido a disminuir la presión que sentía. Los estudiantes sentados frente a mí en esta ocasión no eran desconocidos. Los años pasados juntos en el campus de la Universidad Taylor en la ciudad pequeña y perdida de Upland, Indiana, habían creados lazos entre nosotros estableciéndose infinidad de relaciones perdurables. En aquella ceremonia de bienvenida éramos desconocidos, ahora éramos amigos. Más que amigos. Éramos una familia. La familia de Taylor.

¿Qué se le dice a la familia a modo de despedida, sabiendo que nunca más volveríamos a estar juntos? ¡Era la primera vez que me graduaba de la universidad! ¿Qué palabras de sabiduría tenía para impartir que pudieran ayudar a estos amigos y sus familias, que tanto significaban para mí, durante la transición que nos aguardaba en el futuro?

Mi discurso era uno de los primeros en el programa; cuando me llegó el turno, me dirigí al micrófono y observé al auditorio. Hice una rápida nota mental de los amigos que se graduaban, y luego de mi familia, que ese día esta acompañada por Betty Dew, la enfermera de cuidados intensivos del Hospital Shriners de Boston, quien había viajado a Upland para estar conmigo y con mi familia por primera vez en casi veinte años. Respiré hondo y me dirigí formalmente a los oyentes:

Presidente Robbins, miembros de la Junta Directiva, rector Kesler, profesores, compañeros de estudios, familiares y amigos, he descubierto un nuevo uso para la cinta adhesiva para conductos. La gente con calvicie tiene problemas para que los gorros no se les vuelen.

[Para demostrarlo, di un paso al costado del podio para que todos pudieran ver y me incliné. Cuando vieron que mi birrete estaba firmemente sujeto a la cabeza, todo el auditorio estalló en una risa y aplausos. Volví al micrófono.]

Unos amigos del primer piso de Berg me pusieron un poco para que no se me saliera.

[Hice una pausa hasta que las risas finalmente se apagaron. Luego comencé con lo que en realidad deseaba decir.]

Cuando era joven tenía un sueño. Siempre quise ser un músico talentoso. Siempre me gustó tocar un instrumento musical de algún tipo. Mi mamá había participado en giras con un coro internacional y mi padre tocaba la trompeta. Así que supuse que yo tendría que haber heredado algo, ¿no?

En sexto grado decidí probar mis talentos ocultos. Me uní a la banda. Era el baterista. Un baterista con un solo palillo. Podría haberme pegado el otro palillo al brazo izquierdo, pero ese no era yo. Más adelante pensé que podría tocar la trompeta. Solo se necesitan apretar tres botones.

Luego me di cuenta de que se necesitan labios para tocar la trompeta.

Como creí que Dios me estaba guiando hacia otro lado, al año siguiente me anoté en el coro de la secundaria. Canté durante dos años, hasta que llegó la pubertad y mi voz cambió. Como sabía que Dios podía hacer cualquier milagro que le pidiera, recuerdo que oraba: *Dios, por favor, por favor, que pueda tocar bien un instrumento.* En el día de hoy puedo decirles la cantidad de instrumentos que puedo tocar bien. Veamos, tenemos el tamborín. E incluso el muy romántico triángulo.

Una vez, durante la capilla, vi un instrumento de lo más extraño. Era un largo hilo que salía de un tambor. Lo único que tenía que hacer el músico era tirar del hilo. Recuerdo que codeé al muchacho sentado a mi lado. «¡Chico, yo puedo tocar eso!» Me miró extrañado y dijo: «Está muy bieeen».

No fue hasta el segundo año aquí en Taylor que me percaté de cuál era el instrumento que Dios me había dado para tocar. Había ido a una clínica en Cincinnatti, y allí, durante un control de rutina, una enfermera me pidió que participara en uno de sus proyectos de investigación. Accedí. Entonces me conectaron a una máquina y me pidieron que hiciera unos ejercicios de respiración. Los resultados de los ejercicios estaban fuera de las predicciones. Mi capacidad pulmonar era de doscientos a trescientos por ciento. Ahora, si eso lo comparamos con la escala de calificaciones de 4.0, mi promedio sería 8.0 o 12.0.

Después de mucho buscar, al fin había descubierto cuál era el instrumento que debía tocar. Mi instrumento era mi voz. Ni siquiera estaba previsto que tuviera una voz. Si han estado en contacto con personas quemadas, saben que ese es el caso. La inhalación de humo suele dejar graves secuelas en las personas. Tienen voces gangosas debido a las lesiones en los pulmones. Yo no tengo ningún daño en los pulmones o en las cuerdas vocales; esto es un milagro ...

Miré por todas partes en busca de mi sueño como músico talentoso. Intenté encontrar mi sueño a mi manera. Pero a su tiempo, el Señor me mostró que mi talento musical consiste en mi voz. Y estas son mis notas.

[Levanté las páginas con las notas que estaba leyendo. Algunas personas, incluyendo algunas que me habían escuchado cantar, se rieron.]

Gracias a esta experiencia con mi sueño tengo cuatro cosas que me gustaría compartir hoy con ustedes:

En primer lugar: Si pertenecemos a Dios, nuestros sueños son sus sueños para nosotros. Dios sería cruel si le diera a un pequeño sin manos el sueño de convertirse en un baterista, salvo que fuera posible. Sé que él tiene un sueño para mí que no requiere manos normales. Y para ustedes, tiene un sueño que utiliza lo que ustedes tienen.

En segundo lugar: No limitemos la manera que Dios tiene para hacer realidad nuestros sueños. El instrumento que yo quería estaba guardado para mí mucho antes de que me diera cuenta. Dios puede hacer realidad nuestros sueños de manera distinta a lo que esperamos. Pero no por ello su forma es menos buena.

En tercer lugar: No nos encasillemos en nuestras propias limitaciones. He tenido límites impuestos toda mi vida. Cuando alguien me decía que no podía hacer algo, más decidido estaba a intentarlo. Cuando pienso en el futuro, me preocupan menos mis limitaciones físicas que las limitaciones mentales que me impongo. Los límites de nuestra propia manera de pensar serán lo que más nos restrinja. Vamos a librarnos de esos límites que nosotros mismos nos hemos impuesto.

En cuarto lugar: Hagamos realidad nuestros sueños. En las clases de comunicación estudiamos el discurso de Martin Luther King, «Tengo un sueño». Lo que hizo que su sueño fuera especial fue que lo vivió. Esa es una elección. No es cuestión de suerte. Los resultados estarán determinados por lo que hacemos cuando perdemos. Es decisión nuestra. Perder puede producir más crecimiento que ganar. Tomemos la resolución hoy, compañeros, de hacer realidad los sueños. Por Jay. Por la gente que nos observa. Y, lo más importante, por nuestro Dios.

¿Cuáles son tus sueños? ¿Los tienes justo delante de ti y no te has dado cuenta? ¿Las limitaciones de tu estrecha perspectiva del mundo se interponen?

A modo de conclusión, me gustaría leerles una poesía que escribí. Es corta y tierna:

> *Sueña sueños, sueña en grande,*
> *nada es demasiado pequeño.*
> *Ya sea que no tengas dedos,*
> *o que tengas todos los cinco,*
> *mantén vivo tu sueño.*
> *No te quedes solo sentado y orando;*
> *recuerda los sueños de Jay.*
> *Y cuando tus sueños se hagan realidad,*
> *no olvides honrar a quien es digno de toda honra.*

Antes de terminar la última frase de mi discurso, Betty Dew se puso en pie. Sus entusiastas palmadas fueron seguidas de un estruendoso aplauso, acompañado de gran algarabía y silbidos. La aclamación fue tan larga y tan fuerte que, incluso cuando el volumen fue descendiendo, me imaginé el eco resonando para siempre en mi mente.

Pocos minutos después, el rector Kesler me entregaba mi diploma universitario. Y bajé del estrado, camino hacia el futuro, decidido a seguir mis propios consejos.

Capítulo 23

Sé que mi historia no ha terminado. No puedo esperar para ver adónde me conducirá el siguiente capítulo. Supongo que siempre consideré mi vida en términos de una historia de acción y aventuras fuera de lo común. Y ahora que, al escribir este libro, he compartido mi aventura, más que nunca se parece a un «cuento».

Sin embargo, hay dos imágenes que me vienen a la mente cuando considero mi vida. Ambas pueden servir para organizar lo que deseo decir para terminar. La primera imagen es esta: en el curso de los años he llegado a comprender y a considerar mi vida como un tipo de *lupa*.

La mayoría de las personas que me miran, que ven solo el exterior de mi cuerpo con cicatrices, se fijan en lo diferente que parezco de todos los demás. Las diferencias son demasiado obvias. No obstante, mirando desde el interior, poco a poco he llegado a ver de cuántas maneras soy como todos los demás. Siento las mismas emociones humanas comunes a todos. Lucho con las mismas dudas e inseguridades. Me enfrento a los mismos problemas de relación. He crecido y pasado por las mismas etapas de desarrollo y tengo en común con las personas de mi edad los mismos temas básicos de la vida.

Poco a poco he llegado a ver de cuántas maneras soy como todos los demás. Siento las mismas emociones humanas comunes a todos. Lucho con las mismas dudas e inseguridades. Me enfrento a los mismos problemas de relación.

Mi experiencia, más que diferente, ha sido intensificada. Igual que ocurre cuando vemos algo con una lupa. Por ejemplo, por definición ser humanos significa ser imperfectos. Todos tenemos defectos. Algunos de mis defectos son mucho más obvios que en la mayoría de las personas. Y tal vez más difíciles de enfrentar porque no los puedo ocultar.

Los sicólogos nos dicen que todos anhelamos ser aceptados, sentirnos integrados a un grupo, a un lugar donde sentirnos bien. En mi caso, ese anhelo está intensificado, y es más complicado.

En algún momento de nuestra vida todos sabemos lo que significa sufrir. El sufrimiento es una parte normal del baile de la vida. Solo hablo medio en broma cuando digo que creo que todas las personas deberían internarse en un hospital una vez al año para someterse a una operación; hay muchas lecciones importantes que aprender acerca de la dependencia, la mortalidad y la humildad. Tendríamos una perspectiva distinta de la vida.

Todos los seres humanos fracasamos y experimentamos pérdidas en algún momento de nuestra existencia. Yo he perdido más que suficiente para darme cuenta de que perder puede enseñarnos más que ganar.

La mayoría de las personas reconocería la importancia de fijarse prioridades en la vida y admitiría que es necesario considerar con sumo cuidado las consecuencias de sus acciones, siendo entonces más reflexivos con relación a lo que hacen, a dónde van y cuándo. Mi vida me obliga a ello. No puedo decidir ir a Wal-Mart sin preguntarme: *¿De veras necesitas ir? ¿Valdrá la pena enfrentar las miradas y luego hacer la cola detrás de una mujer con un pequeño que al darse vuelta me verá y comenzará a gritar de espanto?* En mi caso, las consecuencias de la más simple de las decisiones son a menudo complicadas y magnificadas.

Las inseguridades más grandes de la vida se originan por los sentimientos de no ser amados o aceptados, y todo el mundo se enfrenta tarde o temprano con esos asuntos. Yo he tenido más motivos que la mayoría de las personas para estas inquietudes y preocupaciones.

Gracias a Dios, mis padres en realidad me apoyaron en ese sentido. En parte porque reconocieron que tendría una necesidad más intensa de ello, me proporcionaron un increíble amor sacrificado y un sentido de aceptación. Fue lo que me dio el fundamento para tener la esperanza que necesitaba y creer que otras personas también podrían aceptarme. Pero lo más importante de todo, su ejemplo me sirvió para creer que Dios, como mi padre celestial y perfecto, podía aceptarme y amarme más aun.

Muchas de las emociones humanas se han intensificado para mí: la ira, por ejemplo. En cualquier curso básico de sicología se enseña que la ira es una respuesta humana natural al dolor, al temor o a la frustración. Yo he experimentado mucho de las tres cosas, por lo que he tenido que lidiar con la ira.

La lista de cuestiones comunes de la vida que ha sido ampliadas en mi experiencia personal podría seguir y seguir. Mencionaré solo una más. Mi búsqueda por una identidad saludable y una imagen propia de mí mismo a veces se ha asemejado a una búsqueda de proporciones épicas debido a mis circunstancias. Cuando uno parece ser más extraño que humano, hay un matiz diferente, una significación algo más profunda para las preguntas humanas universales «¿Quién soy?» y «¿Cuál es mi lugar en el mundo?»

Es fácil —demasiado fácil, demasiado simplista, en realidad— limitarse a decir: «Sé tu mismo». Primero debemos saber quién somos. Muchas personas que se preguntan «¿Quién soy?» acaban adaptándose, para bien o para mal, a la idea que otros tienen de ellas. Para mí no era tan fácil. Las demás personas nunca nos ven de la misma manera que nos vemos nosotros. Repito, esto es más cierto en mi caso.

Todavía no me acostumbro a mirarme al espejo porque la imagen reflejada que ves no es la imagen completa que yo tengo de mí. Por lo tanto, ¿quién puede decir cuál es la verdadera imagen?

En realidad he aprendido que la Palabra de Dios vale como el mejor espejo para mí. Cuando estudio la Biblia me veo en relación con Dios. La Biblia no se fija en la superficie sino en el espíritu. (Me encanta ese versículo de 1 Samuel 16:7 que dice: «No te dejes impresionar por su apariencia … La gente se fija en las apariencias, pero yo [el Señor] me fijo en el corazón».) Las Escrituras también me proporcionan una imagen clara como el cristal de lo que debería ser, quién debería ser mi modelo, y hacia dónde debería estar volcando mi esfuerzo.

****

La segunda imagen en que pienso al repasar mi vida es un poco más difícil de transmitir que la de una lupa. Debería introducirla parafraseando una historia, o tal vez haya sido la ilustración de un sermón, atribuida a mi vecino Billy Graham:

En una tarde como cualquier otra, un joven regresaba de camino a su casa de la escuela por su ruta habitual. El camino de tierra que siempre seguía corría a lo largo de un campo de maíz.

Este campo de maíz, el cual no tenía nada de particular, estaba bordeado por una malla de alambre. De pronto, un poco más adelante, sobre uno de los postes del alambrado, entre el campo y el camino, el joven vio algo que le llamó mucho la atención.

Allí, con la parte inferior de su caparazón descansando con firmeza sobre el poste, había una gran tortuga pataleando furiosamente con las cuatro patas como si estuviera nadando en el aire. El muchacho no pudo más que reírse a carcajadas antes de preguntarle: «Pero, ¿cómo hiciste para subir ahí?»

Incluso antes de terminar la pregunta, el chico ya sabía la respuesta. Era demasiado obvia. A pesar de la impresionante manera en que la tortuga ahora pataleaba con sus patas, no era posible que hubiera volado hasta el extremo del poste, ni nunca podría haber saltado tan alto. Una tortuga tampoco hubiera podido trepar por el poste y quedar tan bien balanceada en la punta. Solo había una explicación posible para ese fenómeno tan extraño e inesperado. Alguien la había encontrado andando por el suelo, la recogió, y de forma deliberada la colocó ahí arriba.

Quería contarles esta historia porque en este momento de mi vida puedo relacionarme con esta imagen. Me parezco mucho a la *tortuga arriba del poste*. He caminado hasta aquí en la vida. Ahora me encuentro en un lugar de notoriedad. Parece que obtengo muy poco o ningún progreso de mi parte. No siempre sé qué estoy haciendo aquí o qué sucederá después. Pero una cosa es evidente: como esa tortuga, no me encuentro hoy aquí solo por mis medios.

Mis padres, mi familia, los profesores y funcionarios de la escuela, los amigos como Ryan, y los profesionales médicos de Shriners y de otros lados me recogieron y me han traído muy lejos. Sin duda que no podría estar aquí sin ellos. Pero tampoco tengo dudas de que fue Dios —cuya soberanía, omnipotencia, sabiduría y creatividad (sin duda alimentada con un enorme sentido del humor) son inigualables— quien con mucho cuidado me colocó donde estoy. Como la tortuga arriba del poste, se me ha dado una plataforma asombrosa e inesperada.

Dios no solo me ha bendecido con la vida y con todos los demás dones comunes que diseñó para todos los seres humanos: la familia, la inteligencia, la lengua, la capacidad de tener amigos (ser amigos de él y de otros), y mucho más; él también me ha dado un don muy, pero muy, especial, en la forma de mi discapacidad.

No digo esto a la ligera. No quisiera sonar trivial. Pero he llegado a considerar mi discapacidad como un don increíblemente valioso. Permítanme darles solo un par de razones.

En primer lugar, mi discapacidad actúa como un filtro eficaz en todas mis relaciones. Cuando me presentan a alguien, la reacción inicial de la persona me dice mucho de ella: lo que piensa, cómo se relaciona con los demás y cómo es en realidad.

Además, después de vivir toda la vida con mi discapacidad he adquirido un sentido muy fino, a tal punto que soy hipersensible a todos y a todo lo que sucede a mi alrededor. Me doy cuenta aun de los cambios más sutiles de expresión; puedo leer muy bien el lenguaje corporal. Eso también me ha enseñado a juzgar con bastante acierto y muy rápido a las personas.

Mi experiencia hace que me resulte fácil fijarme en otras personas dolientes y simpatizar con ellas. Tal vez por esa razón, junto con mi propia vulnerabilidad obvia, no deja de sorprenderme la facilidad con que las personas se sinceran conmigo y me expresan sus sentimientos más profundos y sus problemas.

Mi discapacidad también es un don porque me ha convertido en una persona muy memorable. La gente que me conoce nunca parece olvidarse de la experiencia. Puede que no recuerden mi nombre, pero les aseguro que recordarán mi rostro. El ser tan notable hace que tenga el potencial para influir en la vida de todos a quienes conozco. Saber que no me olvidarán implica que mis acciones y mis palabras son importantes. Lo que haga, lo que diga cuando conozca o pase algún tiempo con alguien, tendrá un impacto más duradero porque nuestro encuentro será recordado. Los dones que he recibido son raros, pero no puedo apreciar el privilegio de poseerlos sin reconocer la enorme responsabilidad que conllevan.

Dios nos ha dado el sueño humano exclusivo de querer que nuestra existencia redunde en hacer del mundo algo mejor mediante nuestra influencia en las personas y en los acontecimientos que nos sucedan en la vida. En otras palabras estas fueron las últimas instrucciones que Jesús les dejó a los que habrían de seguirle. Dondequiera que vayamos, hasta lo último de la tierra,

Dios no solo me ha bendecido con la vida ... él también me ha dado un don muy, pero muy, especial, en la forma de mi discapacidad.

debemos buscar a aquellas personas en cuyas vidas podre mos marcar una diferencia. Gente que tendría motivos para escucharnos. Gente a la que podríamos ofrecer más comprensión en lugar de simples «curitas» espirituales o consejos triviales. Gente a quien podríamos explicar o ejemplificar la aceptación, el perdón y la amante provisión de Dios que se interesa en cada uno de nosotros más que en ninguna otra cosa del universo.

Muchos de los cristianos, si no la mayoría, tienen dificultad con esta tarea. Tienen incertidumbre acerca de a quién deberían o podrían dirigir sus esfuerzos. Y cuando lo hacen, se preguntan si las palabras y el contacto personal tendrá un impacto duradero, o si será recordado más allá de solo un día.

Yo no tengo ese problema.

Si pienso en esto cuando me levanto de la cama todas las mañanas, y sé que debería hacerlo, puedo estar casi seguro de que tendré un impacto de alguna manera en cada persona con quien me encuentre ese día. Para bien o para mal. Algunos días esa es una responsabilidad que preferiría no tener.

Para concluir, quisiera contarles acerca de una de estas veces. Ocurrió cuando mi hermano Kyle me pidió que lo acompañara para almorzar con él y con sus amigos en la misma escuela elemental a la que yo había asistido en Black Mountain. En realidad no había sido la primera ocasión en que Kyle me invitaba, esa vez yo había rechazado su invitación.

Sabía lo importante que es para los escolares que alguien, cualquiera, viniera a almorzar con ellos. Y de todos los invitados potenciales, el hermano mayor es lo más que se puede desear. Por eso me sentía horrible al no aceptar la invitación de Kyle. Sabía que lo desilusionaría, pero igual dije: «¡No!»

Quisiera que me comprendieran. Durante casi toda mi vida los pequeños han sido las personas menos preferidas para mí. Incluso en mi niñez trataba de evitar a otros niños que no conocía. Cuando llegué a la edad adulta, era un maestro en el arte de evitarlos.

Amo profundamente a Kyle. Durante años había orado por un hermano menor antes de tenerlo, e imagínense si no hubiera sido varón. Había hecho muchas excepciones por él porque era mi hermano, pero esto hizo poco o nada para cambiar mis sentimientos con respecto a los niños en general. Siempre eran imprevisibles y sus respuestas hacia mí eran a menudo crueles. Kyle no era así, pero los demás sí.

Los niños son por regla general en extremo persistentes. Y Kyle sin duda era prueba de ello. No sé cuántas veces lo desilusioné no aceptando su invitación, pero él insistía: «¿Cuándo podrás venir a la escuela a almorzar conmigo, Joel?» No me preguntaba: *¿Quieres venir a la escuela a almorzar conmigo?, sino: ¿Cuándo vendrás?*

Una y otra vez intenté postergar el tema, con la esperanza de que él se diera cuenta de las consecuencias; quería que mi hermano en realidad considerara lo que implicaba su pedido. Al final volvió a invitarme, y en vez de decirle que no, dije:

—Kyle, tú sabes lo que pasará si voy, ¿no?

—¿Qué?

—La gente me va a mirar raro. Harán comentarios. Será un escándalo.

Deseaba que supiera que no sería solo un momento divertido y la oportunidad de que sus amigos vieran a su hermano mayor.

—No me importa nada de eso —dijo Kyle—. Quiero que vengas a almorzar conmigo y con mis amigos.

No creía que fuera así de simple. Pero Kyle estaba advertido. Entonces dije:

—Está bien, Kyle, mientras sepas qué debes esperar. Te acompañaré.

Entrar en la cafetería de la Escuela Primaria de Black Mountain fue como volver atrás en el tiempo. Las mismas mesas con las mismas sillas, tan pequeñas que los adultos tenían que sentarse con las rodillas tocándoles el mentón. El mostrador con las mesas de servir de acero inoxidable parecía ser el mismo de cuando yo estaba en la escuela. Hasta creí reconocer a algunos de los empleados de la cafetería. Definitivamente se trataba de la misma pizza de cartón. Solo que esta vez me dieron doble porción para adultos y dos leches chocolatadas mientras hacía la fila detrás de Kyle.

Ni siquiera habíamos encontrado dónde sentarnos cuando me resultó obvio que estábamos llamando mucho la atención. Todos en la cafetería parecían estar cuchicheando y esperando ver dónde nos íbamos a sentar. Cuando me senté en la pequeña silla al lado de mi hermano, todos los demás comensales de la mesa se quedaron inmóviles. Creo que Kyle ni siquiera se dio cuenta, por lo que yo comencé a romper el hielo presentándome a sus amigos y preguntándoles sus nombres.

Cuando ya me parecía que los amigos de Kyle estaban más tranquilos, sentí un pequeño dedo palmeándome el hombro. Sabía lo que eso significaba. Algún atrevido había juntado coraje, o tal vez sus amigos le habían hecho un reto, para acercarse a mí. ¡Bueno, allá vamos! Me volví con lentitud y me encontré de frente a una niña de primer o segundo grado.

—Hola —la saludé.

Ella se quedó parada ahí en silencio por unos segundos, mirándome la cara. Luego al fin preguntó:

—¿Qué te pasó?

¿Qué me pasó? Esa debe ser la pregunta que me resulta más difícil de responder. Más difícil aun que «¿Por qué a mí, Señor?» o «¿Por qué no tienes dedos?» Más difícil que: «¿Qué pudo haber estado pensando Reginald Dort?» o incluso «¿Sufrí más que Jesús en la cruz?»

«¿Qué te pasó?» es la pregunta más difícil porque en mi mente engloba todas las demás preguntas. Nunca hay suficiente tiempo para responderla de la forma debida. Y sin embargo, sé que mi respuesta no solo dice algo de mí, sino que a veces es la única oportunidad que tengo de causar una buena impresión en la persona que me la hace.

En un sentido más profundo, la respuesta a esa pregunta puede servir como un barómetro espiritual. Dónde me encuentro en mi andar con el Señor en un día en particular, no solo influirá en el tono de mi respuesta, sino que puede determinar si consideraré la respuesta a la pregunta como una molestia o como un privilegio. Cada vez que alguien me pregunta: «¿Qué te pasó?», me obliga a una lectura de mi propia condición espiritual.

En este día en particular el barómetro debió estar bien porque sonreí a la niña y dije:

> *Cada vez que alguien me pregunta: «¿Qué te pasó?», me obliga a una lectura de mi propia condición espiritual*

—Hace mucho tiempo, cuando era un bebé, estuve en un accidente de autos. El auto se incendió, y yo me quemé. Cuando mis quemaduras sanaron, por afuera quedé diferente. Pero por dentro no soy distinto a ti y a tus amigos. Siento las mismas cosas que tú. Tengo amigos. Me divierto.

Casi antes de que me diera cuenta, una docena de niños se habían congregado a mi alrededor escuchando y luego haciéndome preguntas.

—¿Cómo te llamas? *Joel.*

—¿Qué pasó con tus dedos? *Se quemaron en un accidente de auto, antes de que cumpliera dos años.*

Los niños quedaron boquiabiertos.

—¿Puedes escribir? *Sí. Mira. Los doctores me hicieron un pulgar nuevo, y funciona de lo más bien.*

Resonó un coro de «¡Genial!»

—¿Qué pasó con tus orejas? *Se quemaron en el mismo accidente.*

—¿Puedes escuchar? *¿Y cómo iba a estar entonces contestando estas preguntas?*

Todos se rieron.

Tuve que responder interminables preguntas antes de que sonara el timbre de finalización de la hora del almuerzo. Los maestros los llamaron y los alumnos hicieron fila con sus compañeros. Me despedí de mi hermano y de sus amigos, y mientras salía de la cafetería, veinte o más niños agitaban sus brazos y me decían:

—¡Adiós, Joel!

Mientras me dirigía al auto, repasando la experiencia, de pronto se me ocurrió: *Dentro de un año yo no recordaré el nombre de esos niños y niñas que acabo de conocer. Pero es muy probable que cada uno de aquellos con los que conversé me recuerden por el resto de su vida.*

Al recordar cómo me había sentido siempre con respecto a los pequeños, casi podía ver a Dios mirándome y riéndose mientras me daba cuenta del impacto que podría tener con un ministerio entre los niños.

Este tipo de experiencias a menudo me han obligado a pensar acerca de la responsabilidad que implica usar los dones que Dios me ha dado. Luego considero el futuro y no puedo evitar preguntarme: *¿Qué tendrá Dios para mí que todavía no he recibido?*

Casi no puedo esperar a descubrirlo.

Epílogo

Cuando pienso en lo que he vivido hasta ahora, me cuesta comprender por qué las cosas ocurrieron de esta forma. Pero sí sé que hay Uno que ha estado conmigo durante todo esto y me ha traído hasta aquí. Por lo tanto, aunque no sé exactamente adónde me llevará la vida, sé para quién vivo.

Porque sé quién me colocó arriba del poste, quién tiene el control, y porque he visto y apreciado lo que ya ha hecho, puedo confiarle mi futuro. No se trata de que no tenga mis propios sueños. Los tengo. Pero quiero que mis sueños coincidan con los sueños que Dios tiene para mi vida.

Todavía sueño poder casarme y tener una familia algún día, y oro por ello. ¡Lo que más quiero es tener hijos con dedos! Pero me contento con esperar y ver si Dios ha provisto eso y cómo. Algunos de mis sueños ya se están haciendo realidad. Siempre deseé escribir un libro, y ese sueño se ha cumplido. No hace mucho, al fin dominé el arte de partir huevos, lo que para mí representó un éxito notable. Igual en importancia al momento cuando logré abrir una lata de refresco. Tal vez algún día aprenda a atarme los cordones de mis zapatos.

Mis sueños vienen en todos los tamaños. Pero lo que más me interesa es encontrar una carrera que ame. Un trabajo donde además de poder usar las habilidades y los dones que Dios me dio pueda glorificarlo, una tarea tan a mi medida que nadie más pueda hacerla tan bien como yo.

Independientemente de cómo me gane la vida, sueño con una vida de predicación. Como he tenido tantas experiencias universales, ampliadas por mis circunstancias, me doy cuenta de que tengo algo para decirle a casi todo el mundo. Y siento que Dios me ha dado el don de ser un comunicador en este momento de la historia. Vivimos en una época visual. Y yo soy un individuo muy visual.

****

Aunque sueño con el futuro y anticipo las aventuras que tendré, estoy aprendiendo a contentarme con mi lugar arriba del poste. Hay días en que me resulta difícil. Solo porque haya pasado por el fuego no significa que he sido purificado por completo. Dios todavía obra en mí.

> *Solo porque haya pasado por el fuego no significa que he sido purificado por completo. Dios todavía obra en mí.*

Todavía me irrito a veces por las reacciones de las personas hacia mí. Lo más frustrante son las cuestiones de independencia y dependencia, con las cuales me veo obligado a lidiar de diversas maneras varias veces al día. Por ejemplo, estoy cansado de tener que pedir que alguien corte un churrasco para mí. Por ello, cuando salgo a comer afuera, suelo decidir qué comer según quien me acompañe o si el plato se puede comer sin usar el cuchillo.

Cuando digo que he aprendido a contentarme con mi deformidad, no es mi intención sonar frívolo o hacer comentarios banales como: «La belleza está en el interior y la belleza es solo superficial. Mi apariencia es parte de quien soy». Y me contento con eso.

Me infunde gozo cuando después de haberme escuchado, la gente se me acerca y me dice: «Cuando te paras y comienzas a hablar, no veo las cicatrices. Es como si se desvanecieran». Puedo entender y apreciar lo que dicen. Pero al mismo tiempo, hay una parte de mí que desea explicar: Si no puedes ver mis cicatrices, entonces en realidad no me ves. Porque esas cicatrices son en gran parte quien soy.

****

Mi historia es diferente. Siempre lo ha sido. Eso no va a cambiar. Pero está bien. Porque siempre seguiré siendo yo.
Joel.

DISFRUTE DE OTRAS PUBLICACIONES DE EDITORIAL VIDA

Desde 1946, Editorial Vida es fiel amiga del pueblo hispano a través de la mejor literatura evangélica. Editorial Vida publica libros prácticos y de sólidas doctrinas que enriquecen el caudal de conocimiento de sus lectores.

Nuestras Biblias de Estudio poseen características que ayudan al lector a crecer en el conocimiento de las Sagradas Escrituras y a comprenderlas mejor. Vida Nueva es el más completo y actualizado plan de estudio de Escuela Dominical y el mejor recurso educativo en español. Además, nuestra serie de grabaciones de alabanzas y adoración, Vida Music renueva su espíritu y llena su alma de gratitud a Dios.

En las siguientes páginas se describen otras excelentes publicaciones producidas especialmente para usted. Adquiera productos de Editorial Vida en su librería cristiana más cercana.

Vida

DEDICADOS A LA EXCELENCIA

Una vida con propósito

Rick Warren, reconocido autor de *Una Iglesia con Propósito*, plantea ahora un nuevo reto al creyente que quiere alcanzar una vida victoriosa. La obra enfoca la edificación del individuo como parte integral del proceso formador del cuerpo de Cristo. Cada ser humano tiene algo que le inspira, motiva o impulsa a actuar a través de su existencia. Y eso es lo que usted podrá descubrir cuando lea las páginas de *Una vida con propósito*.

0-8297-3786-3

Ministerio
Juvenil Efectivo

El propósito de este libro es proponer estrategias, ideas y principios para desarrollar un liderazgo juvenil inteligente, compartiendo lo esencial del ministerio juvenil efectivo. Los líderes juveniles tienen un increíble potencial en sus manos. Una riqueza que debe ser administrada con sabiduría, perspicacia e inteligencia. Esta obra los ayuda a aprovechar ese potencial de una manera eficaz.

0-8297-3788-X

Ayúdenme,
soy un líder de jóvenes

Si eres un veterano trabajando con jóvenes o apenas empiezas, *Ayúdenme, soy un líder de jóvenes* te brinda los fundamentos para alcanzar con éxito a los adolescentes. Si buscas nuevas ideas para motivar y reforzar a los líderes voluntarios este libro te ayudará a logralo.

0-8297-3511-9

151 Encuentros
con el Rey

151 Encuentros con el Rey es una colección de historias
inspiradoras que animan al joven a acercarse a su Creador de
manera sencilla, pero con un alto contenido cristiano, para así
mantener una relación íntima de calidad. Cada historia con-
cluye con dos secciones diseñadas para fundamentar mejor su
relación con Dios.

0-8297-3791-X

El cristiano en la aldea global

En estas dos últimas décadas ha tenido lugar en nuestro planeta toda una serie de acontecimientos que han contribuido a cambiar las relaciones humanas y a crear un nuevo tipo de sociedad a escala global.

El cristiano en la aldea global contribuye a la reflexión de las grandes interrogantes contemporáneas que damandan respuestas claras y convincentes que provengan de la fe cristiana.

0-8297-3921-1

DEDICADOS A LA EXCELENCIA

Nos agradaría recibir noticias suyas.
Por favor, envíe sus comentarios sobre este libro
a la dirección que aparece a continuación.
Muchas gracias.

Editorial Vida
7500 NW 25 Street, Suite 239
Miami, Florida 33122

Vida@zondervan.com
http://www.editorialvida.com